새로움에 대하여

ÜBER DAS NEUE : Versuch einer Kulturökonomie. Essay
by Boris Groys and Annelore Nitschke

© Carl Hanser Verlag München 2007
Korean Translation © 2017 by Hyunsil Publishing Co.
All rights reserved.
The Korean language edition is published by arrangement with
Carl Hanser Verlag GmbH & Co. KG through MOMO Agency, Seoul.

컨템포러리 총서

새로움에 대하여

문화경제학 시론

보리스 그로이스 지음
김남시 옮김

현실문화

서언

이 책은 두 번 썼다. 처음에는 [내가] 러시아어로 썼고 아넬로레 니치케Annelore Nitschke가 독일어로 번역했다. 그다음에 첫 번째 텍스트 내용을 전면적으로 수정한 후 내가 직접 독일어로 옮겼다. 내 생각이 더 분명해지리라는 희망에서 비롯한 일이었으나 그로 인해 너무도 감사한 니치케의 멋진 번역이 애초의 모습을 잃는다는 상실감도 있다. 이 책에 담긴 생각들은 친구 및 지인들과 나눈 대화에서 영감을 얻은 것이다. 아래 이름들은 그중 극히 일부다. 에두아르트 보캄프Eduard Beaucamp, 발터 그라스캄프Walter Graßkamp, 아게 한젠-뢰베Aage Hansen-Löve, 위르겐 하르텐Jürgen Harten, 일리야 카바코프Ilja Kabakow, 올가 마티크Olga Matic, 드미트리 프리고프Dmitri Prigow, 이고리 스미르노프Igor Smirnow, 레나테 되링-스미르노프Renate Döring-Smirnow, 페터 슈타이너Peter Steiner, 알렉산드르 졸콥스키Alexander Zholkovsky.

책을 교정할 때 중요한 조언을 해준 페르난도 인치아르테Fernando Inciarte 교수에게 특히 감사드린다.

차례

서언   5

도입   9

아카이브에서의 새로움   33

새로움은 과거와 미래 사이에 있다   35

새로움은 타자가 아니다   45

새로움은 그 근원이 시장이나 진정성에 있지 않다   50

새로움은 유토피아적이지 않다   58

새로움은 가치 있는 타자다   63

새로움과 유행   68

새로움은 근원적 차이의 효과가 아니다   73

새로움은 인간 자유의 산물이 아니다   77

혁신 전략들   81

문화적 아카이브와 세속적 공간 사이의 가치 경계   83

가치전도로서의 혁신   94

혁신과 창의성   98

마르셀 뒤샹의 '레디-메이드'   109

부정적 순응   127

그에 반하는 생태학적 논증   140

가치절상과 가치절하   167

혁신적 교환   175

교환의 문화경제학   177

혁신적 교환과 기독교   183

혁신적 교환의 해석   189

문화적 가치 경계와 사회적 불평등   207

혁신적 교환으로서의 사유   217

저자   230

옮긴이의 말: 역사 이후의 시대, 새로움이란 무엇인가   245

찾아보기   261

도입

　새로움이라는 주제는 포스트모던으로 불리는 이 시대에는 어울리지 않는 것 같다. 새로움의 추구라는 말은 유토피아, 새로운 역사적 시작, 미래 인류 생존 조건의 급진적 변화에 대한 희망을 떠오르게 하는데 오늘날 이런 희망은 완전히 상실된 듯 보이기 때문이다. 미래는 근본적으로 새로운 것은 아무것도 약속하지 못하고 그저 존재하는 것의 무한한 변용만 떠오르게 한다. 미래라는 표상은 어떤 이들에게는 과거와 현재의 무한한 재생이라는 우울함을 연상시키고, 어떤 이들에게는 그와 반대로 사회적·예술적 실천에서의 새로운 시대 곧 새로움의 강박에서 벗어나고 미래 지향적인 유토피아적·전체주의적 이데올로기에서도 자유로운 시대의 개막으로 여겨진다. 여하튼 우리 시대 대부분의 작가들은 새로움이라는 문제는 이제 최종적으로 극복된 것이라고 여긴다.[1]

1　포스트모던 개념은 매우 다양한 해석에 열려 있고 많은 저자에게 서로 다른 의미를 갖는다. 여기서 말하는 포스트모던은 역사적 새로움의 가능성에 대한 근본적 회의를 의미한다. 거의 모든 저자가 이를 ―새로움을 지향하는 모던과는 반대로― 포스트모던과 관련시키고 있다.

　그런데 기실 포스트모던은 모던의 종말이나 극복이 아니라 모던의 불가능성을 의미한다. 바로 이 점에서 포스트모던은 낡음의 극복, 횡단과 초월[경계 넘기]을 지향하던 모던과는 구분 새로움이 이토록 대책 없이 낡았다 하더라도 포스트모던 사유는 그를 대상으로 삼을 수 있을 것이다. 포스트모던 사유는 낡은 것에 관심을 가지기 때문이다. 어떤 의미에서는 새로움을 지향하는 것만큼 전통적인 것은 없다. 급진적 방식으로 새로움을 포기하고 ─세계사에 유례없이 새롭다고 하는─ 새로운 포스트모던 시대를 호출하는 것은 그 자체로 유토피아적 혐의가 짙다. 지금 순간부터 시작되는 미래 전체가 아무런 새로움도 없이 영원히 지속될 것이고, 이제 새로움과 그 새로움에 대한 추구는 영원히 급진적으로 극복될 것이라는 포스트모던적 믿음에서는 모더니스트적 사유 습성이 발견된다. 이미 있었던 게 앞으로도 계속 있을 것이라고 한다면, [이는] 새로움에

된다. 할 포스터는 이렇게 쓴다. "선(先)포스트모더니스트, 반(反)포스트모더니스트, 포스트모더니스트 모두에게 실천으로서의 모더니즘은 패하지 않았다. 오히려 그 반대다. 적어도 전통으로서의 모더니즘은 '승리'했다.─그러나 그 승리는 피로스의 승리라 패배와 다름없다. 모더니즘이 너무도 광범위하게 흡수되어버린 때문이다. (⋯) 우리가 어떻게 모던을 넘어설 수 있겠는가? 위기의 가치를 만들어내고(모더니즘), 진보의 시대를 넘어 진보하고(모더니티), 경계 넘기(transgressive)의 이데올로기를 경계 넘는(아방-가르디즘) 프로그램과 어떻게 단절할 수 있겠는가?"(Hal Poster, "Postmodernism: A Preface," Hal Foster(ed.), *Postmodern Culture*, Port Townsend, Wash.: Bay Press, 1985, IX.)

피터 핼리 역시 같은 입장이다. "누군가는 이를 포스트모더니즘 혹은 네오-모더니즘이라 말할 수 있겠지만, 이 질서의 특징은 모더니즘의 요소들이 과잉-실현되었다(hyper-realized)는 데 있다. (⋯) 이 질서는 자기-지시성(self-referentiality)의 시스템에 재도입되어 이제 혁명적 쇄신(revolutionary renewal)이라는 모더니스트의 꿈과는 거리를 두지만, 기실 그것은 모더니스트적 자기-지시성의 과잉-실현이었다. (⋯) 모더니즘의 용어들은 유지되고 있다. 이미 더욱 추상화된 그 요소들은 나머지 실재에 대한 모든 연관과 마침내 완전히 단절되었다."(Peter Halley, *Collected Essays 1981-1987*, Zürich: Edition Bruno Bischofberger Gallery, 1988, 161.)

이러한 의미에서 '포스트'는 '네오'에 상응한다. 댄 캐머런 역시 같은 맥락에서 포스트모던 미술에 대해 말한다. "'포스트모던' 개념을 과거 표현 형태로의 명백한 회귀가 감지되는 모든 것에 무분별하게 적용한 결과, '네오'라는 접두사는 1970~80년대 후반 가장 많이 사용된 양식 개념이

대한 개인적 추구, 새로움에 대한 사회적 지향과 끊임없는 새로움의
생산이 앞으로도 지속될 것임을 의미한다. 그렇기에 모든 미래의 시
간에도 늘 특정한 새로움이 변함없이 다시 지배적이 될 것이라고 선
언하는 모더니스트적 유토피아주의는 미래의 시간 전체에 걸쳐 어떠
한 새로움도 포기하는 포스트모던적 유토피아로 대체된다고 해서 극
복되지는 않을 것이다.

근세Neuzeit를 지배하던 새로움에 대한 이해는 이제 마침내 궁극
적 새로움이 등장할 것이고, 이 이후에는 이보다 더 새로운 건 존재할
수 없으며, 이 궁극적 새로움이 무한하게 미래를 지배할 것이라는 기
대와 결부되어 있었다. 계몽주의는 이러한 방식으로 새로움의 시대가

되었다. (…) '네오'라는 배너를 달고 작업하는 작가 사이에 그런 식으로 만들어진 이론적 입장은
존재하지 않음에도 이 과정에서 생겨난 가장 눈에 뜨이는 결과는, 작가들이 양식적으로 창의적이
고-독창적인 예술을 창조해야 한다는 역사적 강박에서 자유로워졌다는 사실이다."(Dan Cameron,
"Neo-Dies, Neo-Das: Pop-Art-Ansätze in den achtziger Jahmüssen," Dan Cameron(et al.), *Pot-
Art*, München: Prestel Verlag, cop, 1992, 264.)

철학적 사유 분야에서 포스트모던의 역사적 새로움의 불가능성―모던의 불가능성과 동시
에 그 극복의 불가능성을 의미하는― 은 자크 데리다의 '종결(clôture)' 개념에서 가장 분명히 대변
된다. 'clôture'는 철학적 진리 모색의 시대, 그것과 결부된 그 시대의 극복, 경계 넘기, 횡단의 가능
성이 없는 채로 이루어지는 끝없는 혁신(Innovation)의 종결을 의미한다. "철학의 불능, 에피스테
메의 종결에 다름 아닌 학문의 불능을 올바르게 이해해야 한다. 이 불능은 과학 이전으로의 회귀
나 담론의 인프라(infra) 철학 형태로의 회귀를 의미하는 것이 아니다. (…) [마르틴] 하이데거가 모
든 철학적 논제(Philosophem)의 동일한 극복은 아니나 유사적(analogen) 극복에 부여할 수 있다고
믿은 이름을 경제적이고 전략적으로 끌어들이는 일 말고는, 사유는 이 자리에서 우리에게는 전적
으로 중립적인 이름이고 텍스트의 흰 공백이자 미래에 펼쳐질 차이(Differenz)의 시대를 위한, 무
규정적일 수밖에 없는 이름이다. 규정적인 방식으로 '사유함'이란 아무것도 의미하지 않는다. 모든
개시와 마찬가지로 스스로를 내보이는 이 지표 역시 지나간 시대의 내적인 것에 속한다."(Jacques
Derrida, Hans-Jörg Rheinberger(Übersetzer), *Grammatologie*, Frankfurt a. M.: Suhrkamp Verlag,
1974, 169~170.)

도래할 것을 기대했다. 그 시대는 중단 없는 성장과 자연과학의 지배로 특징 지워지는 시대였다. 낭만주의는, 이와는 달리, 자연과학의 합리성에 대한 믿음이 결정적으로 상실되었다고 천명했다. 마르크스주의는 다시금 무한한 사회주의적 혹은 공산주의적 미래에 희망을 걸었고, 나치즘은 아리안 인종의 영원한 지배를 꿈꾸었다. 미술 분야에서 추상미술부터 초현실주의에 이르는 모던적_moderne · 흐름은 모두 자신이 최종적인 예술적 제스처라고 여겼다. 현재 포스트모던이 생각하는 역사의 종말과 모던의 그것[종말] 사이 차이는, 이미 새로움이 도래했기에 새로움의 궁극적 도래를 기대해서는 안 된다는 믿음뿐이다.

근대에 새로움을 소환하는 일은 이데올로기적으로 다음과 같은 희망과 결합되어 있었다. 무의미하고 모든 걸 파괴하는 듯 보이는 시간의 변화를 중지시키거나, 적어도 그 변화에 특정한 방향을 부여함으로써 그를 하나의 과정으로 이해할 수 있으리라는 희망 말이다. 하지만 근대의 명석한 관찰자들은 이미 오래전에 근대의 문화적 발전은 탈이데올로기적_außerideologischen 혁신의 강박하에 이루어졌음을 지적했다. 이전 시기에는 전통에 충실하고 전통의 기준에 복속하라고 요구받아온 철학자, 예술가 또는 문학가들이 이 시기에는 새로움을 창조하라고 요구받은 것이다.[1] 근대의 새로움은 시간의 변화에 대한 어쩔

· "modern"이 'postmodern'과 대비를 이루며 등장할 때는 '모던(적)'이라고 번역했고, 시기적·역사적 맥락에서 등장할 때는 '근대'라고 번역했다.

1   일찍이 1954년 윈덤 루이스는 『예술에서 진보라는 악마(The Demon of Progress in the Arts』[1955]에서 근대에 새로움을 향한 자유가 오래전에 새로움에 대한 강요가 되어버렸음을 확

수 없는 수동적 의존성의 결과가 아니라 근세 문화를 지배하는 특정한 요구와 의식적 전략의 산물이다. 새로움의 창조는, 사람들이 믿는 바와 달리, 인간 자유의 표현이 아닌 것이다. 낡음과의 결별은, 인간의 자율성을 전제로 하고 그를 표현하거나 사회적으로 확보하는 자유로운 결단이 아니라, 우리 문화의 기능을 규정하는 규칙에의 적응이다.

또한 새로움은 이전까지의 '죽은' 관습, 선입견과 전통에 파묻혀 있던 참됨, 본질, 의미, 본성 또는 아름다움을 발견하고 계시하는 게 아니다.[2] 새로움을 진리로, 나아가 [새로움을] 미래를 규정하는 것으로 찬

인했다. "학파들의 급증은 19세기 초 고전주의자와 낭만주의자 사이의 깊은 적대감과 더불어 시작되었다. 이것이 신구논쟁이었다. (…) 그런데 이 혼종성은 틀에서 벗어나는 개인주의의 폭발이 아니라 그 정반대였다. 개성이 일군의 잘 조직된 소규모 그룹들에 복속되었던 것이다. 당대의 초점을 이런 그룹 중 하나에 맞춘다면 이 시대는 매우 동질적인 시기로 여겨질 것이다."(Wyndham Lewis, Julian Symons(ed.), *The Essential of Wyndham Lewis: An Introduction to His Work*, London: André Deutsch Ltd., 1989, 176.)

　　루이스를 언급하면서 아르놀트 겔렌 역시 이미 1960년대에 예술적 혁신이 '포스트모던적'으로 제도화되고 있음을 지적한다. 그는 새로운 예술의 '주변부적 현실'에 대해 이렇게 쓴다. "예술가들이 [자신들이] 빠져 있는 고립, 점점 곤혹스러워지는 이 상태를 오래 견디지 못하게 되자, 다행히도 2차적 제도화가 등장해 불투명하고 위험에 처한 예술유기체(Kunstorganismus)를 국제적 차원의 안정된 구조로 경화(硬化)시켰다."(Arnold Gehlen, *Zeit-Bilder: Zur Soziologie und Ästhetik der modernen Malerei*, Frankfurt a. M., Bonn: Athenä, cop., 1960, 215.)

2　　일례로 데리다에게 새로움은 기표와 기의 사이의 동일성을 찾는 **불가능한** 모색의 효과다. 그 것은 문화의 타자를 '유예시키는' 차이의 지양을 다시 말해 체험된 자명성(Evidenz)으로서의 진리를 찾는다. "이러한 유예를 넘어서는 것은 무(無)다. 존재의 현존도, 의미도, 역사도, 철학도 아니라 이름을 갖지 못하는 타자다. 종결의 사유 속에서 자신을 알리며 이곳에서 우리의 문자를 이끌고 있는 타자다. 철학이 아직 지배하지 못한 텍스트의 한 지점처럼, 그 안에 철학이 기입되어 있는 문자다. 이 문자 속에서 철학은 기표를 제거하려는 열망이며, 재구축된 현존, 자신의 빛남과 광채 속에서 지칭되는 존재에 대한 바람이다."(Jacques Derrida, *Grammatologie*, 491.)

　　말하자면 데리다에게 진리에 대한 의지는 결코 충족되지는 못하는 타자에 대한 의지, 지시

미하는, 이 너무도 널리 퍼져서 포기하기 어려울 듯한 생각은 본질적으로 낡은 문화이해에 결부되어 있다. 이 생각에 따르면, 사유와 문화는 '세계'를 있는 그대로 그 세계에 상응하게 기술하거나 적어도 미메시스적으로 묘사해야 하며, 실재와 그 기술 및 묘사의 일치 여부가 진리성의 기준이 된다. 이러한 문화이해는 인간이 실재 자체에 직접 접근할 수 있으며 실재와의 일치 여부도 언제든 확인할 수 있다고 가정한다.[3] 이 논리에 따르면, 예술이 자신의 존재근거[실재근거]를 충족하려면 더는 가시적 세계를 모사하지는 않더라도 최소한 참된 리얼리티Realität를 모사해야 한다. 그렇지 않는 예술은 정당하지 않고 그저 새로움을 위한 새로움 추종의 표현일 뿐이며[4] 도덕적으로 비난받을 만하다.

체(Referenten)에 대한 의지, 글쓰기의 내적 동력인 텍스트의 기의에 대한 의지다. 여기서 진리에 대한 의지는 욕망에 대립되지 않고, 욕망의 특정한 형태 다시 말해 남근-로고스-중심주의로 파악된다.(이에 대해서는 다음을 참고, Peggy Kamuf, *A Derrida Reader: Between the Blinds*, New York: Columbia University, 1993, 313ff.) (이와 같은 관점에서 칸트를 사례로 하는 계몽주의에 대한 해석은 다음을 보라. J. Derrida, *D'un ton apocalyptique adopté naguère en philosophie*, Paris: Galilee, 1983, 45ff.)

텍스트는 욕망이 지속적으로 유예되는 결과로 생성되고, 그 욕망은 다시 텍스트를 통해 곧 텍스트에 내재하는 순수한 현전[présence]에 대한 약속을 통해 생겨난다. 그 약속은 텍스트를 현전의 부재이자 현존의 기호로 다시 말해 필연적으로 차연[différance]의 기호인 것으로 암시한다. "이 차연의 가능성 없이는 그 자체로 현존에 대한 갈망은 살아나지 못할 것이다. 동시에 이 갈망은 자신 속에 이미 자신의 충족 불가능성이라는 규정을 지니고 있다. 차연은 하지 못하는 것을 불러내며 그 자신이 불가능하게 하는 것을 가능하게 한다."(J. Derrida, *Grammatologie*, 247~248.)

3   "텍스트의 외부는 존재하지 않는다. (…) 그것은 늘 보충물(Supplement)로, 대리(Substitute)적 의미로 존재해왔으며, 그 의미는 미분적 지시의 연쇄로부터만 생겨날 수 있다. (…) [그것은] 이런 방식으로 무한까지 나아간다."(J. Derria, *Grammatologie*, 274.)

4   가장 뛰어난 아방가르드 예술가 중 한 사람인 바실리 칸딘스키가 예술에서 형식-미학적 독창성이나 혁신에 대한 추구는 상업적 전략일 뿐이라고 비판하면서 내용을 중시하라고 요구한다는

'사태 자체'로의 직접적 접근 가능성에 대해서는 이미 많은 사람이 정당하게 의문을 제기해왔다.[5] 그런데 더 근본적인 것은 이 생각이 새로움을 이해하고 새로움이 기능하게 하는 데 그리 중요하지 않다는 점이다. 새로움이 생성되는 모든 개별 상황은 이미 확실하게 문화적으로 정초 되어 있는 새로움에 대한 요구만으로도 충분히 설명할 수 있다. 은폐되어 있다는 어떤 문화 외적[외부적] 연관을 추적하는 게 불필요하다는 말이다.[6] 새로움이란 옛것Alten 및 전통과의 관계에서 새로운

사실은 주목할 만하다. "그런 시대에 비루하게 생을 이어나가는 예술은 오로지 물질적 목적만을 위해 사용된다. (…) 예술에서 '무엇'은 떨어져나가고 '어떻게'라는 질문만 (…) 남는다. 이 질문이 '신념(Credo)'이 된다. 예술은 영혼을 빼앗긴 것이다. 이 '어떻게'의 길을 가고 전문화되면 예술은 예술가 자신들에게만 이해될 수 있는 것이 된다. (…) 그런 시대에 평균 예술가들은 말을 많이 할 필요도 없고 조금만 남들과 '다르면' 충분하기에 (…) 재능 있고 유능한 많은 사람이, 겉보기에 손쉽게 장악할 수 있을 것 같은 예술로 몰려들고 있다."(Wassily Kandinsky, *Über das Geistige in der Kunst*, Bern : Benteli-Verlag, 1952, 32.)

5   철학적 아방가르드의 가장 급진적인 표명인 후설 현상학과의 대결은 포스트모던 사유의 출발점이었다. 이는 특히 데리다에게서 그렇다. 데리다가 고전적 철학의 목표라고 말한 중심 개념인 '현전'은 [그가 에드문트] 후설의 철학 프로젝트에서 차용한 것이다. 후설은 이렇게 쓴다. "모든 인식과 학문, 거기서 직접적으로 관조되는 모든 것을 직관적(eidetische) 보편성의 범위에 포괄하는 것, 이것이 현상학을 규정짓는 특징이다. (…)"(Edmund Husserl, *Ideen zu einer reinen Phänomenologie und phänomenologischen Philosophie*, Tübingen Niemeyer, 1980, 118.) 이런 직접적 관조(Einsichtigkeit)는, 후설이 보기에는 필연적으로 모호할 수밖에 없는 모든 의미론적(signifikativen) 체계를 배제함으로써 얻어진다. 이를 통해 후설은 "현상학적 태도"에 도달하는데, 그것이 "새로운 시대 철학의 비밀스러운 열망"이다.(같은 곳.)

데리다는 바로 이 급진성과 열망에서 출발해, '생명성(Lebendigkeit)' 혹은 '생명 있는 현전'을 현상학과 철학의 **텔로스**라고, '죽은' 문자라고 비판한다.(J. Derrida, *La voix et le phénomène*, Paris: Presses Universitaires de France, 9.)

6   데리다에게서 타자에 대한 추구는, 각주 3에서 밝혔듯, 텍스트적 무의식에 의해 일깨워지는데, 창조하는 자에게는 이러한 의미에서의 근원은 숨겨져 있다. 의식적으로는 모두 동일자(Identischen)를 추구하지만 [그 모두는] 실제로는 차연에 의해 일정한 길로 보내지면서 동시에, 차

것이다. 새로움이 이해받는 데서 [새로움과] 숨겨진 것, 본질적인 것, 참된 것과의 관계는 필요하지 않다. 새로움의 생산은 문화 속에서 인정받기를 원하는 누구나 인정을 얻기 위해 따라야 하는 요구다. 그렇지 않으면 문화적 용무들과의 대결은 무의미한 일이 될 것이다. 새로움을 위한 새로움의 추구는 숨겨진 것의 새로운 계시나 목표 지향적 과정에 대한 희망이 유예된 포스트모던에서도 여전히 유효한 법칙이다.

그런데 새로움을 위한 새로움의 추구는 많은 이에게 무의미하고 무가치한 것으로 여겨진다. 이들은 [새로움이] 새로운 진리를 밝혀내지 못한다면 도대체 새로움에는 어떤 의미가 있는지, 그럴 바에는 차라리 옛것에 머물러 있는 게 낫지 않은가라는 질문을 제기한다.

새로움보다 옛것을 선호하는 것 그 자체가 이미 새로운 문화적 제스처를 행하는 것이다. [왜냐하면 옛것 선호 자체가] 급진적으로 새로움을 창출하기 위해 지속적으로 새로움의 산출을 요구하는 문화적 규칙을 깨는 일이기 때문이다. 게다가 무엇이 옛것인지는 그 자체로 자명하지 않다. 모든 시대에 옛것은 늘 새로 발명되어야 한다. 그렇기에 르네상스는 동시에 옛것의 위대한 갱신이기도 하다. 새로움은 외면할 수 없고 피할 수 없으며 포기할 수 없는 것이다. 새로움에서 벗어날

연에 의한 동일자로의 길로 잘못 이끌려 '밀쳐지는' 것이다. 해체는 이런 차연의 무의식 작업을 드러낸다. 이 해체 작업을 겪은 위대한 철학이나 문학 텍스트는 그 위대함은 유지되지만 그것 자체가 그 프로젝트의 불가능성에 대한 증명이 된다. 하지만 창조하는 자가 텍스트 바깥의 동일자, 숨겨진 것, 진리, 존재, 기의 또는 순수한 현전에 도달하려는 대신 처음부터 의식적으로 새로운 종류의 텍스트를 쓰려고 시도하는 경우 또한 가능하며, 사실 이것이 더 개연적이다. 이럴 경우 해체는 할 수 있는 일이 없어지게 될 위험에 처한다.

길은 없다. 그런 길이 있다면 그 자체가 새로움이다. 새로움의 규칙을 깰 가능성은 없다. 규칙의 파괴 자체가 바로 그 규칙이 요구하는 것이기 때문이다. 이러한 점에서 혁신Innovation에의 요구는 문화 속에서 표현되는 유일한 리얼리티다. 우리는 회피할 수 없는 것, 포기할 수 없는 것, 장악되지 않는 것Unverfügbare을 리얼리티로 이해한다. 포기할 수 없기에 혁신이 곧 리얼리티인 것이다. 문화적 묘사 및 서술의 배후에 숨겨져 있다는 사태 그 자체, 그를 뚫고 들어가거나 그 속에 파고들어야 한다는 사태 그 자체가 리얼한 게 아니다. 문화적 활동Aktivitäten과 생산물 사이의 관계 곧 우리 문화를 규정하는 위계와 가치들이 리얼한 것이다. 새로움에 대한 추구가 모든 이데올로기적 동기 부여와 정당화에서 벗어나고, 참되고 진정한 혁신과 참되지 않고 진정하지 않은 혁신 사이의 구별이 사라질 때에 새로움에 대한 추구는 비로소 우리 문화의 리얼리티를 드러낸다.[7]

7 　'포스트모던' 저자들도 진정성(Authentischem)을 비-진정성과 근본적 차원에서 구분한다. 그들은, 칸딘스키와는 달리, 예술 속에 숨겨진 것, 내용적인 것, 지시체 혹은 '무엇'이 묘사되어 있다고 믿지 않고, 초월적 기의는 모든 재현 전략을 벗어난다고 주장하지도 않는다. 하지만 그런 재현을 향한 의지, '어떻게'의 차원에서 다루려는 의지뿐 아니라 숨겨진 기의를 재현하려는 의지가 작품 창작에서 중요한 필수 전제라고 평가한다.

　　[프랑수아] 리오타르는 유명한 논문 「숭고와 아방가르드(The Sublime and the Avant-Garde)」 (Jean-François Lyotard, Andrew Benjamin(ed.), *The Lyotard Reader*, Cambridge, MA.: Basil Blackwell, 1989, 196~211)에서 새로운 작품의 도래를 하이데거적 의미의 사건으로 묘사한다. 진정한 새로움(authentische Neue)은 모든 프로그램 ― 고전적 프로그램들뿐 아니라 아방가르드 프로그램들과도 ― 과 단절하고 뜻밖의 것(Unerwartete)을 산출해내는데, 아방가르드 예술가들은 "그것이 일어나기(it happens)"를 기다린다. 어떤 궁극적 재현으로 귀결되지 않는 "it happens"의 'it'은 칸트적 의미에서의 숭고로 지칭될 수 있다. "단절, 무한성 혹은 이념의 절대성 끝에서 칸트가 부정

새로움에 대해 질문하기는 가치에 대해 질문하기와 같다. 왜 우리는 이전에 없었던 무언가를 말하고, 쓰고, 작곡하려 하는가? 진리란 도달될 수 없음을 이전부터 알고 있으면서도 우리가 문화적 혁신

적 현현(顯現) 또는 비-현현(non-presentation)"이라 부르는 것이 계시될 수 있다. 칸트는 이미지를 금지하는 유대 법률을 부정적 현현의 탁월한 사례로 인용한다. 무에 가까운 것으로 환원되는 시각적 쾌가 무한성에 대한 무한한 사유를 촉진한다. (…) 그렇기에 아방가르드주의는 이미 숭고에 대한 칸트 미학 내에 있다."(같은 책, 204.)

숨겨진 기의는 그것이 숭고 다시 말해 비-재현적인 것일지라도 예술가를 이끌어야 한다. 새로움은 성공 지향적 전략 속에서 의식적으로 계획되어서는 안 된다. "자본과 아방가르드 사이에는 일종의 부딪침이 있다. (…) 자본주의 경제에는 숭고한 것이 있다. 그것은 아카데미적이지도 중농주의적이지도 않고 어떤 본성도 허용하지 않는다. (…) 모든 다른 시장처럼 새로움의 규칙에 종속되어 있는 예술-시장이 예술가들을 유혹하는 힘을 발휘할 수 있음은 이해할 만하다. (…) 혁신과 사건(Ereignis) 사이의 혼동 덕분에 [새로움이] 힘을 발휘하는 것이다."(같은 책, 210.) 의식적 혁신과 무의식적 사건의 이러한 뒤섞임은 리오타르에게는, 의식적으로 계획된 혁신은 그 혁신성 속에서 어쩔 수 없이 사건의 배후에 머물러야 함을 의미한다. 어떤 의식적 혁신도 충분히 혁신적이거나 근본적일 수 없기 때문이다. "예술적 성공의 비밀은, 상업적 성공의 비밀과 마찬가지로, 놀라운 것과 '잘 알려진 것' 사이의 균형 곧 정보와 코드 사이에 있다. 이것이 예술에서 혁신이 작동하는 방식이다. 누군가가 이전의 성공을 통해 확인된 공식(formulae)을 재-사용한다면, 다른 이는 그것을 다른 공식들과, 원리적으로 그것과 양립할 수 없는 공식들과 병합(amalgamation), 인용, 장식, 모방(pastiche)을 통해 결합함으로써 그 균형을 깨뜨려버린다."(같은 책, 210.)

사건과 혁신을 이처럼 날카롭게 구분하는 리오타르는 이 구분으로부터 나올 수밖에 없는 가능성을 간과하고 있다. 곧 예술가들이 고대하는 사건, 의식적 혁신 전략으로는 컨트롤될 수 없는 사건이 공전(空前)의 결과가 아니라, 전적으로 진부하고, 평범하며 비-독창적인 것을 가져올 가능성 말이다. 리오타르가 위 논문을 쓸 때 염두에 둔 작가들에게 이러한 일이 일어나고 있다. 버넷 뉴먼(Barnett Newman)이나 다니엘 뷔랑(Daniel Buren)은 한때 혁신적이었던 그들의 제스처를 환원될 수 없는 숭고라는 불변의 기호로 반복하고 있다. 그를 통해 이 기호는 안정적인 상업적 브랜드 기호로 기능하면서 성공적 시장 전략을 가능하게 한다. 이로써 반복되는 사건스러움(Ereignishafte)이란 한때 발견되었던 혁신적 태도의 상업화라고 이해할 수 있다.

뉴먼의 [그림] 〈인간, 영웅적이고 숭고한(Vir Heroicus Sublimis)〉에 대한, 리오타르와도 관련되는 포스트모던적 논평은 다음에서 찾을 수 있다. Peter Halley, *Collected Essays 1981-1987*, 56ff. 리오타르의 숭고 개념에 대한 논의는 다음을 보라. Christine Pries(Hrsg.), *Das Erhabene: Zwischen Grenzerfahrung und Größenwahn*, Weinheim: VCH Acta humaniora, 1989.

의 가치를 믿는 이유는 어디서 나오는가? '창의성'에 대한 우리의 바람은 우리의 통합성Integrität을 유지하려면 사실 피해야 하는 악마적 유혹에 빠져드는 것은 아닌가?

다른 방식으로 던지자면 이 질문은 결국, 도대체 새로움은 어떤 의미를 갖는가다.

이 질문은 아직 더 숙고되어야 할 신념을 전제로 한다. 새로움에 대한 바람은 진리에 대한 바람이라는 신념 말이다. 일찍이 니체는 진리의 가치, 나아가 진리를 향한 의지의 가치를 둘러싼 물음을 제기한 바 있다. 문화적 작품의 가치는 그 작품과 다른 작품 사이 관계를 통해 규정되지, 그 작품과 문화 외적 리얼리티 사이 관계나 그 작품의 진리를 통해 규정되는 것이 아니다. 오늘날 포스트모던적 사유가 진리와 기의, 리얼리티, 존재, 의미, 자명성, 현존태의 현존Präsenz des Präsenten의 도달 불가능성을 반복해 주장한다고 해서, 이것이 모든 가치와 모든 새로움을 가치절하 하는 것은 아니다. 그 반대다. 진리에의 도달 불가능성과 의미의 결여가 오히려 가치와 새로움을 둘러싼 물음을 비로소 등장케 하기 때문이다. 진리의 등장은 언제나, 그 진리를 가능케 하는 가치나 문화적 작품의 파괴를 의미한다. 진리는 우리로 하여금 절대적 의미와 총체적 무의미 사이에서 불가능한 선택을 하게 하는데, 이러한 선택지가 작품 자체를 불필요한 것으로 만든다. 가치위계는 의미작용Signifikation의 질서 내에서 비로소 유효성을 갖는다. 현전, 새로움, 현재성, 참됨, 유의미함Sinnvollen, 진정성, 직접성의 기의를 둘러싼 물음은 기표의 질서 내에서만 비로소 제기될 수 있다. 그 물음은, 모든 의미작용을 넘어서 있는 형이상학적 현존 내에서 현존태의 직접적 표명Manifestation을 둘러싼 물음이 아니라, 가치가 부여될 수 있고 부여되어야 하는 기표를 둘러싼 물음 곧 현존태의 현존 혹은 전통의 타자를 지금, 여기에서 지칭하려는 물음이다.

새로움이 숨겨져 있는 것의 계시가 아니라면 —내적인 것Inneren의 발견이나 창조, 산출이 아니라면— 처음부터 모든 것이 혁신에 열려 있고 개방되어 있으며 가시적이며 접근할 수 있음을 의미한다. 혁신은 문화 외적인 게 아닌 문화적 위계와 가치를 다루는 것이다. 혁신이란 숨겨져 있는 걸 드러내는 게 아니라 이미 우리가 보고 알고 있는 것의 가치를 전도Umwertung하는 것이다.

가치의 전도는 혁신의 일반적 형식이다. 가치 있는 것으로 여겨지던 참됨 혹은 우아함이 가치절하 되고, 이전에는 무가치한 것으로 여겨지던 세속적인 것Profane, 낯선 것, 원시적인 것 혹은 속된 것Vulgäre이 가치절상 된다. 가치의 전도로서 혁신은 경제적 작동Operation이다. 그렇기에 새로움에 대한 요구는 사회적 삶을 전체적으로 규정하는 경제적 강제의 영역에 속한다. 경제Ökonomie란 특정한 가치 위계 내부의 가치들을 거래하는Handle 작업이다. 이 작업은 모든 사람에게 사회적 삶에 참여할 것을 요구한다. 문화는 그중 한 부분이다. 여기에서는 물질적 가치와 이념적ideelle 가치를 나누는 이전까지의 통상적 구분은 중요하지 않다. 문화생산물은 물질적 가치로 환원될 수 없는 이념적 가치를 갖는다는 주장은 그 생산물이 '물질적으로' 과대평가되거나 과소평가되는 것을 의미할 뿐이며, 그렇기에 그 물질적 가치를 이념적 가치에 맞추라는 암묵적 요구를 함축하고 있다.

문화를 경제적 강제에 복속하는 것은 진리를 추구하고 지시하려는 문화의 근원적 과제를 배신하는 거라고 비판받아왔다. 그러나 이런 비판은 근본적인 오해에 근거한다. 그 오해는 경제 시스템의 기능이 이해 가능 하며, 우리가 경제적 강제들을 묘사하고 체계화할 수 있으며, 경제가 학문적으로 탐구되고 서술될 수 있는 구조를 형성한다는 신념에서 출발한다. 그렇다면 경제적 강제에 종속되어 있는 모든 문화적 활동이란 사실상 동어 반복적이며 잉여적이게 될 것이다. 그 활동이란 이미 그 내적 본질과 작동방식이 잘 알려진 시스템을 재생산할 뿐이기 때문이다. 그렇게 된다면 새로움이란 실제로는 전혀 새로운 게 아니며 시스템과 시장, 지배적 생산관계의 승인에 불과할 것이다.[8] 경제의 묘사 가능성에 대한 믿음은 환상에 불과하다.

---

8   [테오도어 W.] 아도르노 역시 리오타르처럼 예술이 지속적 변화와 부정성 속에 있다고 본다. "예술의 유토피아가 충족된다면 그것은 예술의 시간적 종말이 될 것이다. (…) 암호문(Kryptogramm)으로서의 새로움은 몰락의 이미지다. 그 새로움의 절대적 부정성을 통해서만 예술은 말할 수 없는 것 곧 유토피아를 표명한다."(Theodor W. Adorno, *Ästhetische Theorie*, Frankfurt a. M.: Suhrkamp, 1970, 55.) 아도르노는, 리오타르와는 달리, 존재론적 층위에서 새로움의 두 근원을 나누지 않는다. 아도르노에게 진정성과 비-진정성 사이의 구분은 늘 전략적이고 조건 지워져 있을 뿐이며 진정성은 부차적이라는 의미로만 드러난다. "독창성은 역사적으로 생겨나는 것이기에 역사적 부정의에도 연루되어 있다. 고객을 얻기 위해 매번 동일한 것(immergleiche)을 매번 새로운 것(Immerneues)이라고 속여야 하는 시장에서의 소비상품이 갖는 시민적 우위와 연루되어 있는 것이다. 예술의 독창성은 성장하는 그 자율성과 더불어, 예술이 그 경계가치(Schwellenwert)를 넘어서는 것을 허락하지 않는 시장에 등을 돌렸다."(같은 책, 257~258.)

이를 통해 예술의 유토피아적 차원은 시장에 그 근원을 갖게 되고 예술 자체가 왜곡된 시장전략의 하나가 된다. 유토피아를 시장에 대한 대안이 아니라 시장 전략의 특정한 연속으로 보는 이런 급진적 독해에 대해서는 다음을 보라. Frederic Jameson, *Postmodernism, or, The Cultural Logic*

경제에 대한 묘사는 그 자체가 이미 문화적 활동이자 문화적 산물이다. 경제에 대한 묘사는 그 자체로 경제적 행위의 부분이며 문화의 논리에 종속되어 있다. 경제를 체계화하려는 것은 모두 하나의 거래Handel이며 [그 자체로] 거래된다gehandelt. 경제에서 벗어나는 일, 경제의 바깥에서 경제를 폐쇄적 시스템으로 묘사하거나 지배하는 일은 불가능하다. 경제를 체계적으로 묘사하고 지배하려던 꿈은 거의 모든 근세의 유토피아에 깃들어 있었으며, 근대의 모든 전체주의적 정권의 이데올로기적 토대가 되었다. 그러나 이 꿈은 오늘날에 와서야 비로소 끝난 것 같다. 경제에 대한 비판은 경제에 대한 옹호, 그에 대한 해석, 경제에 대한 학문적 설명과 마찬가지로 경제적으로 다루어진다. 우리 모두가 경제의 법칙과 요구에 종속되어 있음은, 우리가 그 경제적 강제들에 거리를 두고 그것을 외부에서 고찰한다면 그 법칙들을 경험할 수 있음을 의미하지 않는다. 그렇게 거리를 취하는 관점은 불가능하다. 경제를 이해하는 유일한 가능성은 [우리가] 능동적으로 경제에 참여하는 것뿐이다. 경제적 요구라는 관점에서 우리 자신이 혁신적으로 [경제에] 참여할 때에만 우리는 그 요구들이 어디에 있는지 알 수 있게 된다. 그렇기에 우리가 애초에 의도했던 바와는 전혀 다른 것이 혁신이 되는 일이 종종 일어나곤 한다. 이러한 점에서 문화적 혁

---

of Late Capitalism, Durham: Duke University Press, 1991, 특히 55~66, 260~278.

아도르노의 『미학이론(Ästhetische Theorie)』에 대한 리오타르적 해석은 Wolfgang Welsch, "Adornos Ästhetik: eine implizite Ästhetik des Erhabenen," *Ästhetisches Denken*, Stuttgart: Reclam, 1990, 114~156에서 찾을 수 있다.

신은 경제적 논리를 탐구하는 아마도 최고의 수단일 성싶다. 문화적 혁신이야말로 통상 가장 일관되고 가장 철저하게 사유되는 명백한 혁신이기 때문이다.

문화는 그 역동성과 혁신 가능성 때문에 경제 논리가 가장 월등하게 영향력을 행사하는 영역이다. 이와 같은 경제 논리를 소환하는 것은 문화를 환원주의적으로 해석하는 게 아니다. 문화는 상부구조 다시 말해 숨겨져 있는 경제적 필연성의 외적 표현이 아니다. 일례로 마르크스주의는 그러한 경제적 필연성의 진리가 학문적으로 묘사될 수 있다고 보았다. 이런 문화에 대한 환원적 이해는 무엇보다 경제에 대한 환원적 이해에서 생겨난다. 경제 논리는 문화 논리 속에서도 훨씬 더 충분하게 자신을 표명한다. 그렇기에 문화는 경제만큼이나 없어서는 안 되는 것이다. 문화의 경제(학)Ökonomie der Kultur은 문화를 특정한 문화 외적 경제 과정들의 재현으로 묘사하려는 것이 아니라 문화적 발전의 논리 자체를 가치의 전도라는 경제 논리로 이해하려는 시도다.

여기서 말하는 경제는 시장과 동일한 것이 아니다. 경제는 시장보다 더 오래되고 더 포괄적이다. 시장은 특정한 경제의 혁신적 특성 중 하나일 뿐이며 그렇기에 아무 조건 없이 그 자체로 규정될 수 있는 혁신의 원천으로 기능할 순 없다. 상품 교환의 경제뿐 아니라 희생, 탕진Verausgabung, 폭력, 점령의 경제도 고려되어야 하기 때문이다.[9]

---

9   일례로 조르주 바타유는 마르셀 모스가 『증여론[Essai sur le don]』[1923~24]에서 제시한

아래에서는 문화경제 다시 말해 문화적 가치전도가 갖는 경제의 본질적 방향과 전략들의 특징을 살펴볼 것이다. 이 서술은 완결된 체계를 형성하지 않으며 오히려 숨겨진 문화 외적 결정인자Determinationen들에 대한 완결된 묘사의 체계에 저항한다.

여기에서 이론과 예술이 문화적 가치들을 취급하는 방식Formen des Umgangs으로 특징 지워진다고 해서, 이론과 예술의 내용이 혁신에 대한 특정한 경제 논리를 통해 완전히 설명될 수 있다는 말은 아니다. 이론가나 예술가는 모두 자기 시대의 다양한 문제, 인간의 보편적 조건, 자신들의 창조물에 다양한 해석을 제공하는 전적으로 사적인 사안들, 강박이나 독특한 성벽 등을 작품에서 다루지만, 그것들이 그 작품에 대한 최종적 판단을 허용하지는 않는다. 문화적 가치들이 지니는 이토록 다양한 측면이 그 작품의 가치를 정초 짓는 것은 아니다. 부연하자면 그 측면들이 가치들을 탐색하게 하는 본래적 원인은 아니

포틀래치의 묘사를 응용해(Marcel Mauss, *Soziologie und Anthropologie*, Frankfurt a. M.: Fischer Taschenbuch Verlag, 1989, Band 2, 11~143) 선물과 희생의 보편 경제를 구성한다. 그것은 자기 보존에 근거한 통상적 상품 교환의 대안적 모델이다. 누군가 선물을 받거나 희생을 입으면 선물을 준 자 또는 희생한 자는 선물을 받은 자[또는 희생을 입은 자]에 대해 권력을 얻는다. "이것이 잉여의 탕진이다. 우리는 무엇인가를 선물하고, 잃어버리거나 없애버려야 한다. 하지만 획득(Erwerb)의 의미를 갖지 못하는 선물이란 무의미할 것이다. (…) 선물 속에서 주체가 자신을 초과하게 되면, [다른] 주체는 그렇게 선물 받은 대상과의 교환을 통해 그 초과를 재전유한다. 이런 능력을 발휘할 수 있는 힘을 가진 주체는 그 능력을 [자신의] 부(富)로, 이제부터 소유하게 되는 [자신의] 권력으로 바라보게 된다."(Georges Bataille, *Die Aufhebung der Ökonomie*, Münche: Matthes & Seitz, 1985, 100.)

바타유의 이 생각은, Jean François Lyotard, *Ökonomie des Wunsches: Économie libidinale* (Bremen: Impuls Verlag, 1984)에서 더 발전된다.

라는 말이다. 모든 종류의 사유와 예술작품은 하나같이 개인적·사회적 또는 보편적·이론적, 나아가 예술적으로 중요한 측면을 함축하고 있기에 그러한 연구와 해석을 정당화할 것이다. 그럼에도 연구의 관심은 어쩔 수 없이 몇몇 뛰어난 작품에 집중된다. 하지만 그 작품들이 내용적으로 다른 작품보다 중요함을 증명하기란 불가능할 것이다. 따라서 여기서 중요한 질문이 제기된다.

한 문화적 작품은 자신의 가치를 어디서 가지고 오는가? 라는 질문이 그것이다.

누군가는 이렇게 말할 수 있을 것이다. 예술작품은 가치 있는 것으로 인정받는 예술적 전통을 성공적으로 따를 때 가치를 지닌다고 말이다. 이 경우 새로운 예술작품이 가치 있는 예술작품으로 여겨지기 위해서는 [그것이] 특정한 규준에 적응하고 특정한 선례에 따라 형상화되어야 한다. 이는 이론에서도 마찬가지다. 이론적 작품이 그 자체로 주목을 받고 인정을 얻기 위해서는 [그것이] 가치를 부여하는 전통에 편입되고, 논리적으로 구축되고, 각주가 달리고, 특정한 언어로 쓰여야 한다.

그렇다면 전통적 전범典範들과 결별하는 작품의 가치는 어디서 연유하는가? 이 질문에 대한 전통적인 대답은 이런 것이었다. 그러한 혁신적 작품은 문화적 전통이 아니라 문화 외적 현실Wirklichkeit과 관계한다고. 첫눈에는 이 대답이 그럴싸해 보인다. 세계가 문화와 현실로 나뉜다고 한다면, 현실이란 문화처럼 보이지 않는 것일 터이기에 말이다. 여기에서 형식, 수사학, 문화적 전통에 대한 규범적 순응이라는 외적 규준은 진리 또는 의미Sinn의 규준으로 다시 말해 문화적 관습에 의해 감추어져 있는 문화 외적 현실에 대한 관계로 대체된다. 이 지점에서 예술작품이나 이론적 작품은 문화적 전통에 대한 그 작품의 순응성이 아니라 문화 외적 현실에 대한 그 작품의 관계에 따라 질문이 제기되고 평가를 받는다.

역사 속에서 진리 개념을 점점 더 의문스럽게 했던 양가성이 이로부터 생겨난다. 문화 외적 현실을 지칭·묘사·서술·표명할 수 있으려면 문화적 작품은 우선 자기 자신을 그 현실과 구분할 수 있어야 한다. 한 작품이 문화에 속함을 알려주는 현실에 대한 거리 자체가 그 작품의 진리를 산출하는 문화 외적 현실과의 유사성에서 필수 조건인 것이다. 곧 독창적이고 혁신적인 문화적 작품의 가치가 여전히 문화적 전통에 대한 관계를 통해 정의되는 것이다. [이는] 이 전통으로부터의 이탈이 한 작품의 진리 곧 그 작품과 현실 사이 관계를 통해 정의되는 경우에도 마찬가지다.

미메시스적으로 현실에 상응하는 참된 묘사를 위해 이전의 전통과 단절했던 적어도 르네상스 이후의 근대 미술은 이것[근대 미술]이 다시 문화적 관습이 되어버린 후에는 외적 실재에 대한 충실한 모사로부터 거리를 두었다. 많은 이가 아방가르드 미술은 내적인, 숨겨진 현실의 모상Abbildung이라고 곧 여전히 진리에 대한 탐구라고 해석한 이후, 마르셀 뒤샹Marcel Duchamp 이래 미술에서 실천되고 있는 레디-메이드의 예술적 사용 다시 말해 문화 외적 현실의 직접적 인용은 진리 개념을 급진적으로 의문에 빠뜨렸다. 현실 자체를 직접 인용하게 되면서 예술작품은 철저히 하찮은 방식으로 진리가 되었다. 그 작품과 외적 현실 사이의 상응이 자동적으로 주어지기 때문이다. 여기서 진리에 대한 관계는 특권적 위치에서 현실을 모사하는 예술작품과 현실의 사물 사이 구분을 상대화했다. 하지만 이를 통해서도 아직 작품의 가치에 대한 질문은 해명되지 않는다. 현실이라는 것을 상환한다고 해서 이 질문에 답이 구해질 수 없으며, 한 작품의 진리도 그 작품의 가치를 근거 지울 수 없음이 드러난다. 그렇기에 한 작품의 가치를 둘러싼 질문은 그 작품이 전통과 다른 문화적 작품들에 갖는 관계를 둘러싼 질문으로 남게 되는 것이다.

　다양한 모던과 포스트모던 이론은, 20세기 미술과 비슷하게, 무의식을 주요 테마로 삼는다. 숨겨져 있고, 지칭될 수 없는 것, 그[무의식]에 대해 진리의 관계를 가지지 않는 것에 대해 이야기한다. 이전의 이론들이 무의식을 지금까지 사유되지 못한 것을 사유하려는 요구로 제기한 데 반해, 포스트모던 이론들은 사유 불가능 한 것Undenkbare, 급진적 타자, 포착될 수 없는 것Unbegreifliche에 대해 말한다. 그런데 [이들의 주장처럼] 현실 자체가 묘사에서 빗겨나가기에 문화 외적이고 무의식적 현실에 상응하는 이론적 묘사가 불가능하다면, 이론적 언어와 비이론적 언어 사이 근본적 구분은 사라지게 된다. 타자의 도달 불가능성은 모든 종류의 언어에도 동일하게 적용되기 때문이다. 실지로 포스트모던 이론 텍스트들은 언어적 레디-메이드로 기능하는 언어형식 곧 논리적으로 표준화되지 않는nicht-normierten, 형식화되지 않는nicht-geformten 의식적 삶의 현실에서 가지고 온 언어 형식들을 사용한다.[10] 이로써 이러한 이론적 텍스트의 가치를 둘러싼 질문이 제기된다. 진리에 대한 요구를 포기하는 이런 텍스트는 다른 이론적 텍스트의 맥락 속에서만 가치 평가 될 수 있기 때문이다. 그 어떤 혁신적 예술도, 그 어떤 혁신적 이론도 현실에 대한 의미론적 관계 속에서, 결국 같은 말이지만, 그 진리 속에서 묘사되거나 정당화될 수 없다. 진리냐 아니냐가 아니라 문화적으로 가치 있느냐 없느냐가 문제인 것이다.

이 문제에 답하기 위해서는 아방가르드 사유로 되돌아가는 것이 필요하다. 아방가르드 사유에서 진리에 대한 물음은 문화 외적 현실에 대한 관계에 다름 아니었다. 현실은 문화적 전통을 보완한다. 문화가 아닌 것, 그것이 현실wirklich이다. 문화적 전통이 규범적normativ이라면 현실은 세속적이다. 문화적 전범들과 동일하지 않은 새로운 작품은 그 때문에 현실적인 것으로 승인된다. 그렇기에 한 문화적 작품의 현실 효과 혹은 진리 효과란 [그 작품의] 전통과의 특별한 관계 맺음에서 생겨난다. 혁신이란 문화적 전통에 대한 부정적 순응negative Anpassung

10   적어도 [지그문트] 프로이트 이후 '전체'를 이해하기 위한 모델로 기능하는 특별한 일상적 상황을 포착하는 이론적 텍스트들이 있다. [루트비히] 비트겐슈타인은 『철학적 탐구(Philosophische Untersuchungen)』에서 계속 이 방법을 사용하며, 이후에는 이러한 관점에서 이해를 추동하는 '이미지들(Bildern)'에 대해 말한 바 있다. "나는 그의 눈앞에 이 이미지를 제시한다. 이를 통해 그가 주어진 경우를 이전과 다르게 바라보려는 순간 그는 이 이미지를 승인한 것이다. (…) 나는 그의 직관방식(Anschauungsweise)을 바꾼 것이다."(Philosophische Untersuchungen, N. 144, Frankfurt a. M., 1984, 94.) 이에 대한 좋은 사례는 롤랑 바르트(Les Mythologies, Paris: Éditions du Seuil 1957)나 장 보드리야르(Der Symbolische Tausch und der Tod, München: Matthes und Seitz, 1982)의 텍스트인데, 여기서 일련의 일상적 이미지들은 그 이미지들을 전체의 이미지로 만드는 해석들과 함께 제시되고 있다.

의 행위인 것이다.

긍정적 순응positive Anpassung은 새로운 작품을 전통적 규범들과 유사하게 형상화하는 것이다. 부정적 순응은 새로운 작품을 전통적 규범들과 유사하지 않게 형상화하고 그와의 대조Kontrast 속에 위치시키는 것이다. 두 경우 모두 작품은 전통에 대해 ―부정적이건 긍정적이건― 특정한 관계를 갖는다. 두 경우 모두 세속적인 것 혹은 문화 외적 현실성은 재료Material로만 사용된다. 전통의 전범들에 등을 돌리기는 그 전통에 긍정적으로 순응하는 것보다 더 크게 세속적 사물들을 변화시킨다. 이 사물들은 문화적으로 사용됨에 따라, '현실 속에서' 그를 전통적 전범들에 유사해지게 하는 모든 것으로부터 순화된다. 레디-메이드가 현실 그 자체보다 더 세속적이고 더 현실적으로 보이는 것도 이 때문이다.[11] 따라서 문화적 작품의 가치를 판정하는 데서 중심 질문은 그 작품이 문화적 전통에 대해 갖는 관계이며, 그 작품이 문화적 전통에 긍정적으로 혹은 부정적으로 순응하는 데 성공했느냐다. 문화 외적 리얼리티에 호소하는 것은 부정적 순응의 역사적 병참 기지일 뿐이며, [이러한 제스처는] 그 자체로 문화적 전통 속에

11 실재계(das Reale)를 시뮬레이션하고 그를 실재계보다 더 실재적으로 만드는 현대 세계의 하이퍼리얼리티에 대해 말하는 장 보드리야르는 세계 전체를 예술의 맥락에서 레디-메이드로 사유한다. "디즈니랜드는 '실재' 국가, 그 자체가 이미 디즈니랜드인 '실재' 아메리카를 은폐하기 위해 존재한다. (…) 상상계로서의 디즈니랜드는, 그를 제외한 나머지가 실재인 것 같은 인상을 불러내기 위해 세워진다. 디즈니랜드를 둘러싼 로스앤젤레스와 미국 전체는 이미 더는 실재가 아니다. 그것은 하이퍼리얼과 시뮬레이션의 질서에 속한다."(Jean Baudrillard, *Agonie des Realen*, Berlin: Merve, cop. 1978, 25.)

전범들을 갖는다.

그 때문에 이 책에서는 예술이 토론의 실마리 구실을 수행할 것이다. 이 책에서 토의의 핵심은, "이것이 무엇인가?" 혹은 "무엇이 진리인가?"라는 물음 곧 자연, 현실, 리얼리티에 대한 관계를 묻는 것이 아니라, 문화적으로 가치 있는 것으로 여겨지기 위해 예술작품이나 이론적 작품은 어떻게 만들어져야 하는가다. 묘사할 수 없고 해석할 수 없는 무의식에 관한 이론들도 존재하며, 어떻게 이해되든 간에 소위 리얼리티에 대한 미메시스적·모사적 관계라는 진리를 둘러싼 물음을 허용하지 않는 예술작품도 존재하며, 이들도 역시 문화적 가치를 지니기 때문이다. 누군가 거기에 동의할 수 없다는 이유만으로, 또는 그 작품들을 예술작품으로 받아들일 수 없다는 이유만으로 그런 작품이 고려되지 않은 채 남겨질 수는 없다. 이미 문화 속에 그런 작품이 존재한다는 사실이 우리로 하여금 문화적 생산의 메커니즘 전체를 진지하게 탐구하도록 요구하기 때문이다.

이뿐만 아니라, 한 작품의 가치에 대한 물음은 그 작품과 현실 사이 관계로서의 진리에 대한 물음보다도 훨씬 오래되었다. 진리를 둘러싼 물음은 전통에 대한 반란에 상응하며, 이와 같은 반란은 처음부터 그 전통 자체에 의해 요구된 것이었다. 바로 이 요구가 모든 반란에 문화적 가치를 부여한다. 이처럼 문화적 가치를 지닐 때에만 특정한 작품의 해석에 관심이 생겨나며 그 해석이 중요해지는 것이지 그 역은 아니다. 말하자면, 이론가나 예술가는 혁신과 그로부터 생겨나는 문화적 가치를 통해서만 자신의 개인적이고 세속적이며 '현실적인' 관심사를 사회에 제시할 권리를 얻는 것이다. 그렇지 않은 사람들의 관심사에 대해 사회는, 그 사안들 자체는 [여타의] 다른 것보다 결코 덜 시급한 것이 아니더라도,[12] 덜 관심을 가진다. 이러한 이유로 우리는 문화적 가치의 가치전도를 둘러싼 문화경제적 논리를 살펴볼 것이다. 이 논리가 현실에 대한 개관과 현실에 대한 관계로서의 진리를 놓고 제기되는 질문의 전제를 형성한다.

12   B. Groys, "Die künstlerische Individualität als Kunsterzeugnis," Akademie der bildenden Künste in Wien(Hrsg.), *Über die Wahrheit in der Malerei*, Wien, 1990, 55~69.

아카이브에서의 새로움

새로움은 과거와 미래 사이에 있다
새로움은 타자가 아니다
새로움은 그 근원이 시장이나 진정성에 있지 않다
새로움은 유토피아적이지 않다
새로움은 가치 있는 타자다
새로움과 유행
새로움은 근원적 차이의 효과가 아니다
새로움은 인간 자유의 산물이 아니다

새로움은 과거와 미래 사이에 있다

　새로움은, 이전의 가치들이 아카이브화되고 시간의 파괴적 작용으로부터 보존되어야 할 때마다 요구된다. 아카이브가 없는 곳 혹은 아카이브의 물리적 존속이 위협받는 곳에서는 전통을 손상 없이 존속시키는 일이 혁신보다 선호되기 마련이다. 시간에 구애받지 않고 어느 시대나 직접 접근 가능 하며 영속적이라 여겨지는 원리나 이념들이 주창될 때도 있다. 이와 같은 원리와 이념은 그 문화적 고착물 Fixierung은 파괴되더라도 계속 존속하며 늘 새로 발견될 수 있으리라는 희망하에 '진리'라고 가정된다. 일례로, 고전적 예술은 특정한 전범을 좇거나 자연의 미메시스 곧 본질적 측면에서 결코 변하지 않는다고 상정되는 자연을 최대한 충실히 모사한다고 여겨진다. 사유는 신비스러운 전승이나 불변하는 논리의 법칙을 따라야 한다고 주장된다. 새로움에 대한 관심은 기술적으로, 문명적으로 옛것이 확실히 보존되었다고 여겨질 때 비로소 생겨난다. 이미 아카이브에 있는 것을 되풀이하는 동어 반복적이자 고답적 작품들의 생산은 불필요하다고 여겨진다. 그렇기에 새로움이란, 진리가 관념적 지속성을 갖기 때문에 요구되는 것이 아니라 기술적 설비와 미디어를 통해 전통의 정체성이 보존되고 [그 정체성에] 보편적으로 접근 가능 하게 될 때 비로소 —위험으로서가 아니라— 긍정적으로 요구되는 것이다.

고전 고대와 유럽 중세 시대에는 새로움에의 지향은 보통 비난 받을 일이었다. 사람들은 새로움을 지향하는 일은 구술이나 문서를 통해 전승된 전범들에서 우리를 멀어지게 하는 시간의 힘에 굴복하는 것이라고 보았다. 사유는, 소리 소문 없이 전통에 대한 기억을 파괴하는 시간의 흐름에 맞서 저항하고, 근원을 왜곡하는 혁신의 손길이 닿지 않은 전승을 지켜내는 것을 주요 과제로 삼았다. 새로움은 망각으로 인해 혹은 변화된 상황의 압박 때문에 어쩔 수 없이 자행되는 왜곡이거나 실수였다. 이와 같은 관점에서는 적극적으로 새로움을 고집하는 것은 인간 기억의 허약함에 대한 탈도덕적 순응이거나 세속 권력에 대한 요구로 이해되었다.

새로움에 대한 이런 태도가 근대를 거치면서 새로움에 대한 철저한 옹호로 전환되었다는 견해가 팽배하다.[1] 그러나 여기서 말하는

1   한스 로베르트 야우스는 모던으로의 이행과 새로움의 긍정을 18세기 중반 프랑스에서 일어났던 '신구논쟁(Querelle des Anciens et des Modernes)'과 연결한다.(Hans Robert Jauß, "Ästhetische Normen und geschichtliche Reflexion," *Querelle des Anciens et des Modernes*, München: Eidos, 1964, 8~64.) 야우스는, 그러나 새로움에 대한 결정적 전환은 [샤를 피에르] 보들레르에게서 처음으로 일어났다고 보는데, 보들레르의 미학이 모더니티(modernité)를 새로움(nouveauté)과 연결하고 '순간적 아름다움'과 유행의 가치를 높이 평가했다는 것이다.(H. R. Jauß, "Der literarische Prozeß des Modernismus von Rousseau bis Adorno," R. Herzog, und R. Kosellekck(Hrsg.), *Epochenwelle und Epochenbewußtsein*, München: Wilhelm Fink Verlag, 1987, 258ff.) 야우스는 기독교 내에도 유럽 문화 전반에 전범적 영향을 끼친 급진적 새로움의 요구와 옛것의 가치절하가 존재했었다고 말한다. 그런데 기독교 내에 존재하던 급진적 새로움에 대한 이 요구는 예전의 예언들을 끌어들이고 신약과 구약의 신을 동일시하는 주장에 의해 길들었다'는 것이다.(H. R. Jauß, "Il faut commencer par le commencement!," *Epochenwelle und Epochenbewußtsein*, München: Wilhelm Fink Verlag, 1987,

전환은 실상 보이는 것만큼 급진적이지 않다. 근대의 사유는, 보편적 진리가 과거뿐 아니라 현재나 미래에도 계시될 수 있다고 전제함으로써 이전 대부분의 시대에 있었던 사유와 구분된다. 달리 말해, 의미·본질·존재 등으로 지칭되는 진리가 전통을 넘어 현실 속에서 계시된다는 것이다. 실지로 근대인들은 자신에게 이 새로운 진리가 계시될 것이며, 그를 통해 [자신들이] 이전 시대의 오류에서 해방될 것이라는 기대와 희망을 가지곤 했다. 여기에서 시간이 흐르면서 계시되는 진리는 근대에서도 영원하고 탈시간적인 것으로 이해되기도 했다. 이런 진리는 일단 한번 모습을 드러낸다면 미래를 위해 계속 보존되어야 하는 것이었다. 근대에 미래가 왜 통상 조화롭고, 불변하며, 하나의 진리에 종속되어 있는 것으로 곧 이전 시대가 과거를 표상했던 바로 그런 방식으로 기획되었었는지의 이유가 여기에 있다. 근대의 유토피아주의는 미래의 보수주의Konservatismus의 한 종류였던 것이다. 이와 같은

563f.)
　　여기에 언급되어야 할 것이 있다. 보들레르에게도 모든 새로움은 영원한 미의 불변하는 요소를 함축하고 있었고, 그렇기에 새로움은 철저히 '길들어' 있었다는 사실이다. "단 하나의 절대적 아름다움에 대한 이론에 맞서 합리적이고 역사적인 아름다움의 이론을 내세울 진실로 적절한 기회가 아닐 수 없다. 아름다움이란 비록 하나로 통일된 듯한 인상을 산출하기는 하지만 항상, 그리고 어쩔 수 없이 두 요소로 이루어져 있다는 이론 말이다. (…) 아름다움은, 그 양(⊠)을 특정하기가 너무나도 어려운 영원하고 불변하는 요소, 그리고 상대적이고 조건 지워지는 요소로 형성된다. 이 두 번째 요소는 시기적으로 또는 동시대의 유행과 정신적인 삶, 열정의 시기에 의해 규정된다."(Ch. Baudelaire, "Der Maler des modernen Lebens," *Künstler und das moderne Leben*, Leipzig: Reclam Verlag Leipzig, 292.) 모든 예술작품이 필연적으로 관계한다는 미학적 전통은 보들레르에게는 역사적인 것으로서가 아니라 '영원한 미'로 이해되었던 것이다.

유토피아주의는 전쟁과 혁명의 파괴 작업을 긍정하면서, 역사적 아카이브에 가해지는 폭력적 파괴가 새롭게 발견되는 보편적 진리를 훼손하기는커녕 오히려 과거의 짐에서 그 진리를 해방시켜 순화할 것이라고 믿었다. 진리의 장소가 현실 그 자체라면 전통의 해소는 그 진리를 조금도 훼손하지 않을 것이다. 이러한 이유로 근대의 이데올로기들은, 소련의 경우가 보여주듯, 권력을 획득한 그 순간부터 매우 보수적인 입장을 취했던 것이다. 그것들은 진리에 도달했고, 역사는 그 역사의 승리와 더불어 종말을 고했기에 이제 새로움은 더는 가능하지 않다는 것이었다. 그러나 이를 통해 결국 사유의 가장 원시적인archaischsten 구조만 다시 살아나게 되었다.[2]

시간 속에서 계시되는 진리, 그 지향은 진리를 근원적이고 선시간적Vorzeitigkeit으로까지 급진화하기도 한다. 진리에 대한 이와 같은 근대적 이해는 이미 플라톤에게서 발견된다. [플라톤에 의하면] 영혼이 상기하는 진리는 영혼이 세계에 태어나기 이전 곧 모든 전통이 시작되기도 전에, 그 자체로서 세계가 시작되기도 전에 주어져 있다. 그렇기에 새로운 진리는 문화 속에서 명시적으로 존재하는 모든 전통보다 훨씬 오래되고 근원적인 것이 된다. 모든 종류의 구전이나 문자적 문화 전승보다 더 근원적인 진리라는 이 새로운 진리 개념은 근대에도 널리 확산되어 있었다. 근대의 철학과 예술은 시간이 흘러도 상대화

---

2   러시아 아방가르드와 사회주의적 리얼리즘 사이 관련성에 대해서는 다음을 보라. B. Groys, *Gesamtkunstwerk Stalin*, München: Hanser, 1988.

되지 않을 무엇인가를 지속적으로 추구해왔다. 그들[근대의 철학과 예술]은 근본적인 논리적 형식과 지각, 언어, 미적 체험 등의 근본 구조를 찾고자 했다. 일례로 [프리드리히 빌헬름] 니체와 프로이트는 오랜 신화적 재료를 탐색했고, [카를] 마르크스는 새로운 발전단계를 거쳐 사유재산 없는 근원 사회로 회귀하자고 외쳤다. 근대 예술은 원시 종족, 유아적인 것, 요소적인 것Elementaren에 관심을 기울였다.[3] 새로움을 역사적으로 존재했던 모든 시대에 선행하는 것으로 파악하고, 나중에 생겨난 모든 오류보다 더 근원적이라고 상정되는 진리를 요구하는, 이 태도는 근대에도 본질적으로 바뀌지는 않은 것이다.

[르네] 데카르트의 'Cogito ergo sum(코기토 에르고 숨)'은 통상 근대 철학의 출발점으로 여겨진다. 이 모토를 내걸고 데카르트는 의심될 수 있는 것 따라서 역사적 시간의 검증을 버틸 수 없다고 드러나는 모든 것의 경계를 떠나 하나의 방법론을 정초하려고 시도했는데, 그 방법론의 도움으로 미래는 통일적이고 합리적인, 보편적이고 불변적인 토대 위에서 조직될 수 있을 것이라고 믿었다.[4] 근대에 가장 영향

---

3   역사적 아방가르드가 원시적인 것에 관심을 가졌음은 잘 알려져 있다. 그에 대한 비판적 고찰은 다음을 보라. Arnold Gehlen, *Zeit-Bilder: Zur Soziologie und Ästhetik der modernen Malerei*, Frankfurt a.M., Bonn: Athenäum, cop., 1960, 144~149.

4   세계에 대한 총체적 파괴와 갱신의 유토피아에서 "ego cogitans'라는 데카르트의 제한된 유토피아까지의 여정은 다음 인용문에서 특히 분명하게 드러난다. "단 한 명의 건축가가 설계하고 완성한 건물은 대개 여러 명이 모여 기왕에 다른 목적으로 세웠던 낡은 벽들을 이용해 개축하려고 애쓴 건물보다 더 아름답고 조화로운 것이 예사다. (…) 본래의 반(半)야만(野蠻) 상태에서 차츰 문명화되면서 범죄와의 싸움 등과 같은 급박한 상황으로 인해 어쩔 수 없이 법을 제정하기에 이른 민족들은, 처음 모였을 때부터 어떤 현명한 입법자가 제정한 헌법을 지켜나간 민족들만큼 안정된 상

력이 컸던 미술 흐름 역시 이와 동일한 목표를 추구했다. 역사적 미술 형식의 지속성에 대한 급진적인 방법적 회의 — [카지미르 세베리노비치] 말레비치나 [피터르 코르넬리스] 몬드리안에게서 미술이라는 수단을 통해 표현되었던 — 를 생각해보라. 이 두 화가는 역사적으로 규정된 모든 특징에서 벗어나는 이미지의 형식적 구조를 제시하려 했는데, [이는] 그를 통해 처음으로 제시되는 형식적 구조를 미래의 보편적 예술 양식으로 천명하기 위함이었다.[5]

근세의 사유와 문화는 스스로를 과거와 대립시키려 했지만 그 자신이 미래와 대립할 준비는 되어 있지 않았다. 근대는, 무엇을 통해서도 한계 지워지지 않는 근대 그 자체의 확장으로 미래를 이해했다. 근대 이전 현재가 과거의 연속으로 생각되었던 것과 마찬가지로, 미래는 현재의 연속으로 여겨졌던 것이다. 역사성의 요구들을 최대한 내적으로 통합하려 했던 근대 이론들도 사정은 마찬가지였다.

태를 갖지 못하리라고 나는 생각했다. (…) 그렇다고 한 도시의 모든 집을 다만 그것들을 다른 모습으로 고쳐 짓고 더 아름다운 가로(街路)를 만들려는 의도만으로 모조리 헐어버리는 경우는 볼 수 없지만, 어떤 사람들이 자기네 집을 개축하기 위해 [그것을] 헐어버리는 경우는 흔히 볼 수 있다. (…) 그리하여 나는 이런 확신을 가지게 되었다. 어떤 한 개인이 한 국가를 그 토대부터 송두리째 변혁하고 새로운 질서를 위해 뒤집어엎는 목표를 세운다는 것은 있을 법하지 않고, 학문의 전체 체계나 혹은 학교의 교육 방법을 변혁한다는 것도 있을 법하지 않다고. 그러나 내가 이때껏 받아들였던 온갖 의견에 관해서는 그를 후에 더 좋은 의견으로 대체하기 위해, 혹은 전과 똑같은 의견이라도 그를 이성의 기준에 의거해 측정한 의견으로 대체하기 위해 진지하게 고찰하는 것보다 더 나은 방도는 없다고 말이다.(René Descartes, *Discourse de la méthode*, Hamburg 1960, 19~23.)

5　　미술에서의 초시간적인 것에 대해서는 다음을 보라. Kazimir Malevich, "God is Not Cast Down," Troels Andersen(ed.), *Essays on Art 1915~1928*(Vol. 1), Copenhagen: Borgen, 1968.

그래도 낭만주의 이래로 그리고 헤겔식의 역사주의가 붕괴한 이후부터는 영향력이 큰 하나의 철학적 흐름이, 불변적이고 유토피아적이며 단일한 합리적 토대 위에 설립된 미래와 역사 바깥의 진리는 도달 불가능 하다고 주장했다. 그러나 역사적인 것을 수용하는 이러한 방식은 동시에 역사적인 것은 유일무이하며, 반복되거나 비교될 수 없고, 순간적이라는 주장과 맞닿아 있었다.[6] 비교가 없다면 새로움의 존재는 가능하지 않다. 그렇게 되면 끊임없는 역동성, 거대한 긴장과 활동성이 지배하겠지만, 지속적이고 끊임없는 이 운동은 단조로우며 아무런 가치도 지니지 않을 것이다. 예를 들어, 낭만적인 것은 그만큼 안정적이고 단조로운 클리셰에 다름 아니다. 낭만적 유토피아는 운동과 유일무이성의 유토피아다. 이 유일무이성은 아카이브가 도달할 수 있는 영역 바깥에서 늘 열려 있고 접근 가능 한 것으로 등장한다. 이 유토피아는 결국 그 자체로 영원한 진리라는 고전적 유토피아와 본질 면에서 구분되지 않는다.

[G. W. F.] 헤겔 이후 철학적 흐름 몇 가지만 보더라도 근대의 이 근본 유토피아는 마르크스주의에도, 실존주의에도, 해석학, 정신분석[학], 생철학, 구조주의에도, 이뿐 아니라 하이데거 학파 또는 해체주의

---

6   "'지금(Jetzt)'을 떠오르는 '순간(Augenblick)'으로, '현현(顯現, Epiphanie)'의 시적 구조로 절대화하는 것은 근대 문학의 일관된 특징이다."(K. H. Bohrer, *Plötzlichkeit. Zum Augenblick des ästhetischen Scheins*, Frankfurt a. M.: Suhrkamp, 1981, 63). 또한 다음을 참조하라. Jean-François Lyotard, "Newman: The Instant," Andrew Benjamin(ed.), *The Lyotard Reader*, Oxford: Basil Blackwell, 1989, 240ff.

에도 남아 있다. 이 흐름들은 진리의 역사적 상대성의 묘사를 허용하는 담론들을 생산하지만, 그 담론들 자체는 역사적 측면에서 상대적인 것으로 사유되지 않는다. 각각의 담론이 역사적 전환의 내적 논리를 묘사하고 지배하는 게 어느 정도나 가능하다고 주장하는지, 혹은 반대로 그 묘사나 지배의 가능성을 어느 정도나 부정하는지는 본질적으로 중요한 것이 아니다. 하이데거나 프랑스 포스트구조주의가 역사적 전환의 동인으로 보는 '존재'나 '타자'의 원리적 은폐성과 차이에 대한 지시는, 이 은폐된 '타자'에 대한 대화가 미래라는 역사적 지평 전체를 점유할 때까지 그 대화를 무한히 계속되게 한다.[7] 담론의 대상이 계속 미끄러지는 곳에서는 담론 자체가 무한한 것으로 드러난다. 해석, 텍스트성, 욕망의 무한성이 모든 역사적 현재나 미래를 넘어 뻗어나가는 것이다. 이러한 담론이 일례로 데리다에게서처럼 급진적 유한성과 차이를 테마로 삼을 때조차도, 그 담론을 종결하는 일 달리 말해 그 담론의 경계를 규정하고 그 경계를 다른 것과 차별화함으로써 담론의 시간적 확장에 경계를 설정하기는 불가능하다.

역사적 전환의 동인이라고 이야기되는 타자는 자연, 역사, 삶[생], 욕망, 계급투쟁, 인종적 본능, 기술, 언어, 존재의 호명, 텍스트성 혹은 차이로 지칭된다. 그런데 이 모두는 문화 외적인 것 즉 문화가 알지

---

7   데리다에게 해체의 종말은 불가능한데, 해체 자체가 그 종말이기 때문이다. "그리고 누군가 정수(精髓) 즉 끝의 끝, 끝 중의 끝을 추출하고 그에 대해 말한다 하더라도, 끝은 언제나 이미 시작한 것이기에, 끝과 종결은 구분되어야 한다. (…)"(J. Derrida, *D'un ton apocalyptique adopté naguère en philosophie*, Paris: Galilée, 1983, 60.)

못하거나 문화 앞에서는 은폐되는 것, 문화에 의해 컨트롤될 수 없기에 오히려 문화를 규정하는 어떤 것을 지시하게 한다. 어떤 이들은 타자를 변증법적인 헤겔적 정신 속에서 인식할 수 있다고 믿고, 어떤 이들 일례로 하이데거나 데리다는 타자를 원리적으로 은폐되는 것 또는 끊임없이 자신을 은폐하는 것으로서만 호출한다. 하지만 그 타자 다시 말해 본래 이렇게 혹은 다르게 이해되는 시간에, 문화 자체로부터는 독립적인 리얼리티라는 지위와, 문화를 내적으로 이끌고 갱신함으로써 문화적 형식들을 규정할 수 있는 능력이 부여되는 한, 타자를 호출하는 철학적 담론과 예술적 실천들은 문화적 콘텍스트 속에서 그 타자와 같은 특별한 지위, 결국 문화를 규정할 수 있는 위치를 요구하는 것이다. 이 담론과 실천들이 타자를 어떤 방식으로 ─ 긍정적으로 혹은 부정적으로, 직접적으로 혹은 간접적으로, 변호하면서 apologetisch 혹은 명시적으로apophantisch ─ 호출하든 그 담론과 실천들은 근본적으로 자신을 메타-문화적이고 미래 규정적인 것으로 정의한다. 그들은 시간 자체와 자신을 관련시키면서 자신은 시간 속에서 진행되는 역사적 전환과는 무관하다고 본다.

시간은 자신의 표현을 얻는다며 그럴싸하게 이야기되는 가치 변화의 숨겨진 원인은 실상 시간의 변화가 아니다. 가치전도의 논리는, 시간은 전혀 그리로[새로움으로] 향하지 않을 때조차 새로움을 향해 나아간다.[8] 이 논리는 의식적이고 인위적으로 새로운 시간을 생산해

---

8   보들레르에게 패션은 시간을 포함해 그 어떤 확고한 지시물도 갖지 않는 "기호의 부유(浮

내는 경제적 전략이다. 시간 속에서는 거의 무의식적으로 발생하는 것도 이 논리에 따라 문화적 가치가 된다. 가치 위계는 시간 속 변환을 통해 저절로 바뀌지 않는다. 가치들과 관계하는 중에, 문화적 아카이브, 그리고 그를 통해 가능해지는 비교라는 초시간적 전망 속에서 시간적 사건이 긍정적이거나 부정적으로 사용되는 것이다.

游)"다.(Jean Baudrillard, Gerd Bergfleth, Gabriele Ricke und Roland Voullié(Übersetzer), *Der symbolische Tausch und der Tod*[*L'échange symbolique et la mort.*], München: Matthes & Seitz, 1982, 140~141.)

새로움은 타자가 아니다

문화에서 역사적 새로움은 문화 외적 타자의 영향으로만 생겨날 수 있다는 생각에는 문화적 운동 역학에 대한 일종의 뉴턴적 관점이 깔려 있다. 뉴턴에게 물체는 직선 방향으로 균질하게 운동하려 하기에, 그 물체의 방향이나 속도가 변했다면 [그 물체에] 외부적 힘이 작용했음을 의미한다. 이 생각이 문화에 적용되면 다음과 같이 가정된다. 혼자서만 움직인다면 문화는 저 스스로 전통적 선례先例들을 재생하면서 전통을 지속시킬 것이며, 신이나 자연 혹은 한 작가의 환원될 수 없는 문화 외적 개체성, 그 작가를 통해 움직이는 무의식의 숨겨진 영향력이나 차이만이 그 운동을 포기하게 할 것이라고. 이러한 생각에 따르면 인간은, 그가 '살아 있지' 않다면 곧 [그가] 모든 '죽은' 문화와 다르지 않다면, 끝없이 같은 프로그램에 따라 더는 작동하지 않을 때까지 움직이는 기계와 구별되지 않을 것이다.[1] 문화를 변하지 않는 선례와 스테레오타입적 재생의 총체로 보는 이와 같은 관점으로부

---

[1] 예를 들어 미셸 푸코에게서 그런 문화적 프로그램은 '담론 형성([담론 구성], diskursive Formationen)'으로 묘사된다. Michel Foucault, Ulrich Köppen(Übersetzer), *Archäologie des Wissens*[*L'Archéologie du savoir*], Frankfurt a. M: Suhrkamp Verlag, 1973, 48ff.

터, 은밀하게 문화를 재조직함으로써 새로움을 산출해낸다고 가정되는 신, 존재, 삶이나 차이 등에 대한 호소가 자라난다. 이 생각에 따르면, 새로움의 근원은 문화적 전통의 망각, 선입견과 생명력을 잃은 관례, 남아 있는 형식 전체에 대한 포기나 타자의 선포Verkündung에 있다. 극단적으로 기계화된 우리 시대의 문화에는 이제 새로움은 불가능할 것이라는 포스트모던적 의구심 또한 여기서 생겨난다. 직접적 삶[生]의 원천들은 봉인되어 있고, 문화적 전통에 대한 망각을 통해 원초적인 문화 외적 현실을 상기시키고 그 현실의 직접적이고 즉각적인 표출이 더는 가능하지 않다면, 진정한 새로움의 생성이란 불가능하다는 것이다.

그러나 전통과 관련해 새로움이란 결코 타자이기만 한 것이 아니다. 새로움은 역사의 특정한 시대를 부각하고, 현재를 과거나 미래보다 선호하게끔 하는 가치 있는 무엇이다. 새로움은, 그것이 문화와 전통에 대한 타자의 영향으로 생겨나는 걸로 여겨지더라도, 단지 타자의 증상Symptom이기만 해서는 안 될 것이다. 오히려 새로움은 문화에 영향을 끼치는 타자 자체를 보여주고, 타자에 접근하고 그를 가시화하고 파악할 수 있게 해야 할 것이다. 근대에 타자에 대해 이야기하는 자연, 욕망이나 무의식 이론 혹은 타자를 보여주려는 예술이 큰 주목을 받은 이유도 이 때문이다. 새로움 속에서 타자 자체가 전혀 인식될 수 없다면, 새로움은 타자의 덩어리Masse 속에서 해체되고 역사는 차이의 유희 속에서 해소되고 만다.

새로움에 반대하는 포스트구조주의적 유보도 여기서 생겨난다.

타자는 계속 작용하나 그 영향력은 숨겨져 있고, 문화적 타자는 끝없이 생산되나 어떤 가치지위Wertstatus도 요구하지 않는다는 유보 말이다. 그러고는 타자의 은폐성을 둘러싼 담론이 그러한 가치지위를 요구할 수 있는 최종적인 문화적 현상이 된다. 이를 통해 새로움은 그 숨겨진 근원을 절대 드러내지 않고 드러낼 수도 없는, 그래서 늘 임의적이고 잉여적인 것이 된다.[2] 이렇게 은폐된 타자는 다른 타자와 아무 구체적 차이도 분명히 드러내지 않기에, 결국 모든 차이는 무차별적 덩어리로 흘러들어간다. 모더니즘 시대에는 문화적 낙관주의의 원천으로 한몫했던 타자라는 환영Phantasma이 이제는 문화적 비관주의의 원천이 된다. 차이는 이 둘[문화적 낙관주의와 문화적 비관주의] 사이에 놓여 있는 근본 성향에 있는 것이 아니라, 시간이 지나면서 타자가 더 은밀해지고, 더 멀어지고, 점점 더 미래로 밀쳐지고, 타자로서 또 그 속성에서 더 급진화되고, 새로움으로서는 더 도달하기 어려운 것으로 자신을 제시한다는 데에서 나온다.

스스로를 은폐하는 타자에 대한 포스트구조주의 또는 포스트모던 이론들은 물론 지속적으로 새로움에 대한 지향을 보여왔다. 그 이론들 자체가 사회에 의해 새로운 것으로 수용되었고, 그들 자신도 이전 이론들과 다른 참신성을 주장했다. 거기서 새로운 것은, 타자가 스스로를 은폐하기에 타자에 대해서는 어떤 본질적 언술도 할 수 없다는 주장이다. 그러나 타자에 대한 이 순전히 부정적인 정의는 타자를

---

2   'clôture'(「도입」의 각주 1, [11쪽])은 바로 이러한 급진적 타자의 접근 불가능성을 지칭한다.

긍정적으로 정의하려는 이전 모든 시도의 역사를 전체적으로 고려할 때만 가능하고 그 의미를 갖는다. 타자에 대해 말할 수 있는 게 없다면, 근본적으로 타자에 대해서는 침묵해야 할 것이다. 그렇다면 비트겐슈타인이 말했듯, 우리는 타자에 대해 말해야 한다는 것조차 말하지 말아야 할 것이다.[3] 실지로 이데올로기로서 포스트모더니즘이 대중을 장악했던 순간, 타자의 은폐성에 대해 말하려는 소망까지 사라졌다. 그리고 나서는 그로부터 어떤 의미 있는 선택도 이루어질 수 없는, 존재하는 차이들의 무차별적이고 '복수적인' 덩어리만 남았다. 1960~70년대 포스트모더니즘의 비판 이래 오늘날의 문화가 바로 이러한 상황에 처해 있다. 동일성Identisches도, 그 동일성에 본질적 차이로 맞서는 흥미롭고 중요하고 가치가 있을 만한 타자도 존재하지 않은 듯 보이며, 모든 것이 부분적 차이들의 유희 속에서 해체되었다.

그러나 실천적으로 문화는 예나 지금이나 특정한 차이점 Verschiedenheit은 흥미롭고 가치 있다고 여기고 [그와] 다른 차이점은 그렇지 않다고 여긴다. 달리 말하면, 문화는 여전히 특정한 차이점을 새롭고 중요한 것으로 정의하고 [그와] 다른 차이점을 하찮고 중요하지 않은 것으로 정의한다는 것이다. 이에 따라 도서관, 미술관, 필름 저장소 같은 아카이브에 소장될 특정한 문화적 작품들의 선택과 그와 결

---

3   "말할 수 없는 것에 대해서는 침묵해야 한다."(Ludwig Wittgenstein, *Tractatus logico-philosophicus*, Frankfurt a. M: Suhrkamp, 1984, 85.) 말하지-않음이라는 주제에 대해서는 다음을 보라. J. Derrida, Hans D Gondek(Übersetzer), *Wie nicht sprechen*, Wien: Passagen-Böhlau, 1989.

합되는 유행, 사회적 성공, 특권과 같은 현상들의 문제가 생겨난다. 이러한 아카이브와 그에 상응하는 문화적 특권에 비판을 제기하는 이들은 줄곧, 사회적 인정을 받지 못한 다양한 그룹과 공인된etablierten 아카이브 사이의 문화적 차이가 무시될 수 없을 정도로 본질적임을 보여주려고 한다.[4] 예를 들어 여성, 인종적 소수자, 성적 소수자의 이름으로 행해지는 문화 비판, 자신의 개성을 부각하고 자기 작품의 가치를 이론적으로 뒷받침함으로써 개인적 신화를 만들어 아카이브에 선택되기를 원하는 개별 작가와 예술가들의 시도도 여기서 나온다. 이들 경우에서 각 분야의 차이들은 특히 의미 있다고 지칭되며, 공인된 아카이브에서 문화적으로 재현되려는 요구도 도출된다.

그런데, 어떠한 문화 내적 차이점도 타자를 그 자체로 재현할 권리가 없다면, 모든 차이점에 한때 자아의 평등성 같은 평등성이 놓여 있다면, 다시 말해 오늘날 모든 문화적 활동이 전적으로 무차별적인 문화적 다원주의를 지평으로 삼는다면, 그렇다면 새로움은 어떻게 단순한 상이함과 구별될 수 있는가? 달리 표현하자면, 문화적으로 무가치한 차이와 문화적으로 가치 있는 차이는 어떻게 구별할 수 있는가?

4   재현의 정치에 대한 포스트모던 이론에 대해서는 일례로 다음을 보라. Brian Wallis(ed.), *Art after Modernism: Rethinking Representation*, New York: New Museum of Contemporary Art, 1984, 295~434의 "Cultural Politics"와 "Gender/Difference/Power." 그리고 Barbara Kruger, Phil Mariani(et al.), *Remaking History, Discussion in Contemporary Culture*, Nr. 4, Dia Art Foundation, Seattle, 1989.

새로움은 그 근원이 시장이나 진정성에 있지 않다

오늘날 문화적 특권층의 전략은 많은 경우 순수한 시장 전략으로 묘사된다. 곧, 점점 더 많은 이윤을 얻기 위해 끊임없이 새로운 생산물을 만들어내기를 요구하는 시장경제의 효과로서. 특정한 담론과 예술작품이 사회적으로 특권화되고 높이 평가받는 지위를 얻는 건 전적으로 그 생산자와 관리자의 성공적 시장 정책이나 제도 정책의 결과라는 식이다. 그리고 이런 정책의 성과는 해당 담론이나 예술작품의 본래적 내용과는 무관하다고 여겨진다. 이와 같은 분석에 문화적, 미학적 또는 내용적 기준을 제시하는 것은 사정을 알지 못하는 청중에게만 효력을 미치는 부수적 불평일 뿐이라고 말이다.[1]

새로움을 시장 지향의 성과로 해석하기는 전혀 새로운 생각이 아니다. 근대 초창기부터 새로움에는 오직 돈과 성공만 지향한다는 비난이 계속 따라다녔다.[2] 이질적 현실이나 타자의 영향 하에 생성된 혁신들은 진정성이 있고 지배적 사회체제에 반하는 것으로 여겨지는

1 　시장 전략의 '진정성'에 대해서는 다음을 보라. Jean Baudrillard, *Le système des objets*, Paris: Gallimard, 1968. 103~112.

2 　역사적 아방가르드의 시장 전략에 대해서는 다음을 보라. Yve-Alain Bois, "La leçon de Kahnweiler," *Les Cahiers du Musée national d'art moderne*, N. 23, Paris, printemps 1988, 29~56.

반면, 진정하지 못하고 시장 전략만을 좇는 혁신은 체제를 안정화하는 데 한몫한다고 이해된다. 타자가 그 자체로 드러날 수 있음을 부정하는 포스트모던 비판의 관점에서는 모든 혁신은 다 비-진정한nicht-authentisch 것으로 여겨진다. 유일한 예외가 있다면 예술이나 이론의 수단을 통해 사회비판을 행하려는 시도뿐인데, 그것마저 일정한 성공을 얻으면 상업화에 빠진다고 비판된다. 이 논리에 따르면, 새로움에 대한 지향은 이제 더는 불가능할 뿐만 아니라 원하지도 않는 것이다. 이는 정치적 반대파로서 이전의 역할을 포기하는 것으로 여겨진다.

시장을 혁신을 추동하는 힘으로 여기는 해석은 어떤 점에서는 전통적 해석보다 우월하다. 전통적 해석은, 리얼리티에 대한 직접적 접근이 의문시될 때조차 곧 한 예술작품의 관찰자가 더는 한 작품을 그 작품에서 묘사된 것과 비교할 수 없거나, 한 이론이 무의식을 소환함으로써 독자의 의식에서 일어나는 일과 그 이론을 비교해 확증할 수 없을 때조차 진리에 대한 미메시스적 기준을 고수하기 때문이다. 이 미메시스적 문화이해는 문화 속에 아주 깊이 뿌리 내리고 있어서 예술과 이론은 거의 반자동적으로 언어의 심급으로 곧 기호나 이미지로 지각된다. 기호가 그것을 통해 지칭되는 것 곧 그 기호들의 배후에 숨겨져 있는 리얼리티나 타자를 상응하게 묘사할 수 없고 그 리얼리티를 드러내기보다 감추고 있더라도, 그 예술과 이론은 묘사 불가능성, 급진적 타자성Andersartigkeit이나 숭고의 기호로 해석된다. 이런 방식으로 문화생산물에 계속해서 특별한 '진정성Authentizität'의 성질이 부여되는 것이다. 이 문화생산물은 미메시스적 묘사를 해내지는 못하나 적어도 그런 묘사를 하려는 의도를 품고 있다는 식으로 말이다.[3] 진정성은 미메시스적 의도의 뜻하지 않은 패배로, 비-미메시스의 미메시스로 이해된다. 여기에서 드러나는 것은 전통에 대한 근대 문화의 열등감이다. 곧, 미메시스적으로는 검증될 수 없는 새로운 형식들이 리얼리티 자체에서 일어나는 사고事故, Unfall의 효과라고 해석되는 것이다. 이에 따르면, 예술가나 이론가는 전통적 방식으로 리얼리티를 묘사하려고 시도하지만 성공하지 못하기에 그들은 패배의 이미지를 제시하는데, 이 패배야말로 리얼리티가 갖는 고유한 내적 잔혹함 Grausamkeit의 충실한 이미지라는 얘기다.[4]

모더니스트적 비판은 진정한 예술작품이나 담론들은 특별한 급진성, 깊이, 설득력이나 독창성 면에서 진정하지 못한 예술작품이나 담론들과 구별된다고 확신한다는 점에서 특징적이다. 포스트모던 이

---

3   이러한 경우 진정성은 강도(Intensität)로 다시 말해 주체성, 신체의 경계, 특정한 기관과 형식들을 초월하는 리비도적 신체의 체험으로 기능한다. 이와 같은 의미에서의 강도에 대해서는 다음을 보라. Jean-François Lyotard, "The Tensor," Andrew Benjamin(ed.), *The Lyotard Reader*, Oxford: Basil Blackwell, 1989, 1ff. 리오타르에 의하면, 강도는 '비교될 수 없고' '측정될 수도 없다.'(Jean-François Lyotard, *Ökonomie des Wunsches*, Bremen: Impuls-Verlag, 1984, 256.) 예술작품과 이론적 텍스트의 목표는 "강도를 산출"(같은 책, 356)하는 것이라고 정의된다.

4   데리다에게서 [장 자크] 루소는 그의 탐구 자체가 결국 텍스트성에 기입되고 마는, 진리를 추구했던 진정한 탐구자로 묘사된다. 폴 드만 역시, 텍스트가 자신의 진정성을 불러내려 할 때마다 모든 텍스트 가운데에 생겨나는 "맹점(blinden Fleck)"에 주목한다. "(…) 여기서 의식은 무엇인가의 부재에서 연유하는 것이 아니라 무의 현존에서 생겨난다. 시적 언어는 이 공허(void)를 계속 갱신되는 이해를 통해 명명(命名)하려 한다. (…) 이런 지속적 명명이 우리가 문학이라고 부르는 것이다."(Paul de Man, *Blinded and Insight: Essays in the Rhetoric of Contemporary Criticism*, Minneapolis, MN: University of Minnesota Press, 1983, 18.)

론가들, 일례로 '자본의 흐름'과 '욕망의 흐름'을 동일시하는 경향[5]을 지닌 리오타르도 이러한 구별을 행하고 있다. 계획을 수립하고 전략적으로 움직이는 이성은 성공과 이익에 대한 사고에 지배되기에 진정한 새로움을 산출해낼 능력이 본질적으로 결여되어 있다는 것이다. 도덕적 동기로 모든 새로움을 거부하면서, 고대적archaische 의식을 통해 과거와의 직접적 관계를 유지하려는 이와 같은 경향은 계몽된 근대의 의식에서도 발견된다. 한 가지 다른 점이 있다면, 오늘날에는 모든 새로움이 아니라 진정하지 않다고 여겨지는 새로움 달리 말해 근원적인 것을 불러내지 못하는 새로움에만 도덕적 비판이 향한다는 것이다. '새로움을 위한 새로움의 추구'에서 산출되는, 그래서 도덕적으로 비난받아 마땅한 진정하지 못한 새로움과 진정한 새로움을 나누는 근대 특유의 구별은 오늘날 철학이나 예술에 대한 몇몇 판단까지 규정하고 있다.

　　그러나 진정한 새로움과 진정하지 못한 새로움을 구분하기란 실천적으로는 불가능하다. 결국, 모든 새로움은 아카이브들 덕택에 가능해진 역사적 비교를 통해 낡음과 어느 정도나 구분되는가에 따라 규정된다. 새로움을 낡음과 구분하는 과정이 합리적이고 규제 가능 하다는 것이다. 진정한 새로움은, 널리 펴져 있는 생각과는 달리, 자기

5　　리오타르는 『욕망의 경제학』에서 '자본 형성'과 노동은 리비도적 흐름의 자유로운 전개를 중단시키는 억압적 '현실 원리'에 의해 일어나는 것이 아니라, 이 중단 자체가 리비도적이고, 쾌락을 증가시킴을, 이로써 [그 중단 자체가] 리비도적 경제에 속함을 보여주려 한다.(Jean-François Lyotard, *Ökonomie des Wunsches*, 317ff.)

망각과 같은 방식으로 생겨나는 것이 아니다. 일찍이 계몽주의 시대부터 진정한 새로움의 창조자는 모든 전통, 선입견, 숙련도와 외적·합리적 규제의 형식들을 버리고 숨겨진 힘을 끄집어내야 한다고 요구받았다. 전통적 진리를 초월하는 순수한 이성, 영감, 자연, 욕망, 생 혹은 언어 자체의 비개인적 힘들이 이 숨겨진 힘으로 여겨졌다. 새로움의 창조자는, 칸딘스키가 말했듯이,[6] 그[자신]에게 창조를 명령하는 현실 그 자체 또는 '내적 필연성'과 홀로 대결해야 한다는 것이다. 그런데 이 '진정한 문화생산물'이 기존에 존재하는 문화와 비교되고 나서도 여전히 새롭다고 판단되리라는 것은 어떻게 보장되는가? 가령 그런 종류의 외적 새로움이 주어졌다면, 이는 그만큼 창조자의 자기 망각이 완전하지 못했으며, 다른 문화생산물 내에 자신의 문화생산물의 자리를 정확히 따져보았다는 걸 의미하지 않을까? 비평가가 외부로부터의 특정 기준에 근거해 새로운 문화생산물을 기존의 문화생산물과 비교하여 그 산물들의 상대적 새로움―혹은 새롭지 않음―을 정의할 수 있다면, 예술가나 작가도 그렇게 할 수 있으리라 가정할 수 있다. 그래서 진정성을 내세우는 것은 결국 특정 예술가에게 특별한 아우라Aura[오라]를 부여하기 위한 일종의 광고와 시장 전략으로 드러날 수도 있다. 진정성을 내세우는 것은 평균적인, 문화적으로 그리 독창적이지 못한 예술을 비판적 판정으로부터 보호하는 데 사용될 수 있다. 이러한 방식의 시도는 결국 무의미한 상호 비판, 이뿐 아니라 자

6   W. Kandinsky, *Über das Geistige in der Kunst*, Bern: Benteli-Verlag, 1952, 136f.

신들이야말로 진정하고 다른 이들은 그렇지 않다고 여기는 많은 패거리를 생겨나게 할 것이다.

진솔하고 진정성을 갖고 제작된 작품도 비교를 통해 그저 그렇고 독창적이지 못한 것으로 판명될 수 있다. 이러한 대립Gegenteil에 대한 믿음은 여전히 근대가 살아남아 영향을 끼치는 이데올로기의 구성 요소다. 이 믿음은 현실이 이미 그 자체로 차이화되어differenziert 있고, 인간 역시 본성적으로 각기 다르다고 가정한다. 그래서 누군가가 진솔하게 '자기 자신이 되려고' 애쓴다면 그는 자동적으로 다른 모든 사람과 구별될 것이라는 믿음이 있다. 나아가 이 믿음은, 인간은 현재 순간과 이전 순간에 서로 다르다고 가정한다. 따라서 끊임없이 자신의 욕망, 삶의 충동, 직관을 좇는 사람은 모든 순간에 계속 새로움을 생산할 수 있다는 것이다. 낡은 문화는 동일성의 기계적 영역이었다는 어떤 본능적 확신이 근대를 지배했었다면, 오늘날에는 은폐된 문화 외적 현실이 차이의 영역이며 따라서 자동적으로 새로움을 보장할 거라는 극히 무비판적인 가정이 통용되는 것이다. 한편, 이런 믿음은 수많은 노력에도 불구하고 어떤 시대도 전통, 동일성, 진리의 불변성을 유지하는 데 성공하지 못했다는 사실에서 비롯한다. 이 실패는, 그 원인이 문화 자체에 있다고 가정할 수 있음에도, 전적으로, 끊임없이 은밀하게 문화에 영향을 끼치고 있다는 현실 자체의 탓으로 돌려진다. 오늘날의 지배적 현실, 차이가 지배하는 영역으로 가정되는 현실에 대한 표상은 신과 정신 또는 이념에 의해 보장되던 이전 시대 동일성 이론보다 진리에 대한 요구를 더 크게 가질 수 없다.

우리 시대에 시장의 이름으로 근대적 진정성 개념에 가해지는 비판에는 충분히 동의할 수 있다. 그 비판은 문화생산물을 숨겨진 리얼리티의 기호가 아니라 경제적 연관 속 가치로 고찰한다. 이런 가치는 숨겨진, 상상적 리얼리티에 대한 호소를 통해 근거 지워질 수 있는 것이 아니다. 문제는 포스트모던, 포스트 진정성 시대의 사유 역시 계속해서 문화의 타자에 호소하고 있다는 점이다. 여기서의 타자는 내적이고 숨겨진 타자가 아니라 외부의 시장 상황이다. 이전 시기 진정한 새로움의 생산은 낡음, 전통, 학파와 '선입견'을 거부하기만 하는 전적으로 수동적인 작동으로 묘사되었는데, 오늘날의 비-진정한 새로움 역시 수동적인 것으로 드러난다. 새로움의 상업적 지향을 비판하는 논의들을 읽어보면, 오늘날 새로움을 창조하기보다 간단한 일은 없다는 인상을 받는다. 그저 이윤이라는 악한 정신으로 철저히 무장한 채, 진리와 도덕을 무시하고 성공이라는 유일한 목표만을 향해 달려가면 새로움은 저절로 생겨난다고 말이다. 새로움이 이렇게 쉬 창조될 수 있다는 생각은, 전통이 수많은 유혹과 회피 가능성에 에워싸여 있어 한 발짝만 더 나가면 유혹에 굴복할 수 있었던 이전 시대의 멘털리티에서 나오는 것이다.

미메시스적 문화 개념 내부에도 시장에 대한 지시가 있다. 여기서는 문화가 시장 사건Geschehen과 시장 법칙을 모사해야 한다고 가정된다. 하지만, 가치전도라는 경제적 논리는 그 자체로 문화의 논리다. 문화는 그 자체로 가치 위계다. 모든 문화적 행위는 이 위계를 확증하거나 변화시키며 ─대부분의 경우는─ 동시에 그 둘을 행한다. 그렇기에 문화경제에 대한 연구는 문화 외적 현실로서의 시장을 따로 소환할 필요가 없다. 예술작품과 이론들은 시장에서, 문화적 사건을 통해 그들에 부여되는 가치에 따라 취급받는다. 문화적 아카이브 내에서 실질적으로 획득되는 혹은 예견되는 지위는 상업적 시장에서도 가장 중요한 자극이다. 그러한 지위 자체가 확실한 투자 대상으로 여겨지기 때문이다. 그렇기에 문화는 외적 시장 사건의 모상이 아니다. 한 문화적 작품의 시장 가격은 문화적 아카이브에 의해 보장되는 지속성에 결정적으로 의존되기 때문이다.

새로움은 유토피아적이지 않다

숨겨져 있는 내적 현실에 대한 근대적 호소도, 시장의 법칙성에 대한 포스트모던적 지적도 새로움의 본성과 원천에 대해 만족스러운 대답을 줄 수 없다. 이로부터 새로움의 지향은 그 지향에 의거해 문화 메커니즘이 작동하는 경제적 법칙이며, 우리는 새로움을 설명하기 위해 문화 외부의 타자를 찾아서는 안 된다는 사실이 도출된다. 정상적으로 기능하는 문화 메커니즘은 끊임없이 새로움을 생산해낸다. 그렇기에 새로움의 본성을 이해하려면 예술가, 이론가, 비평가나 역사가에게 동일한 정도로 제기되는 문화 내적 요구와 기대들을 탐구해야 하는 것이다.

새로움은 유토피아적인 것과 구별되어야 한다. 새로움은 미래와도 그리고 과거와도 대립한다. 우리 시대처럼 기술적으로 아카이브화된 문화의 저자들은 ―요동치던 시대와 문화의 저자들과는 달리― 일반적으로 자신의 관점이나 예술적 방법이 미래에 전범이 되거나 특정한 영향력을 행사하리라고 여기지 않는다. [우리 시대] 이론가나 예술가들은 자신의 진술이나 방법의 진리성 문제에 대해 이전과는 완전히 다른 태도를 보이는 것이다. 누군가가 동시대 이론가가 제시한 담론이나 동시대 예술가가 새롭게 창안한 방법을 보편적 진리라고 따르며 수용한다면, 그는 그 이론가나 예술가의 분노를 사게 될 것이다. 그들은 자신의 아류나 모방자인 그가 자신들의 문화적 독창성을 위협한다고 여길 것이기 때문이다. 바로 이 점에서 우리 시대 작가의 자기감정이 이전 시대 모든 문화사는 물론 바로 앞 시대에 지배적이었던 자기감정과도 얼마나 원리적으로 달라졌는지가 드러난다. 이전에 새로움을 추구했던 자Neuerer들은 자신의 아이디어가 보편적 승인을 받고, 되도록 많은 사람이 자신을 따르며, 그 아이디어가 미래의 발전 방향을 규정하며 미래에도 변하지 않으면서 자신의 이름이 미래의 상징이 되기를 추구했다. 자신의 아이디어가 발화發火되는 절대적 미래라는 이 유토피아적 바람은 동시에, 그 아이디어가 진리가 아니라 잘못되고 틀린 것으로 드러난다면 그것은 미래에는 철저하게 사라질 수도 있다는 가공할 불안과 맞닿아 있었다. 근대에 새로움을 추구하던 자들이 가졌던 극단적인 종종 전체주의적인 공격성도 이런 바람과 불안에서 비롯했을 수도 있다.

오늘날 한 특정한 작가에 대한 역사적 기억은 그가 가진 아이디어의 총체적 승리에 근거하는 것이 아니라, 도서관이나 미술관 같은 형태의 보편적 아카이브 시스템을 통해 그 작가에 대한 정보가 보존되고 확산되는 방식을 통해 남는다. 이러한 상황에서 한 작가의 아이디어가 사회에 의해 진리로 인정되는 것은 그의 승리가 아니라 오히려 그 작가에 대한 실존적 위험이 된다. 그의 아이디어가 다른 사람들에 의해 대중적으로 확산됨으로써 그 가치를 상실하고 역사적 기억의 체계 속에서 그 저자의 고유한 자리가 없어져버릴 것이기 때문이다. 역으로 특정한 아이디어가 진리가 아니라고 판명되었다 하더라도, 그 독창성이 인정되기만 한다면 그것은 역사적 기억에서 삭제되지 않는다. 오늘날 특정한 이론과 방법의 성공·실패 여부는 오로지 그 이론과 방법이 문화경제 속에서 다른 이론 및 방법과 어떠한 관계인가로만 측정되지, 유토피아적이고 문화 외적인 현실에 대해 어떠한 관계인가로 측정되지 않는다.

오늘날 거의 모든 동시대 작가가 자신들의 방법과 아이디어가 대중적으로 확산되면 곧 그를 변용하는 것도, 그러면서 자신들의 예술적·이론적 실천의 반복 불가능성과 재생산 불가능성을 계속 강조하는 것[1]도 이 때문이다. 보편성과 재생산 가능성에 대한 이와 같은 포기는 본질적으로 근대 유토피아주의의 외적 위기보다 더 심도가 깊다. 이는 유토피아가 전적으로 실현 불가능 하다거나 오로지 디스토피아의 형태로만 실현 가능 하기 때문만은 아니다. 그 누구도 자신의 독창성을 미래에 넘겨주려 하지 않으며, 그 누구도 과거로부터 어렵사리 획득한 자신의 문화적 영역에 다른 이가 들어오는 걸 허용하려 하지 않기 때문이다. 우리 시대의 철학과 예술은 마치 모두에게 평등

---

1   데리다는 "해체가 테크네(techne)와 기술적 이성에 대해 거창하게 제기되는 질문들로부터 분리될 수 없다는 사실, [해체는] 이 질문이 없다면 아무것도 아니며 기술적이고 방법적인 방식들의 앙상블에 다름 아니라는 자명한 사실"에 대해 쓰고 있다.(J. Derrida, *Mémoires für Paul de Man*, Wien: Passagen, 1988, 33.) 이고리 스미르노프는 다른 맥락에서 프로이트의 오이디푸스콤플렉스 이론은 그[프로이트]의 후대 세대들에게 거부되는 것을 요구하고 있음을 지적하는데, 왜냐하면 그것 자체가 아버지적 권위에 대한 거부의 이론이기 때문이다.(Igor Smirnov, "Édip Frejda i Édip realistov," *Wiener Slawistischer Almanach*, Band 28, Sagner: München 1991, 5.)

하게 열려 있고, 모두에게 수용될 수 있으며, 전범적인 보편적 진리를 추구하고 있다는 인상을 종종 불러내지만, 실지로는 그 이론적 담론이나 예술적 실천의 독창성이 미래에 반복될 수 없음을 강조하려는 노력이 더 지배적이다. 문화 내적 독창성에 대한 이런 추구는 개인적이고 단독적이면서 동시에 비개인적이고 보편타당하다고 여겨지는 문화 외적 현실과의 일치, 근원으로의 접근으로 이해되는 독창성 추구와는 다른 것이다.

얼마 전 다양한 상호 텍스트 분석 방법을 기반으로 근대적 독창성 개념에 광범위한 비판이 가해진 바 있다.[2] 오늘날 모든 저자가 기존의 문화에서 선택한 인용들을 재료 삼아 작업하고 있어서 독창적인 것das Originäre에 대한 요구를 내세울 수 없다는 사실은 어렵지 않게 증명될 수 있다. 그런데 기존의 텍스트와 이미지로 작업하는 것이야말로 자기 작업의 문화 내적 독창성을 더 특별히 부각할 수 있다. 우리 시대의 예술과 이론이 독창적인 것을 부인한다고 해서 그것들이 실천에서의 독창성을 포기하는 건 아니다. 오히려 이를 통해 더 강력하게 독창성을 요구함으로써 그 요구 자체가 더 가시적으로 제기되고

2   "텍스트 사이의 공간이란 그 자체가 이미 기억의 공간이 아닌가? 모든 텍스트는 그 텍스트가 자신을 기입하는 건축물 자체에 다름 아닌 기억 공간을 변화시키는 것이 아닌가? (⋯) 기억 공간은 텍스트가 기억 공간에 기입되는 것과 동일한 방식으로 텍스트에 기입된다. 텍스트의 기억은 기억의 상호 텍스트성이다."(Renate Lachmann, *Gedächtnis und Literatur: Intertextualität in der russischen Moderne*, Frankfurt a. M.: Suhrkamp, 1990, 35.) 미술에서 상호 텍스트성의 문제에 대해서는 다음을 보라. Rosalind E. Krauss, *The Originality of the Avant-garde and Other Modernist Myths*, Cambridge, Mass: MIT Press, 1988.

더 잘 검증되는 결과를 낳을 수 있다.

자신의 독창성을 특별히 강조함으로써 미래로부터 자신을 지키려는 이러한 경향은, 오늘날 새로움에 대해서는 별 이야기가 없어도 모두가 타자에 대해 말하는 상황으로 이어진다. 자신의 담론이 여타의 담론들과 다름을 보여주는 일은, 이 담론의 다름Andersartige, 개성, 특별함이 미래에도 보존될 수 있으며, 늘 갱신되기 마련인 보편적 견해의 무규정성으로 해소되지 않으리라는 희망에서 연유한다. 다시 말하자면, 오늘날 전체주의의 유혹에 굴복하지 않으려는 태도는 동시대 저자들의 모럴이 높아진 때문이라기보다는, [그들이] 자신의 아이디어에 대한 배타적 권리를 지키는 데서 그 태도가 전략적으로 불리해진 때문이다. 어떤 아이디어가 역사적 기억 속에 지속적으로 보존되는 일은 종교 창립의 시대나 계몽주의 시대에 그랬던 것처럼, 그 아이디어가 다수에게 믿음의 대상이 되는 것으로 보장되지 않는다. 오히려 오늘날 아이디어의 보존을 담당하는 것은 이데올로기적으로 중립적이고 순전히 기술적인 체계이며, 그 체계 내에서 문화적 정보 중 특정한 할당량만이 보존·확산되며 미래로 전해진다. 자신의 특수성, 독창성과 개성을 증명하는 것이 이 할당량에 포함될 기회를 얻는다.

새로움은 가치 있는 타자다

진정성에 대한 근대적 담론으로부터 다름에 대한 포스트모던 담론으로의 이행은 특정 분야에서라면 정당화될 수 있다. 문제는 중요한 계기 하나가 여전히 고려되지 않고 있다는 사실이다. 타자 개념은 가치와는 무관한wertindifferenter 개념이다. 이전 시기 인간, 문화적 형식, 사고나 언어의 평등성이 그 근거로 놓여 있는 동일성의 요청을 통해 정당화되었다면, 포스트모던 이론은 동일성 없는 평등성 달리 말해 다름 속에서의 평등성을 내세운다. 그런데 실질적인 문화적 실천은 상이함의 평등한 가치라는 이런 생각을 새로운 종류의 유토피아라며 거부하고 있다.

오늘날에도 특정한 차이들은 가치 있고 문화적으로 중요한 것으로 간주된다. 그 차이들이, 한 문화생산물의 사회적으로 승인되는 참신성Neuheit과 독창성을 다른 모든 문화생산물과의 비교를 통해 정의한다. 반면, 어떤 차이는 중요하지 않고 무가치한 것으로 여겨진다. 물론 여기에 다음과 같은 반박이 가능할 것이다. 어떤 차이가 그 문화에 중요하냐 아니냐는 해석의 문제이며, 이전에는 중요하지 않다고 여겨졌던 차이가 새로운 해석을 통해 갑자기 새로운 가치를 획득할 수도 있다고 말이다. 허나 해석 또한 문화적 성과Leistung이고 텍스트의 형식으로 아카이브화된다. 새롭고 가치 있는 것으로 여겨지는 해석이 그를 통해 해석되는 것에 특정한 결과를 일으키지 그 역은 아니다. 해석은 이전에는 전혀 알지 못했던 새로움을 발견하는 일이 아니다. 해석은 다만 그 해석이 관계하는 것의 가치만을 변화시킬 뿐이다.

현대 미술에서 행해지는 이전 예술작품 재생산의 심미화를 그 사례로 들 수 있다. 이전 시기에는 순수한 미적 차원에서 무가치하다고 여겨졌던, 복제와 원본의 차이가 갑자기 새로운 의미를 얻고 있다. 이전 시기 아카이브에는 주로 원본들이 수집되고 그 원본의 카피나 복제는 무가치하다고 여겨졌다면, 오늘날에는 재생산 과정을 생산 과정으로 만듦으로써 복제를 독창적 이미지originelles Bild라는 새로운 관점에서 보게 하는 모든 변형Transformationen도 [아카이브에] 등기되고registrieren 있다.[1] 나아가 모든 독창적인 문화적 성과의 핵심에 포함되면서 분명하게 영향을 끼치는 재생산성Reproduktivität도 [아카이브에] 등기된다. 이러한 통찰로부터 생산성에 선행하는 재생산성에 대한, 독창성Originalität에 선행하는 부차성Sekundarität에 대한 복잡한 이론들도 발전하고 있다.[2] 이 이론들이 새롭고 가치 있는 것으로 여겨지기에, 그에

---

1 재생산을 통한 예술작품의 변형은 발터 벤야민에게는 아우라의 상실로 묘사되었다. Walter Benjamin, *Das Kunstwerk im Zeitalter seiner technischen Reproduzierbarkeit*, Frankfurt a. M.: Suhrkamp, 1977, 13ff.

2 보드리야르는 시뮬라크라를 리얼리티보다 더 '근원적인' 리얼리티의 모사라고 정의한다. '시뮬레이션의 질서'는 그 질서 속에서 리얼리티가 코드에 의해 규정된다는 점에서 모방이나 생산과 구분된다.(Jean Baudrillard, Gerd Bergfleth, Gabriele Ricke und Roland Voullié(Übersetzer), *Der symbolische Tausch und der Tod*[*L'échange symbolique et la mort*.], München: Matthes und Seitz,

상응하는 차이들이 승인되고 그에 해당하는 재생산과 복제가 새로운 관점에서 수집된다. 이러한 점에서 새로운 해석을 행한다는 건 새로운 작품을 창조하는 것과 같다. 이 상황이 의미하는 바는, 그 자체로 만들어진 차이들만이 가치 있는 것으로 여겨진다는 점이다. 그렇게 만들어짐으로써 이 차이들이 가치를 얻으며, 이 가치가 그 차이들을 이전까지의 단순한 다름과는 다른 것으로 만들어준다.

따라서 우리는 차이 속에서의 평등성이란 근본적으로, 이전에 주장되었던 동일성Identität 속에서의 평등성과 마찬가지로, 유토피아적이고 이데올로기적이라고 말할 수 있다. 새로움이란 타자 그 자체가 아니라 가치 있는 타자다. 보존되고, 탐구되고, 논평되고 비판됨으로써, 다음 순간 금세 사라져버리지 않을 만큼 충분히 가치 있는 것으로 여겨지는 타자다. 시간이 흐르면서 계속 생겨나는 의미의 전위轉位, Verschiebung, 그로부터 나오는 차이들은 아직 새로움이 아니다. 이 차이들은 의도된 것이 아니기 때문이다. 이런 차이는 시간을 극복하고 과거를 현재화하지 못하는 인간 기억 능력의 무능만을 입증할 뿐이다. 여기서 타자는 시간과 그 시간의 힘이다. 새로움은 이와는 달리 기술적이고 사회적인 기억의 뼈대 속에서 이루어지는 문화적 비교에서 생

1982, 79.) 보드리야르는 이렇게 쓴다. "실재계에 대한 실질적 정의는, 우리가 그에 상응하는 재생산을 만들어낼 수 있는 것이다. (…) 재생산 가능성이라는 이러한 발전 과정의 종착지에서 실재계란 재생산될 수 있는 것일 뿐만 아니라 이미 그 자체로 재생산된 것이다."(같은 책, 116.) 물론 이렇게 은폐되어 있는 시뮬레이션적 코드가 어떤 것인지를 보드리야르는 추측만 할 뿐 실제로 묘사되지는 않는다.

겨나기에 의도된 것이며, 근본적으로 말해 이러한 기억의 지속성에 보이는 반응이다. 문화 내적 새로움을 보장한다는 문화 외적 차이에나 문화 외적 타자에의 호소는, 사회적 통일성을 보장한다는 존재론적 동일성에 호소하던 이전 시대와 마찬가지로 잘못된 것이다. 동일성과 통일성의 유토피아가 다량의 구체적 차이에 의해 허물어지는 것과 마찬가지로, 타자와 독창적인 것Originellen의 유토피아는 다량의 사소한 것Trivialen, 낡은 것Abgenutzten, 스테레오타입에 집어 삼켜진다. 새로움은 역사적 시간의 흐름, 새로운 세대교체, 언어, 욕망 혹은 사회적 위치라는 '자연적' 차이들의 부산물이 아니다. 이 차이들은, 실지로 존재하기는 하지만, 그저 사소한 것으로만 여겨질 수 있을 뿐 아직 새로움이라는 이름을 얻을 순 없다. 그 사소하고 개별적인 특수성들이 보다 높은 가치를 얻으려면, 그것들이 먼저 새롭게 해석되고 문화적 기억에 통합되어야 한다.

새로움은 사회적 기억 속에 보존되는 가치 있는 옛것과 관계를 맺는다는 점에서 단순한 차이와는 다르다. 이러한 관계 맺음은 어떤 종류의 외적, 자연적, 우연적 차이로 환원될 수 없는 특별한 종류의 문화적 작용Operation이다. 새로움은 이 작용을 통해서만 사회적으로 보장되는 역사적 기억에 수용될 기회를 얻는다. 새로움은 문화경제적 현상으로, 개별적 기억과 개별적 기억 능력에서 연유하지 않는다. 새로움은 한 특정한 개인의 의식에 새롭다는 이유로 새로움이 되는 것이 아니라 문화적 아카이브와 관련해 새로운 것일 때 비로소 새로움이 된다. 이러한 역사적 기억에는 저자뿐 아니라 비평가도 진입할 수 있다. 그렇기에 우리는 새로움을 개별적으로 판정하면서도 동시에 새로움을 둘러싼 공공적 토론을 행할 수 있는 것이다.

새로움과 유행

　　새로움은 대개의 경우 역사 속에서 유행으로 등장한다. 일반적으로 유행은 새로움에 대한 단순한 추구라는 것 이상으로 더 근본적인 비난을 감수한다. 가장 잘 알려진 이 비난의 형태는 "아니, 그건 유행일 뿐이야"라는 자주 들어본 가치절하적 코멘트다. 이는, 해당되는 문화적 현상은 아무 역사적 지속성도 갖지 못한 채 사라져버리고 금세 새로운 유행으로 대체될 것이라는 말이다. 사유의 유일한 의무가 과거에 계시된 바 있는 진리를 변화시키지 않은 채 보존하는 것이라고 믿는다면, 유행은 비난받을 만하다. 사유의 목표가 미래를 완전히 규정하게 될 새로운 보편적 진리를 발견하는 것이라고 믿는다면, 유행은 비난받아 마땅할 것이다.

　　말하자면, 유행은 급진적으로 반反유토피아적이고 반전체주의적이다. 계속해서 변화하는 유행은 미래란 예견될 수 없고, 역사적 변화는 피할 수 없으며, 미래를 온전하게 규정할 보편적 진리란 존재하지 않는다는 증거가 된다. 이전 시대에도 유행은 바로 이러한 이유로 비난받았으며 근대 또한 그렇게 유행을 비난했다. 이뿐만 아니라 새로운 다수적 차이의 시기를 선포하는 우리 시대 포스트모던 이데올로기도 유행을 비난한다. 모든 것이 부분적으로만 서로 차이를 보일 뿐 [전체적으로는] 동일하다면, 유행은 이 부분적 차이 중 하나를 본질적이고 가치 있는 것으로 부각함으로써 이 가상적 동일성Gleichheit*을 훼손한다고 말이다.[1]

유행은 이와 같은 모든 유죄 판결에도 불구하고 어느 시대나 지적·예술적 삶에 큰 영향을 끼쳤다. 나아가 모든 이론적·예술적 생산이 향하는 역사적 기억의 체계는 궁극적으로 유행을 좇는다. 그 체계가 보존하는 것은, 한 시대에 유행이었던 것, 그리고 그 시대의 산물이지만 새로운 지적·예술적 유행이 생겨남으로써 이후에 유행이 된 것이기 때문이다. 이러한 이유로, 일반적 견해와는 달리, 오늘날 유행인 것이 미래에도 보존될 가장 큰 기회를 갖는다. 물론, 영원한 진리가 아니라 특정한 시대의 증거가 되는 일정 기간 타당했던 특징으로서 말이다. 이처럼 역사 속에서 새로움은 무엇보다 유행으로 기능한다. 유행이란 급진적 역사성의 명칭이기 때문이다. 여기서 말하는 역사성은 특정한 이론적 담론 내에서 주제화되는 역사성이 아니라 역사적인 것에 대해 이야기하려는 담론 자체의 역사성이다. 역사 이론은 그 어느 것이든 간에 새로움의 성격을 잃고 역사에 의해 망각될 위협에 노출되어 있다. 어느 도서관도 그 이론이 담긴 책을 보존하려

• Gleichheit는 문맥에 따라 '동일성' 또는 '동등성'이나 '평등성'으로 번역했다.

1 윈덤 루이스는 유행을 근대 예술을 지배하는 최상의 가치로 정의한다. "개별 작가들은 이런 저런 시대의 폭력적 강령에 순응한다. 여성들은 매해 파리에서 온 패션의 명령에 순종하며, 예술가들은 더는 아무 개성도 없다. (⋯)"(Wyndham Lewis, Julian Symons(ed.) *The Essential Wyndham Lewis: An Introduction to His Work*, London: Andre. Deutsch Ltd., 1989, 179.)

들지 않으면 역사 이론은 도대체 어떤 의미를 지니는가? 더는 유행이 아니라서 누구도 읽거나 공부하려 들지 않는 욕망 이론은 어떤 의미가 있는가?

윈덤 루이스는 근대에는 유행에의 강제가 전통에 대한 오래된 강제를 대체했다고 적절히 지적한 바 있다. 새로운 문화적 트렌드는 개인적individuelle 자유의 승리를 의미하지 않는다. 그것은 새로운 —물론 좁은 범위에서 시간적으로도 제한되는— 동질성, 사회적 코드, 특정한 행동규범과 그 규범에 상응하는 새로운 집단 추종주의를 창출한다는 것이다.[2] 이 묘사는 당연히 맞는 말이지만, 이것이 의미하는 바는 결국 유행이 '우리'와 '타자'를 날카롭게 구별 짓는 가치의 격차 Wertdistanz를 낳는다는 것뿐이다. 여기서 개별적 차이들은 타자를 희생으로 치르면서 특히 가치 있고 중요한 것으로 정의된다. 유행은 이러한 방식으로 사회적 엘리트의 존속, 가치 위계와 특정한 그룹 내에서 승인받는 기준들의 체계를 가능하게 한다. 이 가치 질서는 일정 시간 낡은 가치 위계가 새로운 형태로 지속되는 것도, 동시에 문화 비판도 허용하는데, 오늘날 이 문화 비판은 이전 시대에 확립된 전통에 가했

---

2   주체성이라는 의미에서의 개성이 타자의 원천으로 여겨지지 않으면 텍스트가 그 역할을 담당한다. '주체'가 자기동일성을 얻으려 하면 기호와 시간이 무의식적으로라도 타자를 생성해내기 때문에 동일성을 유지하는 것은 불가능해진다. "문자의 절대적 타자성(Alterität)은 그럼에도 불구하고 외부로부터, 그 내부에서 살아 있는 담화에 영향을 끼치고 그를 타자화(alterieren)할 수 있다. (…) 구조적 상응의 놀이를 강조하고, 문자가 말해진 단어의 역사를 강조한다."(Jacques Derrida, Hans-Jörg Rheinberger(Übersetzer), *Grammatologie*, Frankfurt a. M.: Suhrkamp Verlag, 1974, 537.)

던 비판을 엘리트적 유행에 가하고 있다.

그렇기에 새로움과 유행은 동일성이라는 근대적 유토피아에도, 동시에 타자성이라는 포스트모던적 유토피아에도 저항하는 것으로 파악될 수 있다. 새로움은 단순한 차이보다 더 큰 가치를 지니며 사회적으로 의미 있는 것이고 그 자신이 유지되는 동안 [자신이] 진리임을 요구한다. 새로움은 문화적 기억의 메커니즘이라는 힘을 통해 미래에도 자신이 유효하려는 요구를 내세운다. 그렇다고 해서 새로움이 절대적 의미, 진리성과 보편성을 요구하는 것은 아니다. 아니 새로움은 결코 이런 보편성을 요구하지 않는다. 그를 통해 자신의 역사적 독창성이 파괴될 것을 꺼려 하기 때문이다. 오늘날의 문명이 실지로 그 좌표 아래 살아가고 있는 새로움에의 지향은 일자一者, Eine, 동일성과 보편타당성을 배제하지만, 그렇다고 해서 이것이 자의성, 임의성, 방향 없음을 의미하지는 않는다. 새로움은 좀체 등장하기 어렵다. 무엇인가를 역사적 기억 속에 자리 잡게 하는 건 매우 어려운 과제고, 그 과제의 성공을 보장하는 건 아무것도 없[기 때문이]다. 새로움은 결코 지나간 문화를 망각하는 것만으로 생성되지 않으며, '이미 늘' 있었던 것, 숨겨진 현실을 향해 내적으로 몰두한다고만 해서, 역으로 탈도덕성, 금전욕 혹은 고양된 공명심으로부터도 수동적이고 자동적으로 생성되는 것이 아니다. 새로움은 가치의 전도Umwertung der Werte라는 특정한 문화경제적 전략의 결과이며, 실질적 문화메커니즘과 그 기능 원리들에 대한 앎을 전제로 한다. 새로움은 모든 구체적인 시대마다 [새로움과] 전통, 옛것, 기존 것 사이의 어떤 차이가 가치 있는 것으로 측정될지, 무엇을 통해 그 차이가 문화적 기억의 체계에 도달할 기회를 얻을지에 대한 평가를 전제로 한다.

하지만 새로움은 또한 개별 작가에게는 그가 [그] 자신의 삶을 역사적 시간 속에서의 한 가치로 주장할 가능성을 제공하며, 과거의 힘으로부터, 보편주의적이고 미래를 지향하는 유토피아로부터, 근본적으로는 누구에게도 의미 없는 수많은 차이를 지니는 응답 없는 현재로부터, 그 자신을 떼어낼 가능성을 작가에게 제공한다. 오늘날의 인간은 어떤 점에서는 근원적인 차이 이론의 희생자다. 우리는, 자신이 어떤 노력을 하든 상관없이 이미 유일무이한 개별자이며, 특정한 문화 외적, 진정성 있는 삶의 차원에서 다른 사람들 모두와 구별된다는 암시에 중독되어 있다. 그 때문에 [우리는] 자신의 실제 현실에서 맞닥뜨릴 수밖에 없는 극복하기 어려운 자신의 문화적 진부함Banalität 앞에서 계속 좌절을 경험한다. 그렇지만 현실에서 그 진부함은 인간적 실존의 정상적 상태다. 문화적 독창성은 그에 반해 매우 특별한 노력의 산물이다. 그 노력의 의미와 목적은 문화적 영역에서 전문적으로 일하지 않는 사람들에게는 간단히 이해되지 않는다.

새로움은 근원적 차이의 효과가 아니다

처음부터 주어져 있는 개별성Individualität에 대한 이와 같은 믿음은 구조주의와 포스트구조주의 이론에 의해 강화되고 있다. 이 이론들은 '주체성Subjektivität'을 믿지는 않지만 유한하거나 무한한 차이의 체계를 모든 의식적 전략의 무의식 혹은 사유될 수 없는 것Ungedachte으로 요청하고는, 의식적 전략이 그 차이의 체계를 통해 개별성을 얻게 될 것이라 주장한다.[1] 그러나 이론은 단지 이론일 뿐, 이론은 그것이 묘사하는 체계와 구조가 그 묘사를 통해 생겨나는 것이 아니라 이 묘사에 선행하면서 묘사와 탐구를 비로소 가능하게 함을 실질적으로 증명하지 못한다. 그렇기에 묘사될 수 없는 것 혹은 사유될 수 없는 것이 이미 구조화되어 있다고 추측되거나 요청될 뿐이다.

---

1   이와 같은 세속적 공간은 일찍이 플라톤에 의해 이렇게 특징된 바 있다. "오, 소크라테스여! 그렇다면 머리카락, 진창, 먼지처럼 사소하고 하찮은 것들에 대해, 이런 것에 대해서도 한 개념이 특별히 존재하며 그것은 우리가 만질 수 있는 사물들과는 다른 것이라고 주장함이 정당하오? 아니면 그런 건 주장할 수 없다고 하겠소?/ 결코 그럴 수 없습니다. 이런 것은 바로 우리가 보고 있는 것들이기에, 그들에 대해서도 하나의 개념이 있다고 믿는 일은 지나치게 기이한 게 될 것입니다. (…) 그렇기에 내가 이런 결론에 이르게 되면 나는 바닥없는 어리석음에 빠져들 게 두려워 [그 결론을] 회피하게 됩니다. 오 소크라테스여, 파르메니데스가 말하기를, 당신은 아직 젊고 철학이 아직 당신을 붙잡지 못한 것 같소. 당신이 이런 사물에 대해 더는 하찮게 여기지 않게 될 때 비로소 철학이 당신을 붙잡으리라 믿소."(Platon, *Parmenides*, 130d∼e.)

비차이화된 것Undifferenzierten, 무차별적인 것Indifferenten, 임의적인
것Beliebigen, 평범한 것Banalen, 드러나지 않는 것Unscheinbaren, 흥미롭지 않
은 것Uninteressanten, 주목할 만하지 않는 것Nichtbeachtenswerten, 비동일성
Nichtidentischen과 비차이Nichtdifferenten는 동일성과 차이를 넘어서 있다.[2]
구체적으로 말해 비교, 다시 말해 동일화 또는 차이화는 문화적 아
카이브 내에서가 아니라면 아예 일어나지 않는다.[3] 문화사는 그러한

---

2   포스트구조주의 이론은 아카이브를 정의하는 데서 일관되게 다의적인 모습을 보인다. 한
편으로는 기호의 물질성이 강조된다. 포스트구조주의 이론에서 기호는 개인이나 집합적 영혼 속
에 있는 '관념적' 현존으로 규정되지 않는다. 오히려 모든 기호는 물질적으로 하나의 아카이브, 아
니 'the 아카이브'를 구성한다. 푸코는 이렇게 쓴다. "한 담론의 실정성(實定性, Positivität)은 (…) 시
간이 지나도 유지되는 그 담론의 통일성을 특징지으며 개별 작품, 책과 텍스트를 넘어선다."(Michel
Foucault, Ulrich Köppen(Übersetzer), *Archäologie des Wissens*[*L'Archéologie du savoir*], Frankfurt
a. M: Suhrkamp Verlag, 1973, 183.) 그런데 푸코는 그 담론에 대해 이렇게 말한다. "이 모든 진술의
체계(한편으로는 사건들, 다른 한편으로는 사물들)를 나는 아카이브라 부를 것을 제안한다. 이 단
어를 통해 내가 말하려는 바는 이러한 것이다. [아카이브는] 한 문화가 그들 과거의 도큐먼트로서
혹은 그들이 유지하는 정체성의 증거로서 보존하는 모든 텍스트의 총합이 아니다. 또한 이 단어는
한 사회가 기억 속에서 유지하고 자유롭게 사용길 원하는 담론들을 등록하고 보존하는 기구들
을 지칭하는 것도 아니다. (…) 아카이브란 무엇보다 말할 수 있는 것의 법칙이며, 진술들이 개별 사
건으로 등장하는 것을 지배하는 체계다. 그렇다고 아카이브는 또한 모든 말해진 사물이 무정형의
다수성 속에서 무한대로 쌓이게 하지도, 우연적인 외적 상황에 의해 사라져버리게 하지도 않는 그
런 것 또한 아니다. (…) 아카이브는. (…) 사건으로서 진술 자체의 뿌리에서, 그 진술이 제기되는 신
체 속에서 처음부터 **진술 가능성의 시스템**을 정의하는 것이다."(같은 책, 186~188.) 말하자면 여기
에서 아카이브는 기호의 체계로 정의되는데, 그 기호들은 모두 물질적이기는 하나 그럼에도 불구하
고, 어디에도 보존되지 않지만 파괴할 수 없고 늘 소환 가능 한, 은폐되어 있는 담지체에 기입되어
있다. 그런 담지체는 사유하거나 상상할 수는 있어도 결코 물질적으로 만들어질 수 없다. 따라서
푸코에게는 기호의 물질성과 그 기호의 담지체 곧 기호의 아카이브라는 파괴 불가능 한 관념성 사
이의 모순이 생겨나는 것이다. 우리는 이와는 달리 아카이브를 실지로 존재하는 것으로 이해한다.
이러한 의미에서 아카이브는 파괴의 위협을 받고 있고, 유한하고 배타적이며 제한되어 있어 그 안
에 가능한 모든 진술이 선형성(先形成, vorformuliert)되어 있을 수 없다.

3   티에리 드 뒤브는 뒤샹이 그러한 비교의 기술을 통해 미술에 '회화'나 '조각'과는 구별되

동일화와 차이화의 역사다. 이런 이유로 문화 속에서 새로움은 차이에 선행하는 것이지 차이의 표명이 아니다. 이런 이유로 문화사는 차이의 유희로도 해소되지 않는다. 이 유희 자체가 특정한 역사적 혁신의 산물이며, 동일한 것과 차이에 대한 특정한 새로운 담론의 산물인 것이다. 물론 모든 것이 처음부터 비교 가능 하거나 비교된다라고 말할 수는 없다. 명시적으로 묘사되지 않거나 차이화되지 않는 것은 차이화되지 않는 것으로 고찰해야 한다. 그러나 내적이고 은폐되어 있으며 무의식적이고 원초적인, 모든 의식적 행위에 선행하는 차이화의 과정이란 픽션이다. 뒤샹 이전에는 어떤 예술가도 〈모나리자〉와 이를 훼손한 복제를 비교하려는 생각을 하지 않았고,[4] 데리다 이전에는 그 누구도 이론적으로 중요한 수준에서 사유를 마스터베이션과 비교하지 않았다.[5]

모든 새로움의 사건은 근본적으로 이전에 그 누구도 미처 생각

는 '미술'이라는 이름을 부여했다고 주장한다. "모든 미적 판단에서 중요한 것은 이름이다. '이것은 아름답다'라는 판단은 이전에는 '이것은 회화다'라는 진술의 형태로 받아들여졌다. (⋯) 그런데 뒤샹이 그 이름으로 환원시킴으로써, 이 회화적 유명론(唯名論, pikturaler Nominalismus)의 정체를 밝혔는데, 그것은 그 자신의 유명론이 아니라 뒤샹 자신이 속한 역사의 유명론이었다."(Thierry de Duve, Urs-Beat Frei(Übersetzer), *Pikturaler Nominalismus: Marcel Duchamp. Die Malerei und die Moderne*, München: Schreiber, 1987, 263.)

4   데리다는 이 비교를 루소를 사례로 한 자신의 보충물 이론에서 데마화하고 있다.(Jacques Derrida, Hans-Jörg Rheinberger(Übersetzer), *Grammatologie*, Frankfurt a. M.: Suhrkamp Verlag, 1974, 258.)

5   개별 사물의 존재와 가치 해석에 대한 새로운 실존적 결단은 늘 새로운 텍스트로써만 가능하다. 키르케고르, 사르트르 혹은 카뮈의 텍스트를 보라.

하지 못했기에 아직 비교되지 않은 새로운 비교의 실행이다. 문화적 기억이란 이런 비교를 떠올리는 것이며, 새로움은 이런 종류의 새로운 비교일 때 문화적 기억에 저장된다.

모든 혁신에도 불구하고 평범하고 임의적이며 무차별적인 것들의 영역이 보존되는 이유는, 어떤 혁신도 광범위한 차별화와 범주화를 실행하지 못하기 때문이다. 그렇기에 역사적으로 변화하는 유행도 무목적적 진보의 순수한 무한성으로 이어지는 것이 아니라 모든 것을 그 자리에 남겨둔다. 이 때문에 문화적으로 활동하고 생산하기를 원하는 이는 일반적으로 말해 그의 이전 혹은 이후 시대 문화 창조자들과 거의 같은 상황에 처하게 된다. 이러한 출발 상황에 대한 앎은 무엇보다 전통에서 얻어진다. 새로움은 그 자체로서 곧 차이이면서 동시에 문화적으로 가치 있는 것으로서, 전통적이고 문화 내적이며 문화경제적 특정 기준들에 근거해 생산되고 승인된다. 새로움의 사회적 지위를 특히 새로운 진리의 지위를 보증하는 것은 문화 외적인 것, 은폐된 것 또는 타자와의 일치가 아니라 가치의 전도라는 이 기준과의 일치다.

새로움은 인간 자유의 산물이 아니다

    진리 지향에 대한 포기가 '허무주의적nihilistisch'인 것으로 다시 말해 특정 담론이나 예술적 실천들의 문화적 특권화Privilegierung가 순전히 자의적임을 주장하는 것으로 오해되어서는 안 된다. 그러한 특권화는 근거 지을 수 없는 의지의 결단을 통해 특정 가치를 규정하고 그 가치를 기존의 문화적 태도에 부여하는 인간, 아니 초인간적 자유의 표현이 아니다. 모든 혁신은 하나의 문화적 태도나 행위에 내리는 새로운 해석, 새로운 콘텍스트화 또는 재콘텍스트화를 통해 이루어진다. 말로 표현될 수 없다는, 인간의 자유 깊숙한 곳에서 태동하는 결단에 대한 믿음은, 다시 은폐된 리얼리티—이것이 절대적으로 자유로운 무無로 파악될지라도[1]—라는 가정을 전제한다.

    충분히 문화적 경험을 한 사람이라면, 한 개인 또한 —그가 새로움의 산출자건 소비자건 상관없이— 실지로 사회적 성공과 권력을 얻고 사회적 승인을 얻기 전에도 새로움을 새롭고, 흥미롭고, 독창적

---

[1]   근대 예술에서 무의 테마에 대해서는 다음을 보라. Eberhard Roters, *Fabricatio Nihili, oder die Herstellung von Nichts*, Berlin: Argon, 1990; Karsten Harries, "Das befreite NIchts," *Durchblicke. Martin Heidegger zum 80. Geburtstag*, Frankfurt a. M.: Klostermann, 1970.

이며, 의미 있고 가치 있는 것으로 가늠할 수 있다. 새로움을 인지하는 개인적 능력이 존재한다고 해서, [이것이] 특정 문화에서 필연적으로 ─어떤 권력 구조가 그 성공을 도와주건 그것에 저항하건 상관없이─ [그 개인을] 성공하게 하는 무엇인가가 새로움 자체에 함유되어 있음을 의미하지는 않는다. 여기서 시도되어야 할 것은, 특정한 문화적 활동이 은폐된 진리의 계시나 권력과의 관계를 떠나, 새롭고 독창적이며 성공적으로 승인되게 하는 문화경제적 논리와 기준들을 재구성해보려는 일이다. 다른 말로 하자면, 왜 특정한 새로운 비교, 동일화와 차이화가 사회에 의해 승인되고 역사적 기억에 통합됨으로써, 무엇이 진리이고 무엇이 권력인지, 무엇이 차이이고 무엇이 동일성인지를 정의하는 기준들을 형성하는지를 이해해야 한다는 것이다.

근대 유토피아주의의 맥락에서 예술가나 철학자들은 자신이 사회에 대해 우월하다고 자부했다. 자신들의 내적인 창조적 자유를 통해 다른 일반 사회 구성원들에게는 닫혀 있는 진리에 자신들이 특별히 접근할 수 있다고 믿었기 때문이다. 이러한 근대적 배타성 요구에 대한 반발로 우리 시대에는, 철학과 예술의 해석과 수용, 그 사용과 소비가 철학적·예술적 생산 자체보다 더 중요하게 평가되는 것이 일반화되었다. 그래서 사람들은, 철학과 예술에서 중요한 것이 세계에서 통상 그렇듯 개인적 차이와 특별함뿐이라면, 이와 같은 차이와 특별함의 의미 및 가치는 그 담지자가 아니라 사회에 의해서만 규정될 수 있고 규정되어야 한다고 여긴다. 해석과 사용의 자유를 의미하는 수용자의 자유가 창조적 자유보다 우위에 있는 것이다. 실지로 모든 전문적 예술가나 이론가는 처음부터 자신들이 행하는 것에 대한 공공적 반응을 예측하려고 애쓴다. 자신들의 문화적 실천의 수용을 부분적으로라도 제어하려는 것이다. 이는 물론 많은 근대 예술가와 이론가가 추구했던 것처럼 사회의 취향과 삶의 방식에 대한 명령Diktatur을 의미하는 건 아니다.

다음 장부터는 가치의 전도로서 새로움의 생산이 필수적으로 따라야 하는 문화경제적 논리를 자세하게 탐구할 것이다. 거기에서는 예술과 이론이 새로움의 문제를 상론할 재료로 기능할 것인데, 이 두 영역에서 동일화와 차이화 과정이 어느 곳에서보다 명시적으로 일어나기 때문이다. 통상적 견해에 따르면, 자연과학이나 기술 분야에서 혁신은 객관적이고 경제적 또는 과학적 필연성에 의해 지배된다. 여기서는 새로움이 새로움 그 자체를 위해 생산된다는 생각은 거의 통용되지 않고 있다. 그러나, 반복해서 지적하듯이, 자연과학과 기술 분야에서의 새로움이 합목적적이라는 생각은 착각에 다름 아니다. 오히려 기술이 새로운 욕구들을 생성해내며, 그 욕구들을 새로운 방식으로 충족하는 것도 기술이기 때문이다.[2]

---

2   파울 파이어아벤트는 근대 과학에서는 더는 보편적으로 통용되는 '참된' 세계 묘사의 추구가 아니라 서로 통약 불가능 한 다양한 프로그램이 실행되고 있음을 보여준다.(Paul Feyerabend, *Against Method: Outline of an Anarchist Theory of Knowledg*, London: New Left Books, 1975, 188.)

혁신 전략들

문화적 아카이브와 세속적 공간 사이의 가치 경계
가치전도로서의 혁신
혁신과 창의성
마르셀 뒤샹의 '레디-메이드'
부정적 순응
그에 반하는 생태학적 논증
가치절상과 가치절하

문화적 아카이브와 세속적 공간 사이의 가치 경계

모든 문화는 위계적으로 구성되어 있고, 그 문화 속의 모든 것은 그 문화적 가치 위계 내의[내부의] 위치에 따라 규정되는 가치를 갖는다. 조직된 혹은 구조화된 문화적 기억이라 칭할 수 있는 것이 우선적으로 그런 위계를 형성한다. 우리 시대 문화에서 도서관·미술관을 비롯한 아카이브들이 그에 해당된다. 이 물질화된 문화적 기억은 역시 위계적으로 구성된 다양한 기구Institutionen의 편제하에 있고, 이 기구들은 문화적 기억을 보존하거나 새롭고 중요한 문화적 전범을 선택하고, 낡거나 덜 중요하다고 여겨지는 문화적 전범들을 제거하는 일을 한다. 모든 문화 전통에는 당연히 그 자체만의 기억과 보존 체계 및 선발 원리가 있다. 이뿐 아니라 모든 문화는 그 자체로 동질적이지 않다. 달리 말해, 그 자체만의 고유한 보존 체계, 우선성과 선발 원리를 갖는 다양한 하위문화로 구성되어 있다. 그렇기에 모든 문화적 위계는 상대적이다. 동시에 우리가 사는 시대에는 문화적 아카이브들이 세계적으로 점차 보편화, 형식화Formalisierung되는 경향이 있다. 문화적 정보를 보존하기 위해 미술관·도서관 및 다른 기구로 이루어진 연합 체계는 점점 더 구체적인 네이션 문화와 구별되면서 문화적으로 가치 있고 보존할 만한 것을 위한 공동의 토대를 세우고 있다.

새로움에 대한 이야기는 이렇게 가치 위계적으로 세워지는 아카이브의 콘텍스트 속에서만 현실적 의미를 갖는다. 새로움은, 기술적으로 조직된 문화적 기억에 보존되어 있는 것만큼의 가치를 지니면서도 동시에 그와는 다른 것으로 파악 혹은 해석된다. 문화적 아카이브 형성의 근본 원리는, 이 아카이브들이 새로움은 수용하면서 모방적인 건 무시한다는 것이다. 존재하는 것을 재생산하기만 하는 일은 조직된 문화적 기억에 의해 불필요하고 동어 반복적인 것으로 여겨져 거부된다.

아카이브에 포괄되지 않는 사물들로 이루어진 영역을 세속적 공간이라 칭할 수 있다. 세속적 공간은 지극히 다양한 사물, 그 사물을 취급하는 지극히 다양한 방식으로 이루어져 있어 그 자체로 매우 이질적이다. 세속적 공간의 사물들은 특별히 보존되지 않으며 어쩌다 남게 되더라도 시간이 경과하면 사라져버린다. 문화적 가치의 보존과 유지를 담당하는 기구들은 이 사물들을 중요하거나, 대표적이거나, 가치가 있거나 유지될 만하다고 인정하지 않는다. 이처럼 세속적 공간은 무가치하고, 눈에 뜨이지 않으며, 흥미롭지 않고, 문화 외적이고, 중요하지 않은, 이뿐만 아니라 덧없는Vergängliche 것들로 이루어져 있다. 하지만 이 세속적 공간은 잠재적으로 새로운 문화적 가치의 비축備蓄장으로 기여한다. 왜냐하면 이 공간이야말로 가치화된valorisierte 문화적 기록Archivalien의 타자이기 때문이다. 새로움의 원천은, 문화적 가치와 세속적 공간의 사물들을 가치화하는valorisierende 비교에 있다. 정상적 경우 이런 비교는 행해지지 않으며, 세속적 공간의 본질은 바로 그런 비교가 행해지지 않는다는 것이다. 새로움의 메커니즘은, 가치화되고 위계적으로 구성된 문화적 기억을 한편으로 하고 무가치한 세속적 공간을 다른 한편으로 하는 이 둘 사이의 관계를 규제하는 메커니즘이다.

여기서 '문화적 아카이브'와 '세속적 공간' 개념은 서로 연관되어 있고 보충적이다. 우리는 문화적 가치의 분배가 지금과는 전혀 다른 대안적 문화 위계를 생각할 수 있다. 일례로 유럽인들에게 아메리카 대륙의 발견은 새로운 세속적 공간의 개발이면서 그 공간의 가치절상이었다. 하지만 당시 아메리카 문화에 이는 그들[아메리카인들]의 문화적 아카이브에 세속성Profanität이 침입한 사건으로, 그 문화적 가치의 세속화이자 부분적 파괴였다. 혁신이란 이처럼 각기 다른 세속적 공간을 형성하는 둘 이상 가치 위계 사이의 거래Handel인 것이다. 이 거래의 본성을 이해하려면 우선 특정한 문화적 위계 내부에서 일어나는 혁신이라는 단순한 경우를 논의해보아야 한다.

현실적으로 형성되는 모든 문화적 위계는 물론 비판받을 수 있다. 그 문화적 위계의 타당성이 전혀 없고, 보존해야 할 문화적 가치와 세속적 사물 사이의 구별도 자의적이자 아무 이론적 정당성도 없다고 비판받을 수도 있다. 하지만 이와 같이 일반적이고 모호하게 제기되는 비판은 별 효과를 발휘하지 못한다. 이런 비판은 하나마나한 것이기 때문이다. 여기서 말하는 정당성을 근거에 깔려 있는 리얼리티, 사태 그 자체 또는 의미에 대한 지시Verweis로 이해한다면, 사실상 어떤 문화적 위계도 이론적 정당성을 확보할 수 없다. 그 지시란 곧 문화적 위계의 타자로 이어지기 때문이다. 그런 지시를 통해서라면, 현재의 위계에 제기되는 일반적 비판도 자신의 문화적 가치 요구를 정당화할 수 없다.

비판을 구체적으로 표명하려면 구체적인 세속적 사물을 구체적인 문화적 가치와 실질적으로 비교해야 한다. 일례로 뒤샹처럼 레오나르도 다빈치의 〈모나리자〉를 거의 쓰레기에 다름 아닌 훼손한 복제품 옆에 세워놓고는 이렇게 주장할 수 있다. 이것은 두 상이한 시각적 형식일 뿐이며 이 형식들의 가치를 구분해줄 근본적이고 본질적인 기준은 존재하지 않고 존재할 수도 없다고. 따라서 우리는 이 쓰레기[〈모나리자〉 복제품]가 〈모나리자〉만큼이나 아름답다라고 말해야 한다고.[1] 그렇기에 이 두 이미지를 위계화하면서 그 가치를 구분하는 일은 특정한 기구가 문화적 권력을 지배하는 것을 옹호하는 이데올로기적 허구로 볼 수밖에 없다고.

통상적으로 서로 다른 가치가 매겨져왔기에 절대 서로 비교될 수 없을 것이라 여겨져온 두 사물을 동일한 가치 지평 위에 세웠다는 데에 이 생각의 참신성Neuheit이 있다. 이러한 비교는 처음부터 이미지들을 동등한 것으로 상정하고, 두 이미지[〈모나리자〉와 그것을 훼손한 복제품]는 서로 다를 뿐, 한 이미지가 다른 이미지와 견주어 위계와 가치 면에서 우월함을 입증할 방법은 없다고 결론 내린다. 그렇다고 훼손한

---

1   "이것은 아름답다"라는 진술에 대한 해석에 대해서는 「새로움은 근원적 차이의 효과가 아니다」 각주 3[74쪽]의 티에리 드 뒤브를 보라.

복제품이 더 강력하고 진정성 있게 '실제적 삶'을 대변하기에 [그것이] 〈모나리자〉보다 더 가치 있음을 증명하려는 시도는 성공하지 못했을 것이다.

이와 같은 비교는 가치 위계 그 자체를 지양Aufhebung시키지 않고, 이 비교에 등장했던 쓰레기에 가까운 복제품을 새로운 오브제Objekt 로 문화적 보존의 체계에 안착시키는 결과만을 낳았다. 그리고 이런 비교의 결과, 그 복제품은 가치화되고 이를 통해 세속적 대상에서 문화적 가치로 변신한다. [복제품은] 기술적으로 복제된 그 복제품의 특징, 외설적인 글자와 그 밖의 다른 훼손 등에 의해 타자이자 동시에 특정한 문화 비판적 해석으로서, 현존하는 문화적 가치에 상응할 만큼 가치 있는 것으로 인식되기 때문이다. 그러나 이 사건은 가치화된 문화적 기억과 세속적 공간 자체 사이의 근본적 구분에는 아무 영향도 주지 못한다. 달리 말하자면, 가치의 경계에 대해서는 성공한 이 비교는 그 경계 자체를 지양하지는 못한다는 것이다. 그 밖의 다른 훼손한 복제품이나 세속적 사물들의 운명에는 아무런 변화도 없다. 특정한 위치에서 이루어지는 가치 경계의 상대화와 특정한 관계에서 행해지는 문화적 가치 및 세속적 사물의 균등화Egalisierung는 문화적 가치 그 자체를 지양하지는 못한다. 그것은 문화적 가치를 부분적으로 수정할 뿐이다.

문화적 가치와 세속적 사물 사이의 비교를 통해 위계적 가치의 경계를 극복하려는 이러한 시도들은 종종, 본래 그러한 경계는 없는 것이라는 '니힐리즘적' 결론에 이르곤 한다.[2] 그러나 비교의 가능성과 그 비교의 실제적 실행은 구분되어야 한다. 이론적으로 모든 가치 있는 문화적 오브제를 모든 세속적 사물과 비교하는 것을 생각할 수는 있으나, 실제적으로 [비교는] 시간 속에서 진행되기에 유한한 문화적 실천을 통해 그 비교를 실현하기는 불가능하다. 누군가가 〈모나리자〉를 한 무더기 쓰레기와 비교함으로써 이 쓰레기를 문화에 통합시킬 수는 있다. 그렇지만 가치화된 문화와 세속적 공간 사이의 경계가 결정적으로 지양되려면 그 비교 과정에서, 한편에서는 극단적 세속성 곧 세속적인 것의 '본질'이, 다른 한편에서는 최고의 문화적 가치 곧 문화의 '본질'이 획득되었음을 증명하는 과정Operation이 있어야만 한다. 허나 이는 결코 증명될 수 없다. 왜냐하면 은폐되어 있는 소위 보편적 본질을 지시하는 건 어떻게 하더라도 논증적 기능을 충족할 수 없기 때문이다.

볼품없이 훼손한 복제품보다 더 세속적인 것은 있을 수 없다고 주장하기는 불가능하다. 시간이 지남에 따라 더 급진적인 세속성이 발견될 가능성을 배제할 수 없기 때문이다. 실지로 그 이후의 미술사는 더 세속적인 세속성의 사례들을 발견했다.[3] 또한 〈모나리자〉에 대한 가치절하가 모든 가능성 속의 문화 즉 문화의 '본질'에 대한 가치

---

2   니콜라이 타라부킨은 1923년에 다음과 같이 썼다. "지금 세계는 예술가에게 완전히 새로운 요구를 하고 있다. 세계는 그에게 미술관의 '회화'나 '조각'을 기대하는 것이 아니라 그 형식과 목적에 의해 사회적으로 정당화된 오브제를 기대한다."(Nikolaï Taraboukine, *Le Dernier tableau. Du chevalet á la machine*, Paris: Champ Libre, 1972, 48.)

절하라고 말할 수도 없다. 가치화된 문화와 세속적 공간 사이의 경계를 부분적으로 동등화하고 부분적으로 극복하는 것이 결코 보편적인 동일성이 시작됨을 의미하지는 않는다. 위계적 구조와 가치 장벽은 계속 남아 있으며, 실상 그것이 남아 있기에 혁신의 가능성도 존재하는 것이다.[3]

이전 시대에는 문화적 가치 경계를 극복하는 일은 모든 사물에 근거로 놓여 있는 동일성을 발견하는 것이라고 여겨졌다. 존재, 본성, 이성, 정신, 언어, 무의식 등이 모든 가치 위계를 극복한다는 저 은폐된 동일성에 붙은 이름이었다. 그러나 이 주장은 너무 일반적이며 내용이 없어 지탱되기 어렵다는 사실이 금세 드러났다. 위계적으로 구성되는 모든 대립을 극복하지는 못해도, 적어도 그를 무한한 차이의 유희로 해소해 탈구축할 수는 있다고 주장하는 포스트모던적, 포스트구조주의적 전략 역시 만족스럽지 못하다.

쓰레기라는 우리의 사례로 돌아와 첫 번째 쓰레기 옆에 두 번째, 세 번째 쓰레기를 내놓는다고 가정해보자. 아마 그것들은 색깔과 형태, 재료 등에서 서로 구분될 것이다. 이 점에서 사실상 어떤 쓰레기도 쓰레기의 '본질'을 가시화하는 바로 '그' 쓰레기일 수 없다. 그렇지만 이들 사이에 존재하는 차이가 그 차이를 새로운 것으로 가치화할 만큼 중요하지 않다는 점도 분명하다. 다시 말해, 서로 다른 쓰레

3   이에 대해서는 다음을 보라. B. Groys, "Das leidende Bild," Peter Weibel(et al.), *Das Bild nach dem letzten Bild*, Köln: König, 1991, 99~104.

기 더미들을 비교하는 일은 ―〈모나리자〉와 쓰레기를 비교하는 일과 는 반대로― 결코 새롭지 않을 것이다. 그 비교는 ―서로 다른 르네상 스 회화를 비교하는 일처럼― 문화적 가치 경계를 조금도 손상시키 지 못하며 그렇기에 사소하다. 그에 반해 〈모나리자〉를 [이를] 훼손한 〈모나리자〉 복제품과 비교하는 일은 혁신적 성취라는 점에서 일회적 이다. 〈모나리자〉가 아닌 다른 르네상스 회화를 그 그림을 훼손한 복 제품과 비교하는 일은 다시금 사소할 것이다. 그것이 뒤샹이 행했던 제스처에 대한 아이러니적 전유로 사유되고 그렇게 명시적으로 해석 된다면 다를 수 있을지는 모르지만 말이다.[4] 문화적 메커니즘은 문화 적으로 중요한 차이와 중요하지 않은 차이를 충분히 날카롭게 구분 한다. 이 구분은 '본질'에서의 차이와 '현상'에서의 차이 사이의 구분 이 아니라, 동일한 가치 차원에서 이루어지는 가치 차이Wertdifferenz와 단순한 차이 사이의 구분이며, 이 구분은 추가적 해석을 통해서만 가 치를 얻을 수 있다. 형이상학에 가해지는 포스트모던적 비판은 실질 적인 문화적 가치 위계를 조금도 바꾸지 못한다. 차이의 무한성은 동 일성의 무한성과 마찬가지로 어떤 것에 의해서도 보장되지 않는다. 미 술의 역사를 통해 우리는 어떤 새로운 문화적 제스처도 금세 그 참신 성을 잃어버리며 모든 개별적 차이에도 불구하고 금방 단조롭고 평범 해진다는 것을 알고 있다. 무한한 차이의 운동이라는 게 실지로 있다 면 그건 지루하고 재미없을 것이다.

---

4   뒤샹의 〈샘〉을 전유한 사례로는 다음을 보라. Sherrie Levine, *Katalog*, Zürich, 1991.

텍스트 개념을 끌어들인 차이 이론들은 모든 것이 이미 차이화되어 있기에, 문화 영역과 세속적 공간 사이에는 아무런 가치 차이도 존재하지 않는다고 주장한다. 그 주장의 사례로 제시되는 것은 통상 이미지가 아니라 책이다. 여기에서 책은, 문자라는 개념하에 포괄되는 다른 세속적 기호들과 비교되면서 모든 종류의 전통적 위계 형성이 극복되는 사례로 제시된다. 포스트구조주의 이론가들은 개별적인 책의 경계를 넘어 책을 익명적 텍스트성으로 해소하려 한다. 이러한 계기는 특히 푸코, 바르트, 데리다에 의해 주제화된 바 있다.[5] 통일체로서의 책이 도서관에 오면, 그 책은 문화 속에서 지니던 배타적, 특권적, 가치화된 위치를 잃어버리며, 그 책의 문자는 모든 다른 기호와의 차이라는 유희 속에 배치된다는 것이다. 그러나 한 책의 경계에 대한 이런 방식의 극복은 사실상 모든 책이 수많은 부수로 발행되는 동

---

5   푸코는 한 작품 내에서 중요한 것과 중요하지 않은 것 사이의 경계를 없애려고 하면서, 동시에 책 형태로 복제된 것과 친필 수고 사이의 경계, 나아가 개별적인 책 그 자체에서의 경계들도 없애려고 한다. "한 권의 책에서의 경계들이란 결코 깔끔하고 엄격하게 나뉘지 않는다. 책의 제목, 첫 줄과 마침표를 넘어서, 그 책의 내적인 배열과 그 책에 저자성을 부여하는(autonomisierend) 형식을 넘어서 책은 다른 책들, 다른 텍스트들, 다른 문장들에 대한 지시의 체계 속에 붙들려 있다. 한 권의 책은 그물망의 한 매듭인 것이다."(Michel Foucault, Ulrich Köppen(Übersetzer), *Archäologie des Wissens*[*L'Archéologie du savoir*], Frankfurt a. M: Suhrkamp Verlag, 1973, 36.)

데리다에게는 책이라는 개념 자체가 이미 진리에 대한 부당한 요구를 제기하고 있으며, 그는 그 요구를 해체하려고 한다. "'책의 모델', '모델'이 되는 책'이란 것은 사물과 사상의 현전과 재현의 절대적 일치 즉 '진리(형태적 닮음homoiosis 혹은 적합성adaequatio)'가 아니겠는가? 왜냐하면 진리는 유한한 인식으로 생각하기 전에 이미 신의 창조의 단계에서 나타나기 때문이다."(같은 책, 51.) 그리고 이렇게 쓴다. "종자의 차이를 지우거나 승화시키는 것은 책-바깥의 저항이 위대한 '책'에 대한 존재-신학에 근거해서 내면화되고 길들게 내버려두는 행동이다."(같은 책, 53.)

일 텍스트로 존재한다는 사실을 무시한다. 여기서 책의 인쇄 부수는 불필요한 것으로 —책의 텍스트와 관련해— 순전히 세속적인 것으로 간주되어 텍스트성이나 문자 개념에서 고려되지 않는다.[6] 차이 또는 텍스트성의 무한한 유희라는 생각은, 그 생각이 이론적으로 괄호쳐버린 책의 기술적 대량 생산에서 한계에 직면하는 것이다. 이 문제는 여기서 깊이 다루기보다는 —다음의 논의를 분명히 하기 위해— 짧게만 언급하도록 하자. 세속적인 것을 완전히 제거할 가능성—세속적인 것을 그 총체성 속에서 가치절상 하거나, 문화적 가치를 그 총체성 속에서 가치절하 하는 방법—은 없다. 세속적인 것 속에서는 동일성과 차이의 전적인 외부에 늘 무엇인가가 남는다. 이는 어떤 가치위계도 극복되거나 해체될 수 없음을 의미한다. 왜냐하면 비관례적이고unüblich, 무례하며unanständig, 전혀 생각할 수 없는 종류의 비교라 도무지 서로 비교될 수 없는 것이면서 그렇기에 문화경제적 논리 자체에 의해 비교가 요구되는 것, 바로 그것을 가치 위계가 지시하기 때문이다.

역사적으로 수행되어온 가치 있는 것과 세속적인 것 사이의 모든 구체적인 비교는 늘 공간적·시간적으로 제한되어 있었다. 바로 이와 같은 비교가 가치 있는 것으로서 문화적 아카이브에 저장된다. 문

---

6   많은 포스트모던 이론의 모델이 되었던 [호르헤 루이스] 보르헤스가 쓴 「바벨의 도서관」은 생각할 수 있는 모든 철자 조합을 포함하고 있으나, [그 도서관의 장서는 동일하지 않은] 유일무이한 한 권씩의 책들로 이루어져 있다.(Jorge Luis Borges, "Die Bibliothek von Babel," *Gesammelte Werke, Band 3/1*, München, 1986.)

화적 가치란 가치의 전도라는 사건에 대한 아카이브화된 기억에 다름 아니다. 가치를 전도하는 이런 비교의 기억을 저장하고 있는 문화적 기억은, 실지로 그러한 비교가 그리 많지 않으며 그 소수의 비교도 늘 같은 정도의 성공을 거두는 것이 아니라는 증거가 된다. 불평등Ungleichheit, 위계질서, 가치 차이에 대한 극복, 다시 말해 어떤 유토피아의 건설은 늘 가능하다. 하지만 그것은 어디까지나 공간적이고 시간적으로 제한된 영역에서만 가능하며, 대개의 경우 개개인들에 의해 개인적으로 창안되는 것이지 사회 전체로 확장되지는 않는다. 모든 혁신은 언제나 매우 제한적인 문화의 파편, 매우 제한적인 세속적 공간의 파편과만 관계한다. 이러한 이유로 그런 혁신의 열매 역시 극도로 제한적이고 개인적일 수밖에 없다. 역으로 이처럼 총체적 유토피아가 실현될 수 없다는 것은 동시에, 제한적인 혁신을 철저하게 배제할 총체적 안티-유토피아도 실현될 수 없음을 뜻한다. 현존하는 위계질서로부터 힘겹게 얻어낸 개인적 혁신의 영역은 예술가나 이론가에게는 ─ 그의 유한한 삶에서 ─ 전적으로 충분하다. 이와 같은 혁신을 통해 예술가와 이론가는 세속적 공간의 인간으로서 자기 자신과 가치 있는 문화적 활동 주체로서 자신 사이의 내적 가치 경계도 함께 극복하고, 그것을 통해 자신의 삶과 문화의 역사성 사이에 동질성을 만들어낸다.

가치전도로서의 혁신

가치 경계에 대한 비교는 문화적 가치의 가치절하로도 세속적인 것의 가치절상으로도 둘 다 타당하게 파악될 수 있다. 역사적으로 혁신은 애초에는 가치의 가치절하로 이해되었고 이후에는 새로운 문화적 가치의 의미로 관철되었다. 그래서 뒤샹에 의한 악명 높은 〈모나리자〉의 세속화도 처음에는 가치 있는 예술의 종말이자 세속적이고 무가치한 비-예술의 침입이라고 해석되었던 것이다. 가치의 전도라는 문화경제적 전략 전체는 이처럼 역사적으로 그 모든 면에서 동일하게 포착되지는 않으며 시대마다 상이한 측면을 지닌다. 여기서 제기되는 질문은, 혁신은 어찌하여 문화의 가치를 떨어뜨리는 대신 혁신의 가치를 높이는 방향으로 나아가는가라는 것이다.

현존하는 문화적 가치를 깎아내리는 일은 세속적인 것의 가치를 고양하는 것과 마찬가지로 혁신적 제스처의 필수적 측면이다. 그런데 모든 개별적 혁신은 그를 넘어 문화경제적 논리를 따른다. 이런 의미에서 모든 혁신은 이 문화경제적 논리의 체현이라 말할 수 있는데, 그 논리는 상응하는 문화적 기준을 충족해야 한다. 하나의 혁신이 성공적이라면 즉 어떠한 혁신이 문화경제적 논리를 일관되게 관철시키면, 그 혁신은 문화적 아카이브에 받아들여진다. 그렇지만 이러한 사실은 아카이브의 이 자리가 혁신 자체의 힘 때문이 아니라 문화의 논리를 지속시키는 혁신의 능력을 통해 얻어지는 것임을 의미한다. 혁신이 특정한 문화적 가치를 절하한다고 해서 그 가치가 단절되는 것은 아니다. 레오나르도 다빈치의 〈모나리자〉는 뒤샹 이후에도 여전히 이전과 마찬가지로 찬탄을 받고 있다. 마찬가지로, 임의적으로 볼품없게 만들어진 고전적 이미지의 복제품 자체가 뒤샹에 의해 가치가 높아진 것도 아니다. 그것에 비견될 다른 복제품들은 여전히 무가치하다. 가치가 고양되어 보존되는 것은 오로지 뒤샹의 작품 곧 뒤샹에 의해 손수 훼손된 〈모나리자〉의 특정 복제품이며, 이것이 그의 혁신적 제스처를 상기시킨다고 여겨지는 것이다. 결국 아카이브화되는 것은 혁신에 의해, 그 혁신의 증거물로서 가치가 고양되는 것이다. 혁신의 증거물로서 혁신적으로 가치절상 되는 것은 예술가 자신에게 개인적 가치를 지니거니와 문화적 기억 전체에도 가치를 갖는다. 세속적인 것의 혁신적 가치절상은 결코 자의적이거나 임의적이지 않다는 말이다.

가치화된 문화적 기억 전체는 본보기 성격을 갖는 개별 혁신의 증거물들로 이루어지지, 혁신적 가치절하를 위한 가치와 비판의 대상으로만 기능하는 것은 아니다. 혁신은 무엇보다 가치화된 문화와 세속적 공간 사이의 평준화를 이루려는 평등주의적 제스처에서 생겨난다. 그런데 그 이전에 아 프리오리ₐ priori 하게 이미 문화에 의해 그런 제스처에 어떤 가치가 부여되어 있다. 문화가 그 제스처를 요구하고 있으며, 그 제스처가 문화에는 가치인 것이다. 그렇기에 이를 통해 문화가 극복되고, [문화가] 비판에 굴복하고, 문화의 가치가 절하되었다는 것은 그저 겉모

습일 뿐이다. 오히려 모든 혁신은 문화경제적 프로그램을 실행하고, 가치화된 문화적 기억을 주재하고 그것이 제대로 기능함을 보증하는 위계적으로 구성된 기구들의 성장, 현재성, 안정성과 효과에 기여한다.

그렇기에 혁신적인 가치절상적 혹은 가치절하적 비교가 도대체 왜 행해지는지, 혁신이란 도대체 어떤 의미를 갖는지라는 자주 제기되는 질문을 반복하고 그에 대답하려는 것은 별 의미가 없다. 혁신의 의미에 대한 질문은 다시금 이 혁신과 문화 외적 리얼리티 사이 관계에 대한 질문이며 따라서 이미 혁신의 경제에 속한다. 문화에 중요한 것은 혁신의 의미가 아니라 그 가치다.

혁신의 의미를 둘러싼 널리 퍼져 있는 대답은 이런 것이다. 세속적 공간 자체가 특권화된 문화에 지속적으로 압력을 행사하면서 그 문화로 하여금 세속적 공간을 수용하도록 압박한다는 것. 여기서 세속적인 것을 현실로 다시 말해 실제적이며 능동적 문화의 타자로 ─실지로 통상 그러한 것처럼─ 본다면, 이것이 의미하는 바는 삶이나 현실이 끊임없이 문화 속으로 침투해 들어가고 문화를 변용한다는 것이다. 그렇게 되면 문화란 실지로 리비도적 욕망, 계급적 이해관계 혹은 '힘에의 의지'의 투사_Projektion_가 된다.

그러나 세속적 힘의 압력과 문화적 가치 부여 사이에는 아무 직접적 연관도 없다. 문화가 외부로부터 파괴되고 문화의 기억 역시 소거될 수 있음[1]은 물론이다. 그렇지만 문화적 메커니즘이 계속 작동하

---

1   텍스트성의 무한성을 전제하는 포스트구조주의 이론은 총체적 파괴나 아포칼립스의 가능

는 한 그 메커니즘은 모든 직접적인 외적 압력에서 상대적으로 자유롭게 기능한다. 모든 세속적 현상은 문화적 기억의 고유한 규칙에 따라 문화적 기억 속에 편입될 수 있어야 비로소 가치절상 된다. 그렇다고 해서 문화적 메커니즘이 스스로 기능하고 개별 사람들은 그 메커니즘의 하수인임을 의미하는 것은 아니다. 여기서 말하려는 바는, 문화적 가치 부여와 아카이브화는 꽤 유동적이고 이질적인 문화경제적 논리의 특정 조건들이 충족되어야 일어난다는 것이다. 이 조건들은 외부에서 전시 도록 같은 형태로 묘사될 수 없으며 문화적 가치 경계들의 그때마다의 경과에 의존한다. 여하튼 이 조건들은 그 조건들을 충족하는 모든 종류의 주관적 근거들로부터 독립적이다. 혁신을 일으키는 것은, 순수한 공감에 의해 세속적인 것과 무시되었던 것에 문화적 가치라는 지위를 확보해주려는 고귀한 노력일 수 있다. 그것은 또한 맹목적인 출세 지향과 권력 의지 또는 이상주의적이고 이기주의적인 동기에서 나온 것일 수도 있다. 어쨌든 그 모든 경우에서 전체로서의 문화에 중요한 것은, 문화적 기억을 세속적 공간과 구분하는 가치 경계의 횡단에 성공함으로써 혁신이 성공하는 일이다.

성을 부정한다. 데리다에게 텍스트성(textualität) 내에는 종말의 종말 또는 아포칼립스의 아포칼립스가 이미 이루어지고 있다. 이러한 의미에서 계몽의 아포칼립스도 아포칼립스의 한 형태다. "빛이 있었다. 그리고 빛들 즉 이성의 빛과 로고스의 빛들이 있었다. 그 빛들은 어쨌거나 다른 것이다."(J. Derrida, *D'un ton apocalyptique adopté naguère en philosophie*, Paris: Galilee, 1983, 64.) 무한한 텍스트성이라는 개념에는 기호의 물질성과 그 기호의 무한한 담지체의 상상적 성격 사이 내적 모순이 계속 작용한다. 그 내적 모순은 「새로움은 근원적 차이의 효과가 아니다」의 각주 2[74쪽]에서 푸코의 아카이브 개념과 관련해 진단된 바 있다.

혁신과 창의성

혁신이란 가치의 전도이며 가치화된 문화적 아카이브와 세속적 공간을 구분하는 가치 경계와 관련해 개별 사물들의 위치를 바꾸는 것이다. 이러한 관점에서 혁신은 새로움의 근원을 문화 외적 힘들의 창조적 영향력에서 찾는 일반적 창의성Kreativität 개념과는 다른 것 같다. 인간의 창의성에 대해 예전부터 많이 알려져 있는 설명은, 어떻게 사물과 세계가 생겨나고 그 속에서 문화가 생겨났는지를 설명하는 이론들과 연관되어 있다. 인간의 창의성이 인간에 의해 영향 받거나 규제될 수 없는 세계 생성이라는 우주적 과정과 관련 있다고 이해된 것이다. 이와 같은 창의성 개념은 늘, 인간의 깊은 곳에 영향을 끼친다고 하는, 신비에 쌓여 있고 숭고하며, 은폐되어 있는, 환원될 수 없이 이질적인 것을 전제한다. [이는] 문화적 창의성을 설명하기 위해 은폐된 타자를 지시하는 참으로 미비한 생각이다.

창의성에 대한 고전적 이론들은 무엇보다 신의 창조라는 신학적 교리에 의거한다. 세계가 무 또는 근원적 혼돈에서 창조되었다는 유대-기독교적 교리가 그것이다. 다수의 고전적 아방가르드 예술가가 자신의 창작Schöpfertum을 생각할 때도 이 도그마에서 출발한다. 말레비치는 자기 자신을 통해 무에서 절대주의적 세계가 창조되었다고 말한다. 심지어 러시아·독일·프랑스의 구축주의자Konstruktivisten들과 다다이스트들조차 무를 자기네 창작의 근원이라고 말한다.[1] 무는, 그것이 전적으로 사물에 대한 창작의 근원으로까지는 아니더라도, 실존주의적 정신에는 그 무로부터 매번 세계에 새로운 의미가 부여되는 절대적 선택이라는 자유의 근원으로 여겨진다. 가장 급진적인, 그렇기에 어떤 의미에서는 일관되게 무신론적인 유럽 아방가르드 프로그램까지도 예술가들에게 무로부터의 창조라는 신적 창작의 특권을 부여하는 것이다.

이와는 다른 세계 창조의 신학적 모델 가운데 잘 알려져 있는 것은 플라톤과 기독교 신학 중 신플라톤 전통이다. 이 모델에 따르면, 세계 창조란 신이 내적으로만 직관할 수 있는 영원하고 불변하는 이데아를 외적이고 물질적으로 실현한 것이다. 고전적 아방가르드에는 내적 직관, 그리고 그를 외부로 드러낸다는 예술 창작의 모델이 널리 퍼져 있었는데, 특히 여기에 영향을 끼친 칸딘스키와 몬드리안은 신플라톤주의와 영지주의에서 나온 신지학神智學 전통에서 그 모델을 직접 얻어왔다.[2]

예술적 창작은 때로는 즉흥적이고 무의식적인 삶[생]의 표명 그

---

1   "신은 죽었다. 한 세계가 붕괴했다. 나는 다이너마이트다. 세계 역사는 두 부분으로 나뉜다. 내 앞의 시간과 내 뒤에 올 또 다른 시간이 그것이다."(Hugo Ball, *Der Künstler und die Zeitkrankheit. Ausgewählte Schriften*, Frankfrut a. M.: Suhrkamp, 1984, 41.)

2   역사적 아방가르드의 탄생에 신지학이 지니는 의미에 대해서는 다음을 보라. Maurice Tuchman und Judy Freeman(Hrsg.), *Das Geistige in der Kunst*, Stuttgart: Urachhaus, 1988.

자체라고도 이해된다. 여기서는 창작 행위가 일어나기 전에 특정한 내적 직관이나 어떤 의지 행위도 전제되지 않는다. 새로움은 순수히 비반성적이고 무의식적으로 동기 지워지는 행위의 효과나 결과로 등장하기 때문이다. 이러한 행위의 근원은 자연, 욕망, 프로이트적 리비도, 언어의 힘 또는 내적 형식의 법칙 속에서 인식할 수 있다고 말한다. 어찌되었든 꿈, 황홀경, 고뇌나 기쁨 등 예술의 근원으로 여겨지는 특별한 상태가 특권화되는 것이다.[3] 즉시 열반에 든 자의 우주적이고 총

---

3   앙토냉 아르토는 이렇게 쓴다. "삶의 진리는 질료의 충동(Impulsivität)에 있다. 개념들에 둘러싸인 인간의 정신은 병들어 있다. (…) 오로지 광인만이 가장 고요하다."(Antonin Artaud, *Surrealistische Texte*, München: Matthes und Seitz, 1985, 67.) 여기서 질료는 개념적인 것이 아니라 인간을 통해 작동하는 자연(Physis)이다.

　　이와 비교될 방식으로 하이데거 또한 예술작품의 근원에 대한 질문을 제기하면서 예술의 정의는 개념적으로는 도출될 수 없다고 말한다. Martin Heidegger, *Der Ursprung des Kunstwerkes*, Frankfurt a. M, 1960, 8.) 예술작품은 "사물의 사물성(Dinghafte)"에 시각을 열어준다.(같은 책, 34.) 예술은 개념적 코드에 의존되어 있지 않기에 근원적이라는 것이다. "예술은 진리가 자기 자신을 작품으로 정립하는 것이다."(같은 곳.) 잘 알려져 있듯, 하이데거는 [빈센트] 반 고흐가 그린 낡은 신발 한 켤레를 사례로 들면서 그것이 농부의 삶을 지시하고 대지의 작업 자체를 보여준다고 말한다.

　　데리다는 하이데거 텍스트에 대한 논평에서, 고흐의 그림에 특정한 역사와 해석을 상정함으로써 하이데거는 이 그림을 삽화(Illustration)로 환원하고 있다고 비판한다. 이 그림은 그와 다르게 ―예를 들어 정신분석적으로― 해석될 수도 있다는 것이다. 이뿐만 아니라 [데리다는] 고흐가 그린 신발이 반드시 한 켤레가 아닐 수 있음을 지적함으로써 하이데거 해석의 힘을 약화시킨다.(Jacques Derrida, *La vérité en peinture*, Paris: Flammarion, 1978, 292ff.)

　　프레드릭 제임슨은 반 고흐가 그린 신발 그림을 앤디 워홀(Andy Warhol)이 그린 신발 그림과 비교하면서, 워홀이 보여주고자 하는 것은 제조된 것으로서의 성격, 스타일링과 인위성, 부차성 등 신발이 특정 코드에 종속되어 있다는 점이라고 지적한다. 이는 하이데거적 의미에서 예술작품의 '근원성'을 탈각한다.(Fredric Jameson, *Postmodernism, or, The Cultural Logic of Late Capitalism*, Durham: Duke University Press, 1991, 6~9.)

　　이러한 논쟁에서 눈에 뜨이는 사실은, 계속해서 그림이 무엇을 재현하는가라는 질문이 제기되고 그에 대한 해석이 이루어진다는 것이다. 그러나 예술작품에서 결정적인 건 왜 다른 게 아닌

체적인 무념무상Gleichgültigkeit, 순수한 보기 혹은 순수한 듣기, 순수한 지각이 그러한 특권화된 상태일 수 있는데, 의식의 규제가 사라짐으로써 우주적 무의식의 힘들이 등장해 인간을 통해 새로움을 창조하게 한다는 것이다.[4]

오늘날의 비평은 정당하게도, 인간이 무로부터 혹은 매개 없이 접근 가능한 어떤 근원으로부터 새로운 사물을 창작할 수 있다는 가능성에 회의적이다. 상호 텍스트성 이론들은 새로움이란 늘 오래된 것, 인용, 전통에 대한 지시, 이미 존재하는 것의 변용과 해석임을 보여준다. 그런데 이로부터, 문화에는 도무지 새로움이라곤 없으며 원저자Urheber도 존재하지 않는다는 결론이 도출된다. 문화란 오로지 이미 존재하는 것의 변주에 다름 아니기에 문화를 설명하기 위해 문화 외적인 것은 불필요하며, 특히 창작자로서의 인간도 불필요하다는 것이다. 이로부터 구조주의와 포스트구조주의에 의해 반복적으로 주창되

바로 이것이 재현되느냐다. 이 질문에 답하기 위해서는 예술가의 전략에 대한 연구가 필요하다. 그 전략이란 이러저러하게 이해되는 현실과 관련된 전략일 뿐 아니라 그 예술가가 자신과 동일시하거나 자신으로부터 거리를 취하는 다른 그림들과 관련된 전략이다. 재현되는 것은 단지 이 전략의 수단일 뿐이다.

4   수전 손태그는 순수한 지각을 위해 모든 예술 해석을 거부한다. "오늘날 예술과 비평에서 가장 최고의, 가장 만족스러운 가치는 투명성이다. 투명성이란 대상 자체, 바로 그러한 상태에 있는 사물의 명료성에 대한 경험이다. (…) 과거 어느 순간엔가 (고급예술이 별로 없던 시절에) 예술작품을 해석한다는 혁명적이고 창조적인 행동이 있었을 것이다. 오늘날에는 더는 그렇지 않다. (…) 오늘날 우리에게 필요한 것은 해석학이 아니라 예술의 에로틱이다."(Susan Sontag, "Gegen Interpretationen[Against Interpretation], 1964," *Kunst und Antikunst: 24 literarische Analysen*, Frankfurt a. M.: Fischer-Taschenbuch-Verl., 1991, 21~22.)

는 '저자의 죽음'이라는 유명한 테제가 도출된다.[5]

이와 같은 논의는 이미 문화적 기억에 저장된 사물을 문화적으로 이용하는 것과 세속적 공간의 사물을 문화적 콘텍스트에서 이용하는 것이 근본적으로 다른 과정이라는 사실을 충분히 고려하지 않는다. 데리다가 말하는 것처럼, 어떤 기호도 '본질'을 가시화할 수 없고 모든 기호는 서로를 지시할 뿐이라 하더라도, 이 모든 기호만으로 동질적이고 무한한 장 곧 하나의 기호로부터 다른 기호로의 이동이 언제나 가능한, 차이의 무한한 유희가 형성되는 것은 아니다. 기호와 의미 사이의 단절만이 문제가 아니다. 서로 다른 기호는 서로 다른 가치를 갖는다. 그렇기에 이 기호들은 가치 경계에 의해 서로 구분되어 있고, 그 경계로 말미암아 종종 한 기호에서 다른 기호로의 이행이 가로막힌다. 대부분의 경우에 그러한 이행은 행해져야 하는데, 그러기 위해서는 경계 횡단의 논리를 알고 이 논리를 따르는 인간이 필요하다.

어쨌든, 위에서 언급한 창의성 이론은 이성, 정신, 삶, 욕망, 언어, 텍스트성 혹은 차이 등 문화적으로 가치화된 것뿐 아니라 세속적인 것을 넘어 작동하기에 그 둘 사이의 경계도 초월한다는 특정한

---

5 "어쨌든 한 가지만은 확실하다. 인간은, 인간의 지식에 제기되는 가장 오래되고 가장 영속적인 문제가 아니라는 것이다. (…) 인간은 하나의 발명품이며, 우리 사유의 고고학이 그 발명의 날짜를 분명히 알려준다. 아마도 머지않아 종말이 오면 (…) 인간은 바닷가 모래 위에 그린 얼굴처럼 사라질 거라고 장담할 수 있을 것이다."(Michel Foucault, *Die Ordnung der dinge*, Frankfurt a. M.: Suhrkamp Verlag, 1974, 462.) 데리다에게 인간은 이미 그 종말에 다다라 있다. "인간은 언제나 고유한 목적 즉 자신의 고유한 속성에 따른 목적이다."(Jacques Derrida, "Les fins de l'homme," *Marges de la philosophie*, Paris: Les Editions de Minuit, 1972, 161.)

힘에 호소한다. 달리 말하자면, 창의성 이론은 모든 문화적 가치 외부에 주어지는 어떤 원리를 요청하며, 그것이 비교의 제3지점Tertium comparationis으로 기능해 문화적 기억과 세속적 공간 사이의 무한한 비교가 행해질 수 있다고 주장하는 것이다.

예를 들어, 누군가가 세계의 모든 것은 그저 쓰레기일 뿐이라고 주장하고는, 사물에 대한 이 일반적 정의를 고려해서 〈모나리자〉와 한 무더기 쓰레기는 동등하다고 말할 수 있다. 누군가는 문화도 세속적인 것도 존재, 삶, 욕망, 생산력 혹은 차이의 표명일 뿐이라고 주장할 수 있다. 이 정의로 인해 문화는 사유思惟 또는 무의식의 '단순한' 표명으로 가치절하 되고 세속적인 것은 그러한 표명으로 가치절상 됨으로써, 결국 둘 사이의 동등성Gleichheit이 획득된다. 이 동등성은, 그 원리가 직접적으로 표현되는 특정 예술작품이나 그 원리를 다루는 특정 이론적 담론을 통해 보장될 것이다. 이런 방식으로 누군가는 예를 들어 르네상스 미술에 대해 다음처럼 주장할 수 있다. 르네상스 그림들은, 성서 이야기를 묘사하기 위해 전통적으로 마련되어온 성스러운 공간과 일상적 삶이 이루어지는 세속적 공간의 경계를 넘어섰기에 자연 그 자체를 발견했다고 말이다. 마찬가지로 누군가는 초현실주의는 전통 예술, 개인들의 비전과 원시 예술의 꿈의 공동 토대인 무의식을 발견했다고 주장할 수 있다.

이와 같은 방식으로 창의성 이론은 문화적 가치와 세속적인 것을 매우 특수한 관계 속에서, 지극히 제한된 문화적 공간과 세속적 공간 속에서 비교하는 특정한 비교 전략에 보편적 의미를 부여한다.

비교의 제3지점으로 기능하는 원리에 이런 보편적 의미가 부여되는 것과 동시에 이 원리는 또한 혁신의 원천으로 간주되면서, 마치 르네상스 그림들은 자연 자체로부터 산출된 것이고, 초현실주의 그림들은 무의식의 직접적 표명인 듯 여겨지게 된다. 이를 통해 제3의 창의적 원리의 직접적 표명은 절대적으로 특권화된 지위를 얻게 됨으로써 그 표명이 모든 것과 모든 것을 비교하는 보편적 대응물이 된다. 가치 있는 것과 무가치한 것 사이의 경계는 소멸하게 된다. 모든 가치를 포괄하는 은폐된 것의 계시를 통해 그 경계가 무효화되는 것이다.

'관습적' 가치와 위계의 경계로부터 독립적인 비교 지점을 천명하기 위해, 여기서는 예술작품과 이론적 담론 내에서 가치 위계의 무효화가 주장된다. 그렇지만 예술도 담론도 가치 위계를 무효화할 수 없다는 사실은 쉽게 알 수 있다. 예술과 담론은 가치화된 문화적 전통에서는 물론 세속적 공간에서 비롯하는 다양한 요소를 포함하는데, 그들은 서로 외적이고 전략적인 상호 관계를 갖는다. 르네상스 시대 그림에서 전통적 모티프와 묘사 방식뿐 아니라 당대 세속적 현실에 대한 지시를 발견할 수 있는 이유도 여기에 있다. 르네상스 그림에서 이 두 층위는 서로 구별되지 않을 정도로 완전히 섞여 있지 않다. 오히려 정반대다. 두 층위는 구별되어 확인 가능 하다. 이러한 자율성과 확인 가능성이야말로 이 두 층위 사이의 긴장 관계—동시에 긴장 관계의 극복—에 대한 보증이며, 이 긴장이 곧 르네상스 그림의 혁신 전략이다. 초현실주의 그림도 마찬가지인데, 초현실주의 그림은, 특정한 문화적 전범을 명시적으로 끌어들이면서 동시에 그 전범을 사용하는 데서 보통 무의식의 작업이라 지칭되는 일정한 전위轉位를 행한다.

모든 예술작품과 모든 이론적 작업은 그 자체로 분열되어 있다. 이들 속에는 서로에 완전히 녹아들지 않는 두 가치 층위가 있다. 예술작품 또는 이론은 가치를 초월하면서 숨겨져 있는 어떤 리얼리티의 창조적 표명이 아니다. 예술과 이론의 영향력은 외적이고 가치 중립적인 원리에서가 아니라 그 자신 속에 있는 상이한 가치 차원 사이의 긴장감에서 온다. 이 긴장이 클수록 그 영향력 또한 커진다. 그렇기에 최고의 문화적 요구와 가장 세속적이고 무가치하며, 사소한 사물이 결합되어 있는 작품들이 특히 강한 영향력을 행사하는 것이다. 이러한 작품은 급진적으로 새로운 것이라 여겨지고 문화적 아카이브에 수용될 큰 기회를 갖게 된다. 문화적 요구가 약화되거나, 가치절상된 세속적 요소들이 이미 가치화된 전통을 너무 많이 상기시키면 긴장감이 떨어지며, 이런 작품은 흥미롭거나 새로운 것으로 수용되지 않는다.

이와 같은 관점에서 보면, 낡은 창의성 이론이 혁신의 경제 전체에서 수행하는 기능이 무엇인지 분명해진다. 최고의 가치 요구를 보증하는 것이다. 이 점에서 창의성 이론은 가치 요구의 한 부분이며 전적으로 정당하다. 창의성 이론은 극단적으로 세속적이게 보이거나 들릴 수 있는 작품을 최고의 문화적 가치들과 결합하고, 이를 통해 작품을 이루는 긴장을 산출한다. 설명 없이는 이해하기 어려운 난해함 Erklärungsbedürftigkeit은 자주 현대 예술의 결점으로 지적된다. 예술을 단순하게 보고 직접 체험할 수 있어야 한다는 요구가 반복적으로 제기된다.[6] 하지만 정작 그러한 직접적 체험이란 아무 힘도 갖지 못하는데, 통상 작품에서 눈에 보이는 것은 관람자에게는 그 외적 세속성 면에서 친숙한 것이기 때문이다. 이런 가시적인 것과 설명 사이의 긴장감이 없으면 작품은 도무지 작동하지 않는다.

이론 형성의 경제에서 이와 같은 기능을 수행하는 것이 특정한 설명 전범이다. '모든 것'이 하나의 근본 원리에서 설명된다면 이러한 원리는 최고의 가치를 가진 것이 분명하다. 이 원리가 세속적 공간에서 얻어지는 것일 때 우리가 찾는 내적 긴장감이 발생한다. 일례로 시장, 권력, 성 혹은 일상 언어에 호소하는 설명들은 바로 이러한 정황情況, Konstellation 으로부터 매력적이 된다. 새로운 이론이란 언제나, 원리는 세속적인 것에서 가져오지만 그 원리에 보편적 설명이라는 기능 곧 전통적으로는 최고로 가치 있는 원리에서 도출되는 자리가 부여되는 이론이다.

위에서 말한 바는 예술작품과 이론저작물을 둘러싼 담론에서도 마찬가지다. 문화적 실천에서 최종적으로 흥미로우며 혁신적이 되는

---

6   설명 없이 이해하기 어려운 현대 예술의 난해함이라는 양가적 문제에 대해 겔렌은 이렇게 이야기한다. "그림으로부터는 분명하게 읽히지 않는 의미가 그림 옆에 있는 주석으로, 미술 관련 책으로, 나아가 모두 알고 있듯 미술에 대한 수다로 자리 잡았다."(Arnold Gehlen, *Zeit-Bilder: Zur Soziologie und Ästhetik der modernen Malerei*, Frankfurt a. M., Bonn: Athenäum, cop., 1960, 54.) 겔렌의 시각에 의하면, 예술은 이 난해함을 부인하는 대신 오히려 그것을 명시적으로 명명해야 한다. "그래서 우리는 이제 '개념적 회화(peinture conceptionelle)'를 선호하는 바다. 그것은 그림의 개념 속에 자신의 존재근거에 대한 테제를 집어넣고 그 테제와의 관계 속에서 묘사 수단과 형상 원리를 사유하는 회화다."(같은 책, 162.)

예술작품 또는 이론에 대한 해석은 그 내부에 가치화된 층위뿐 아니라 세속적 층위를 모두 갖고 있는 해석이다. 예를 들어 〈모나리자〉 같은 고전적 미술작품에 대해, 이 작품이 상품 생산과 상업적 예술 소비로의 이행에 대한 표명이라고 말하는 것이 흥미로운 이유는, 이런 해석이 가치화된 문화적 판정과 세속적인 문화적 판정을 서로 관계 맺게 하기 때문이다. 이와 같은 점에서 누군가가 〈모나리자〉는 선과 색과 면의 특정한 조합이라고 말하면서 〈모나리자〉를 추상미술과 관련시키거나, 〈모나리자〉는 도착적이고 데카당적인 욕망을 특별한 방식으로 드러내고 있다고 말하면서 〈모나리자〉를 초현실주의와 관련짓는다면 흥미로울 것이다. 이 흥미로운 해석의 [경우의] 수는 아주 많을 수는 있지만 결코 무한하지는 않다. 이들 설명은 이미 잘 알려져 있는 것들이다. 이와는 달리, 문화적으로 가치화된 것과 세속적인 것이 새로운 관계를 맺게 하는 새롭고 흥미로운 해석을 〈모나리자〉에 부가하기는 쉽지 않다. 이는 새로운 예술작품을 창작하기만큼이나 어렵다. 오늘날 특히 자주 거론되곤 하는 해석의 무한성이란 생각할 수는 있지만 그를 실지로 현실화할 수는 없다는 것이다.[7] 그렇기에 해석의 체계 역시 대학, 학술 출판사, 도서관 등 그에 상응해 위계적으로 수립된 사회적 제도들에 의해 아카이브화되고 관리되는 것이다.

---

7   "세계가 무한한 해석을 자신 속에 포함하는 가능성을 외면할 수 없는 한, 세계는 오히려 우리에게 다시 한번 '무한한 것'이 되었다. 다시 한번 큰 두려움이 우리를 감싼다. (…)"(Friedrich Nietzsche, *Die fröhliche Wissenschaft*, V. Buch. N. 374.)

문화적으로 가치화된 층위와 세속적 층위는 개별 예술작품 내에서도 분리되지 않은 채 교차하지만 그렇다고 유기적으로 하나의 전체로 녹아들어 있지도 않다. 예술작품 내에서 이 두 층위는 분명하게 인식할 수 있기에, 차이와 해석의 무한성으로 남김없이 해소되지 않는다. 이러한 가치의 양분兩分은 개별 예술작품에서도 담론에서도 지양되지 않는다. 오히려 거꾸로다. 바로 이 이분법이 혁신의 내적 긴장을 만들어낸다. 시간이 지나면 긴장은 약해지고, 혁신은 아카이브화되고 가치화되며 가치 경계는 이동된다. 이제 다음 혁신이 도래하는 때가 된 것이다.

마르셀 뒤샹의 '레디-메이드'

가치화되어 보존되는 문화적 전통과 세속적 사물 공간을 구분하는 경계의 이동으로서의 혁신은, 당연히 가장 먼저 레디-메이드Ready-made의 미학 특히 뒤샹의 작업에서 여실히 드러난다. 그렇다고 해서 새로움을 창출하는 뒤샹의 방법이 다른 여러 방법과 더불어 실행되는 특별한 한 가지 방법으로 분석되거나 일반화될 수 있다고 오해해서는 안 된다. 뒤샹과 그 후계자들은 개인적 프로그램 및 문제들과 대결한 아주 구체적인 예술가였고 그런 예술가들이기 때문이다. 나아가 여기서의 논의가 레디-메이드의 미학과 방법론이 여타의 미학이나 방법론보다 우월하다는 주장으로 받아들여져서도 안 된다. 오히려 그 반대다. 지금까지 이야기된 것은 무엇보다 뒤샹에 의해 실행된 혁신의 전략이 보편적이며 모든 혁신적 제스처에 근거로 놓여 있다는 점을 분명히 하고 있다. 이는 뒤샹이 자신의 특별한 예술적 목표를 달성하기 위해 이 전략을 어떻게 적용했는가와는 무관하다.

뒤샹의 예술적 실천들은 꽤 오래전부터 익히 알려져왔고 ―특히 최근 수십 년 동안― 동시대 서구 미술의 주요한 방향점으로 기여해왔음에도, 오늘날까지 그것으로부터 충분한 이론적 결론이 도출된 바가 없다. 아직도 레디-메이드라는 기술이 수많은 예술 경향 중 하나인 특정한 예술적 방향으로, 마치 다른 예술 경향에서는 그와는 상이한 혁신 방법이 사용되는 양 오해되고 있다. 레디-메이드의 활용, 다시 말해 일상적 삶에서 친숙한 특정 오브제를 사용하기는 뒤샹에 게는 예술생산뿐 아니라 문화 일반의 생산에서 이미 보편적으로 적용되어온 방법을 부각하는 것이었다. 뒤샹은 자신이 사용했던 세속적 대상을 외적으로 변형하지 않음으로써, 이 대상을 문화적으로 가치화 하는 것과 자신의 예술적 변형이 서로 다른 과정임을 보여주었다. 문화적으로 가치화된 오브제가 통상의 일상적 사물과 외적으로 구별된 다면, 이 외적 구별을 '예술적' 오브제와 일상 사물의 가치를 구별하 는 근거로 제시하려는 심리적으로는 전적으로 이해될 유혹이 생겨난 다. 그런데 그와 같은 외적 구별 자체를 포기하면 가치의 전도라는 원리에 대한 질문이 급진적 방식으로 제기된다.

가치의 전도를 문화적 혁신의 원리로 천명한 최초의 인물 니체의 사유의 힘은, 그가 철학 전통 비판을 통해 새로운 철학적 원리를 세우려 했던 것이 아니라 이미 존재하던 철학 외적 특정한 삶의 실천을 철학적으로 가치화하려 했다는 데에 있다. 이 점에서 니체의 사유와 뒤샹의 예술은 동일한 정도로 문화적 혁신에 대한 이해에 돌파구를 낸 사례다. 그런데 둘 중 뒤샹이 더 일관적이다. 니체는 여전히 삶, 디오니소스적인 것, 혹은 힘에의 의지를 니체 자신의 창의성 속에 표명되는 은폐된 리얼리티로 상정하기 때문이다. 이러한 이유로 니체는 자신의 비판적 의도를 문화적으로 아카이브화된 특정한 가치의 전도가 아니라 모든 가치의 전도로 이해한다. 다시 말해, [니체는 자신의 비판적 의도를] 반복되는 혁신의 경제적 논리가 아닌 유일무이한 역사적 사건으로 이해하는 것이다.

이에 반해 뒤샹의 경우는 가치화된 예술의 콘텍스트와 그가 표명하거나 '실현'할 수 있을 세속적 현실 외부에는 아무것도 없다. 그래서 그에게서 남는 가능성은 이미 현존하는 사물의 가치를 전도하는 것밖에 없다. 그는 자기 자신을 '무의식 없는 인간'으로 특징짓는다.[1] 뒤샹을 진지하게 받아들인다면 우리는 그의 예술을 해석하기 위해 어떤 은폐되거나 무의식적인 힘 또는 원리를 찾으려 애쓸 필요가 없다. 거꾸로, 우리는 혁신에 대한 뒤샹의 이해를 진지하게 받아들이는 것이 [우리가] 해석하려는 담론 자체에 무엇을 의미하는가라고 물어야 한다. 이와 같은 이해에서 출발하는 해석은 더는 뒤샹에 대한 의미 설명Deutung이 아니라 뒤샹이 했던 발견의 관점에서 이루어지는 다른 예술 전반에 대한 해석이 될 것이다. 이뿐 아니라 그 해석은 이러한 발견의 견지에서 해석하려는 이론적 담론에 대한 해석이 될 것이다.

달리 말하자면, 이 해석은 모든 혁신적인 예술작품과 혁신적인 이론적 담론에서 다음과 같은 질문에 대한 답을 모색할 것이다. 어떤 종류의 문화경제적 논리가 이런 문화적 현상을 산출하는가, 각각의 경우에서 어떤 세속적 사물이 가치절상 되는가, 어떻게 비교가 이루어지고, 그 비교는 가치화된 문화와 세속적 공간 사이의 경계를 어떻

---

1   한스 리히터(Hans Richter)의 영화, 〈돈으로 살 수 있는 꿈(Dreams That Money Can Buy)〉 (1946~47). 이 영화에 뒤샹의 《회전 부조(Rotoreliefs)》가 나온다.

게 변형하는가. 이 모색에서 당연히 뒤샹의 예술 창작은 비교 분석 대
상이 될 것이다. 그 창작의 산물 역시 유한하고 구체적이기 때문이다.

뒤샹은 한때 예술가들에게 사유하는 법을 가르치겠다고 말했다.
그런데 이제는 비-예술가들도 그에게 사유하는 법을 배울 때다.

레디-메이드는 모든 개별 작업에서 서로 다른 두 가치 차원을 명
시적으로 보여준다는 장점을 갖는다. 세속적 공간에서 가져온 특정한
오브제가 명백히 그 자체로 인식되면서도 가치화된 예술의 콘텍스트
에 놓이게 되면, 가치화된 것과 세속적인 것의 유기적 종합이라는 환
영은 모두 차단된다. 마찬가지로, 이 두 영역을 다 포괄하면서 직접
적으로 그 작업 속에서 표명될 수 있는 다른 원리, 어떤 제3의 원리
에 대한 지시 역시 차단된다. 가치화된 것의 차원에서도 세속적인 것
의 차원에서도 레디-메이드를 포착할 수 있지만, 이 둘은 서로 융합되
지도, 지양되거나 하나의 단일체를 만들지도 않는다. 그 둘 사이 융합
불가능성Unvereinbarkeit이 계속 이 작업의 수용을 규정하는 것이다.

레디-메이드의 테크닉은 20세기의 비평에서 자주 논의되어왔다.
여기서 그 논의를 체계적으로 개괄하기는 가능하지도 적절하지도 않
다. 여기서는 혁신의 방법과 과정을 더 잘 이해하는 데 도움이 되는
해석의 측면 제시만으로 충분할 것이다.

대부분의 사람들은 레디-메이드를 모든 것을 임의적으로 예술적
콘텍스트에 가져옴으로써 레디-메이드를 가치절상 할 수 있는 예술가
의 완전한 자유의 상징으로 해석한다. 여기서 예술작품은 실체적으
로도 질적으로도 다른 사물과 구별되지 않는다. 실행, 미, 표현성 같

은 모든 전통적 기준은 더는 통용되지 않는다. 이제 예술과 비-예술 사이 구분은 최종적으로 예술가의 자유로운 결단 또는 미술관, 사설 갤러리, 미술비평이나 아카데미의 미술사처럼 예술을 다루는 특정한 사회제도의 산출물이다.

아서 단토Arthur Danto의 『일상적인 것의 변용[The Transfiguration of the Commonplace]』[1981]과 조지 디키George Dickie의 『예술과 미학[Art and the Aesthetic: An Institutional Analysis]』[1974]의 연구에서 레디-메이드는 예술과 비-예술 사이 구분이라는 관점에서 다루어진다. 이 구분의 중심은 일상적 대상이 어떤 변형도 없이 미술작품으로 간주될 수 있 는가라는 질문이다. 두 이론가 모두 이를 긍정한다. 단토에게 예술과 비-예술은 주석註釋적auktorial 의도와 그 의도에 대한 해석 가능성을 통 해 구분된다. 한 예술가가 특정 대상을 예술작품으로 천명하고 그에 상응하게 특정 대상을 다루면, 그 대상은 새로운 차원을 얻게 된다. 그것은 이제 예술적 이념, 개인적 의도, 사적 스타일의 표명이 되는 것 이다. 그런데 여기서 예술은 주석적 의도의 기호로 곧 여전히 은폐된 것의 가시화, 내면성Innerlichkeit의 표명으로 사고되는데, 그에 대한 증 명 과정이란 레디-메이드 예술도 그런 요구를 충족한다는 주장이 전 부다.[2] 디키에게도 예술작품은 숨겨진 의도의 표명이나 기호인데, 개

---

2   단토는 예술작품을 주석적 의도의 표현 곧 주체성, 의미의 표현으로 정의함으로써 레디-메이드에 대한 표현주의적 이론을 만든다. 그는 이렇게 쓴다. "예술작품을 예술작품으로 보는 것 은 단순한 사물의 영역에서 의미의 영역으로 이행하기와 같다."(Arthur Coleman Danto, Max Looser(Übersetzer), *Die Verklärung des Gewöhnlichen*, Frankfurt a. M.: Suhrkamp, 1984, 192.) 여

인적 혹은 주석적 의도가 아니라 사회적이고 제도적 의도라는 점이 단토와 다르다.[3]

"무엇이 예술이냐?"라는 질문은 가치 있는 것과 세속적인 것 사이의 관계를 묻는 질문이 아니다. 그 자체로 명백히 예술임이 확인될 수 있는 예술을 생산하는 것만큼 쉬운 일은 없으며, 실지로 이런 예술은 계속 생산되고 있다. 그렇지만 독창적이고 혁신적이지 않으면 그

기서 근원적인 주석적 의도가 스타일로 정의된다. "스타일이란 한 인간이 배운 것과 획득한 것을 제외하고 존재하는 방식이다."(같은 책, 305.) 단토는 미학적 스타일을 윤리적 스타일과 비교한다. "타당하다 함은 창조적이라는 것이며, 새로운 상황에서 모두에게 타당하다고 인정되는 바를 행하는 것이다."(같은 책, 306.)

3   디키의 '제도적 분석'에 의하면, 예술과 비-예술의 구분은 '예술계'에 의해 행해지며, 예술계는 갤러리, 미술관, 미술잡지와 같은 제도의 체계로 정의된다. "예술제도론은 '누군가가 내가 이것을 예술작품으로 명명한다고 말하는 대상이 예술작품이다'라고 말하는 것처럼 들릴 것이다."(George Dickie, *Art and the Aesthetic: An Institutional Analysis*, Ithaca, N.Y.: Cornell University Press, 1974, 49.) 예술작품은 '그 자체로는' 단순한 사물과 구별되지 않는다. 그래서 디키는 예술작품을 주석적 의도를 통해 정당화하려는 시도를 비판한다. 예술작품 속에서 표현되어야 할 그 의도는 과거의 외부 세계와 같다. "제도론이라는 관점에서 보면 모방 이론과 표현 이론은 둘 다 예술 이론으로 오해되는 이론이다."(같은 책, 51.) 문제는 제도로부터 독립적인 개인 예술가를 수용하려는 순간 예술계의 정의가 곧바로 제도적 경계를 상실해버린다는 점이다. "실지로 많은 예술작품은 단 한 명—창작자—에 의해서만 관람되지만 그래도 여전히 예술이다. 그 개인이 예술계를 대리해서 행동하고, 그 인공물을 향유 대상으로 취급함으로써 예술의 지위가 획득되는 것이다."(같은 책, 38.) 디키는 예술계의 이러한 무경계를 예술계의 "비잔틴적 복잡성(Byzantine complex)"과 "경망성(frivolity)"으로 설명한다. "예술계는 엄격한 절차를 요구하지 않는다. 예술계는 자신의 진지한 목적을 상실하지 않으면서도 경망성과 변덕을 허용하고 심지어 부추기기도 한다."(같은 책, 49.) 예술작품은 여기에서 경망성을 포함하는 자유로운 의지와 이해의 '표현(expression)'이 된다. 제도론의 근본 취지에는 충분히 동의할 수 있다. 예술작품으로 통용되려면 그 예술작품은 먼저 이미 존재하는 예술과의 관련 속에 놓여야 하기 때문이다. 그렇다고 해서 예술작품을 전통 속에 놓는 작동 과정이 자의적이거나 그 형태·구조 및 자기이해와 무관할 수 없다. 예술작품은 '그 자체로' 전통과 연결되어야 하며, 이 작동의 성과는 그러고 나서야 비로소 제도적으로 평가되고 보존되는 것이다.

예술은 가치 있고 미술관에 보존될 만하다고 여겨지지 않는다. 그것은 키치가 된다. 그에 반해 단토가 염두에 두는 뒤샹이나 워홀의 예술은 곧바로 예술로 인정될 수 있기에 가치가 있는 것이다. 이런 예술 또한 다른 모든 것처럼 예술임을 증명하려는 단토나 디키는 이 예술을 가치 있는 것으로 만들어주는 그 문제적 성격을 고려하지 않는다. 오히려 뒤샹과 워홀의 예술을 진부한 것으로 만들고 그 성과를 이해할 수 없게 한다. 예술가의 의도나 제도적 활용을 통해 예술이 비로소 예술이 되는 거라면, 왜 예술가들이 이전의 것에 머무르는 대신 혁신을 통해 바로 그 의도와 활용을 문제시하는지 이해하기 어려워진다. 말하자면, 혁신은 예술이란 어떤 것인가를 계속해서 새로 평가하는 문화경제적 논리에 의해 강제되는 것이다. 레디-메이드 예술도 예술이라는 증명은 레디-메이드 예술에 기여하는 바가 없다.

대상, 자세, 태도 혹은 운명의 세속성과 그와 결합되어 있는 예술적·이론적 요구 사이의 내적 긴장이 혁신에 가치를 부여하며, 그 가치가 세속적 공간과 혁신, 나아가 혁신적이지 않고 진부하며, 정의에 순응하는 예술과 혁신을 구분해준다. 아카이브에 수용되는 예술은 예술 또는 비-예술 사이 명백한 구분을 벗어나는 예술이다. 예술에 대한 전통적 기준들을 충족하지도, 그렇다고 명백하게 세속적 공간에 속하지도 않는, 그러면서 그 둘의 성격을 다 지니고 그 둘 사이의 관계를 다 주제로 삼는 예술 말이다. 이러한 주제화에 성공하는 예술작품이나 이론은 그 주제화를 통해 가치의 전도라는 문화경제적 논리를 따른다. 그 저자가 문화경제적 논리의 역사적 대리인으로 등장한다는 사실만이 그 작품이나 이론을 아카이빙될 만한 것으로 만든다. 그들[저자들]의 개인적 의도, 동기, 감정 또는 전략은 미래 소비자들에게 작품의 매력을 높이는 첨가물로 한몫할 수는 있겠지만 이 관점에서 핵심적으로 중요한 것은 아니다.

뒤샹의 혁신적 제스처가 최종적인 것으로 즉 모든 가치의 전도로 해석되었음에도 불구하고 가치 경계의 횡단은, 이미 말했듯, 늘 일시적이다. 주목할 것은 레디-메이드에 대한 이런 해석이 시간이 지나면서 여러 차례 그 징후를 바꾸었다는 점이다. 처음 뒤샹의 동시대인들은 레디-메이드를 '예술 종말'의 선포라고 파악했다. 가치화된 예술작품과 임의적인 세속적 사물을 동렬에 놓은 것을 두고 그들은 과거의 모든 예술작품, 아울러 현재의 모든 예술적 실천을 무가치하고 무용하다고 천명하는 일이라고 이해했다.[4] 이에 따라 뒤샹의 레디-메이드를 수용하거나 그것에 대항하는 논쟁은, 작가들이 얼마만큼 혁명적으로 예술 그 자체에서 벗어나는지, 모든 위계와 가치 구분이라는 파괴를 얼마만큼 수용하고, 세속적 공간을 통해 완전히 예술을 흡수해버리는 데 [얼마만큼] 적응하는지에 달려 있었다.

그런데 시간이 지나 뒤샹의 레디-메이드와 레디-메이드 미학이 미술사 내에서 영예로운 자리를 차지하기 시작했을 때는 예술의 가치 절하보다 세속적인 것의 가치절상이 강조되었다. 이에 따라 비관주의

---

4   일례로 이러한 평가는 Hans Richter, *Dada-Kunst und Antikunst*, Köln: Dumont, 1964, 212에서 찾을 수 있다.

적 정조도 차츰 낙관주의적으로 변했다. 레디-메이드에서 세속적 공간 전체를 가치 있는 예술의 차원으로 고양할 가능성이 탐구되었는데, 이는 19세기 자연주의가 적용했던 것과 유사하지만 그보다 더 급진적이고 기술적으로 훨씬 단순한 형태였다. 이후 미국의 팝-아트에 레디-메이드 테크닉은 예술의 종말이 아니라 미술에서 낡은 유럽 헤게모니의 종말이자, 예술 전통에 시각적 현재 세계의 산출물을 가져온 미국 미술이 주도하는 새로운 시대의 시작을 알리는 증거로 여겨졌다. 이를 통해 레디-메이드는 가치 있는 것과 무가치한 것을 규정하는 데서 예술가의 완전한 자유라는 긍정적 기호가 되었고, 이 자유는 모든 가치 위계를 개인의 결단 의지에 자유민주주의적으로 복속시키는 것을 상징하게 되었다.[5]

그런데 차츰 모든 레디-메이드가 예술적 콘텍스트에 자리 잡는 것은 아니라는 사실이 드러났다. 예술가는 이 시점에 이미 자유로운 존재로 천명되었고 질과 가치·위계 등을 판단하는 객관적 기준들은 이미 철폐된 것으로 여겨졌기에, 자연스럽게 사람들은 그렇다면 [전시 작품] 선택은 갤러리스트, 미술관 관련자들과 컬렉터들의 공모로 결정된다는 결론을 내렸다. 높은 [전시 작품] 가격을 유지하기 위해 이들이 오브제의 수를 의도적으로 제한한다는 것이다. 사실 뒤샹 역시 특

---

5   이런 관점에서 특징적인 것은 워홀의 전략에 대한 서술의 양가성이다. 벤저민 부클로는 워홀의 전략을 상업예술의 방법을 고급예술에 전이한 것이라고 서술한다. Benjamin Buchloh, "The Andy Warhol Line," Gary Garrels(ed.), *The Work of Andy Warhol: Discussions in Contemporary Culture* No. 3, DIA Art Foundation, Seattle: Bay Press, 1989, 52ff.

정한 이유를 언급하지 않은 채 레디-메이드의 수를 제한하려 한다고 말한 바 있다. 사람들은 여기에는 엄격한 상업적 계산이 작동하고 있다고 보았다. 모든 사물이 근본적으로 동일하다면, 그 사물들 사이의 사실적 비동일성은 세속적 조작에 따른 결과일 수밖에 없다. 이로써 예술가들은 시간이 지나면서 자신들이 올바른 상업적 전략이라고 여기는 것을 의식적으로 실행하거나, 레디-메이드를 예술의 종언은 아니지만 예술에 대한 사회적 가치화라는 메커니즘에 제기되는 영속적 비판으로 고찰하기 시작했다. 오늘날 예술에서 이 두 흐름은, 대부분의 경우, 상업적 미술에 가해지는 비판이 최선의 상업적 전략을 찾는 일과 수렴하는 방식으로 서로 조합된다.

이러한 해석 노선에 따르면, 보편적 비교라는 원리로서의 자유 곧 개인의 실존적 자유 아니면 사회적·정치적 결단이라는 자유가 레디-메이드의 통일성Einheit을 보증하며, 이 자유는 오로지 외적으로만 제한된다. 여기서 레디-메이드의 미학은 이미 오래전부터 더는 독창적이거나 혁신적이지 않은 것으로 여겨진다. 뒤샹은 예술 창조의 새로운 가능성을 열었을 뿐만 아니라, 동시에 이 새로운 예술 창조 개념을 실현하는 예술이 이제는 필연적으로 다시 관습적이고, 사소하며, 흥미롭지 않은 것으로 보이게 됨에 따라 그 예술을 폐기해버린 것이다. 뒤샹이 개척한 길을 열어놓기 위해 사람들은 논의를 문화경제적 혁신의 차원에서 개인적 내용의 차원으로 돌린다.[6]

6   뒤브는 프로이트의 전통을 좇으면서 예술작품을 성스러운 텍스트로 읽고자 한다.(Thierry

오늘날의 비평은 레디-메이드를 선택하는 순간 뒤샹을 배후 조정 했다고 여겨지는 은폐된, 무의식적이며 리비도적인 결정 인자를 찾으려 한다. 실지로 뒤샹이 작품 〈샘[Fontaine]〉[1917]에 소변기를 선택한 것은 그의 다른 레디-메이드와 마찬가지로 폭넓게 이해되는 정신분석의 맥락에서 손쉽게 해석할 수 있으며, 마찬가지로 뒤샹과 밀접히 관련되어 있던 초현실주의자들의 발견된 오브제Objet trouvé에 대한 공통 관심의 맥락에서도 해석할 수 있다.[7] 여기서 특정한 레디-메이드의 선택은 결코 자유롭지 않고 오히려 욕망 기계와 페티시즘적 고착에 의해 명령된 것이 되고, 그렇기에 가치화된 예술과 세속적 공간 사이의 가치 경계를 횡단하는 일은 처음부터 추구된 전략적 목표가 아니라 욕망의 숨겨진 작업에 따른 부산물이 된다. 비교 원리를 전략적 의식 차원에서 무의식과 욕망의 차원으로 돌리는 것은 동시에, 왜 뒤샹 이후에도 레디-메이드를 지속하는 게 가능한가라는 설명을 제공하는 것처럼 보인다.

모든 레디-메이드는 그 자체로 세속적 공간만을 재현할 뿐이라고 믿는다면, 실지로는 단 하나의 레디-메이드만 존재할 수 있게 된

de Duve, Urs-Beat Frei(Übersetzer), *Pikturaler Nominalismus: Marcel Duchamp. Die Malerei und die Moderne*, München: Schreiber, 1987, 7.) 여기에서 뒤브는 뒤샹의 작품을 라캉의 이론에 따라 "거기에서 예술가-주체의 실천이 재형성되는 기표로의 복속의 수사학"으로 읽는다.(같은 책, 230.)

7   뒤샹을 무의식에 대한 초현실주의 이론의 맥락에서 해석하는 입장은 다음을 보라. Rosalind E. Krauss, *The Originality of the Avant-garde and Other Modernist Myths*, Cambridge, Mass: MIT Press, 1988, 196~209.

다. 이에 따르면, 어떤 임의적인 사물도 예술의 콘텍스트에서 세속적 공간을 그 전체성 속에서 가치화하게 할 수 있기 때문이다. 가치 위계의 지양을 드러내고, 예술의 종말 혹은 세속적의 것의 종말을 각자의 취향에 따라 표시하기 위해서는 단 하나의 레디-메이드 예를 들어 뒤샹의 〈샘〉만으로도 충분하다. 레디-메이드가 예술가의 은폐된 소망, 그의 무의식적 제의와 페티시즘적 고착을 표명하는 것이라면 이야기는 달라진다. 이렇게 되면 세속적 공간은 동질적이기를 중단하고 무의식이 표명되는 영역이 된다. 뒤샹의 레디-메이드들이 청중에게 매우 폭넓게 알려진 후에도 오랫동안 광범위한 예술운동을 촉발하지 못했던 이유도 여기에 있다. 뒤샹의 방법을 어떻게 지속할 수 있을지가 불명확했던 것이다. 마침내 다양한 무의식 이론 특히 구조주의와 이후의 포스트구조주의가 그 길을 제시했다.

구조주의에 있어서 세상의 모든 사물은 특정한 은폐된 체계, 의미 연관, 구조, 신화, 제의와 언어의 기호로 등장한다. 그 결과 세속적 공간은 중립성을 상실함과 동시에 가치화된 문화적 기억과 세속적 공간의 엄밀한 구분이 사라진다. 로베르 필리우Robert Filliou는 한때, 다른 문화권에서라면 뒤샹의 〈샘〉은 특정한 문화적 의미를 얻을 수도 있었을 것이라고 말한 바 있다.[8] 이러한 해석에 따르면, 예술가는 무의식의 메커니즘을 경유해, 레디-메이드의 도움으로 자기 고유의 신화를 창

---

8 퀼른 루트비히 미술관의 전시 카탈로그에서. *Übrigens sterben immer die anderen. Marcel Duchamp und die Avantgarde seit 1950*, Köln: Museum Ludwig, 1988, 284.

조하거나 은폐된 사회적 신화를 발견할 가능성을 얻는다. 여기서 레디-메이드에서는 자유 대신 무의식이 그 통일성을 보증하는 비교의 제3지점이 된다. 그렇게 요제프 보이스Joseph Beuys, 마리오 메르츠Mario Merz, 필리우, 마르셀 브로타에스Marcel Broodthaers, 크리스티앙 볼탕스키Christian Boltanski, 야니스 쿠넬리스Jannis Kounellis, 레베카 호른Rebecca Horn 은 레디-메이드 미학의 다양한 변용을 통해 그 안에서 여러 세속적 사물이 상징적, 마술적 혹은 에로틱한 의미를 얻는 각자 고유의 유사-신화적 공간들을 창출한다. 한스 하케Hans Haacke는 같은 미학을 사회 비판으로 사용하며, 워홀의 작업이나 러시아 소츠-아트[Sots-Art] 예술가, 제프 쿤스Jeff Koons의 레디-메이드는 사회 비판의 변종이면서 동시에 자기 고유의 신화를 창조하는 것으로 파악할 수 있는데, 여기에서는 자기 고유의 신화가 사회적 신화의 재료에서 만들어지기 때문이다.

이와 같은 형태로 뒤샹의 레디-메이드 미학은 ―물론 상당할 정도로 변화되어― 사실상 우리 시대 예술의 특정한 미학이 되었다. 그것이, 예술이 다시 강력한 표현력을 갖고 개별적이면서도 풍부한 내용을 가질 가능성을 열어주었기 때문이다. 뒤샹 자신은 모든 차원의 표현성을 제거하려 했으며, 예술적 전통의 바깥에서 문화적 연상, 의미와 지시의 복잡한 체계에 속하지 않는 오브제를 가치화된 문화적 콘텍스트에 놓으려고 했다. 이러한 전략이 고전적 아방가르드를 특징 지웠다. 고전적 아방가르드는 예술가의 완전한 자유를 시위하고demonstrieren, 그 오브제들에 새로운, 예술가 스스로에 의해 지금 여기서 창조된 의미를 부여하기 위해 비-전통적이고 세속적인 오브제를 즐겨 사용했다. 그런데 구조주의, 정신분석학, 비트겐슈타인의 언어 이론, 그 밖의 비견될 이론들이 이러저러한 방식으로 무의식 개념을 작동시키면서, 중립적이고 순수하게 세속적인 사물이란 존재하지 않으며, 모든 사물은 ―겉보기에는 숨겨져 있는― 의미를 지니고 있음을 설득력 있게 증명했기에, 이제 순수하고, 의미가 결여되어 있으며, 문화에 오염되지 않은 사물에 대한 초기 아방가르드의 지향은 우리 시대에는 더는 가능하지 않은 것으로 보인다.[9]

이러한 이론을 전유하고 난 결과, 예술에 대한 이해는 오늘날 근본적으로 다시 아방가르드 이전과 같은 상황에 처하게 되었다. 사람들은 다시 예술적 개별성과 표현력, 그 속에 표현되는 이념, 그 이념에 의해 창조되는 개별적 세계, 유일무이성, 그 속에서 표현되는 개별적 예술 경험의 깊이와 같은 개념들을 가지고 예술을 이해하고 묘사한다. 이런 관점에서 레디-메이드의 테크닉은 이전 세기 말 프랑스 살롱을 상기시키는 국제적 예술 살롱의 새로운 버전처럼 보인다. 곧, 전통 회화나 조각들과 본질적으로 구분되지 않는 특정의 프로페셔널한 표현 형태들의 총체로서 말이다. 오늘날에도 이전과 마찬가지로 다시 표현력과 풍부한 내용이 중요한 것으로 언급된다. 오늘날에는 [그것이] 캔버스나 돌에 세속 세계를 모사하는 것이 아니라 세속 세계에서 오

---

9   일상을 기호학적으로 묘사한 최초의 책 중 하나는 Roland Barthes, *Mythologies*, Paris: Éditions du Seuil, 1957이다.

브제를 선택하는 특정의 전략을 통해 이루어진다는 점이 다를 뿐.[10]

다른 한편으로 세계의 일반적 기호로서의 성격이 승인된 이데올로기가 된 후, 오늘날에도 예술적 전략들이 전적으로 무의식에 의해 명령된 것이라고는 진지하게 주장되지 못하게 되었다. 이미 초현실주의자들이 무의식을 자신들의 철저히 의식적인 예술적 실천의 명시적 주제로 삼은 바 있다. 오늘날 한 예술가가 자신이 작업할 오브제의 선택을 고심할 때, 그는 먼저 주변을 둘러보며 이미 행해진 것은 무엇이고 동시대인들이 이미 행한 것은 무엇인지를 확인한다. 자신만의 기호-오브제 영역, 자신만의 작업 방식을 발견하기 위함이다. 왜 다른 오브제가 아니라 바로 그 오브제로 작업하는지 ―예를 들어 깨진 접시가 아니라 찌그러진 차체를 사용하는지― 질문을 받으면, 예술가는 그 오브제에 "관심이 있기 때문"이라고 답한다. 이 대답은 여러 가지로 해석될 수 있으나 실상 그것이 의미하는 바는, 그는 다른 예술가들이 그 오브제 영역을 아직 작업하지 않았기 때문에 그 오브제를 선택했다는 것이다. 말하자면, 여기서도 새로움의 원리가 작동하고 있

---

10 일례로 아래 문장은 레디-메이드 미학이 어떻게 '형이상학적으로' 재의미화될 수 있는지 보여준다. "이를 통해 이번 전시 작품 선택의 실마리가 주어졌다. 이 전시는 어떻게 보이스가 모든 목석 합리적 이성, 자연의 착취만을 향하는 이성을 단호히 거부하면서 자연을 포이에시스의 징표 아래 포착하고 싶어 했는지 보여준다. 포이에시스는 진리의 일어남과 산출, 순수한 만듦이다."(Joseph Beuys, Armin Zweite(Hrsg.), "Vorwort zum Katalog der Ausstellung," *Joseph Beuys: Natur, Materie, Form* in der Kunstsammlung NRW, Düsseldorf 1992.) 마치 예술 창조는 어떤 만듦도 아니라는 듯, 예술 창조는 자연에 대한 미학적 착취가 아니라는 듯, 그것은 목적 합리적이지 않다는 듯, 마치 우리가 예술을 이성의 역사에서 분리할 수 있다는 듯, 테크네로서의 예술이 테크닉의 타자라도 되는 양.

다. 즉, 아직까지 예술적 지위를 얻지 못하던 무엇인가가 선택되고 있다. 그렇지만 이는 이전 시대 아방가르드의 급진적 새로움은 아니다. 여기서는 특정 종류의 오브제가 문화에 의해 점유되는 공간에서 추가적으로 가치절상 될 뿐이지 모든 전통을 넘어서는 새로운 세속적 사물이 발견되는 것은 아니기 때문이다. 사실상 이전 시대 화가들도 이와 같은 방식으로, 어떤 이는 말과 소에, 어떤 이는 도시 풍경에, 어떤 이는 야외 정물화에 관심을 가졌었다.

새로운 미술의 혁신적 힘을 이렇게 부차적인 것으로 환원하는 건 정당하지 못할 것이다. 오늘날 미술은 이미 알려진 오브제를 더는 도발적이지 않은 방식으로 사용하면서 관람자의 주의를 그 오브제에서 그 오브제가 등장하는 콘텍스트로 돌린다. 뒤샹 이후 새로운 미술은 이전에는 관심의 대상이 되지 못한 미술의 사회적, 정치적, 의미론적 혹은 매체적 환경과 대결한다. 그렇기에 오브제의 선택은 예술가의 개인적 선호에 따라 선택되는 것이 아니라 문화경제적 논리에 종속되는 것이다. 다시 말해, 이 선택은 이전에는 이미지의 배후 혹은 이미지의 그림자 속에서 보이거나 추정되기는 했으나 가치 있거나 예술적일 수 있다고 여겨지지 않았던 콘텍스트에 주목하게끔 하는 것이다.

일례로, 마이크 비들로Mike Bidlo나 셰리 레빈Sherrie Levine 같은 전유주의자Appropriationist들은 유명한 미술작품의 복제를 레디-메이드로 사용하면서 다시 그 작품들을 가치절상 한다. 이 복제는 훼손되거나 파괴되지 않는다. 이전이라면 이 복제는 원본과의 거리 속에서 주시되지 않았기에 가치 있는 것으로 여겨지지 않았다. 발터 벤야민Walter Benjamin이 정식화한 복제 이론에 의해 비로소 그 거리가 가시화되었다.[11] 원작을 훼손하려는 예술가의 의도 없이도 오늘날 우리는 원작과 그 복제 사이의 가치 차이를 사유할 수 있고, 그로부터 무가치한 복제를 문화적으로 독립적인 현상으로 승인할 가능성도 생겨난다. 우리는 이를 새로운 세속적 공간에 대한 독창적인 발견이라고 정당하게 말할 수 있다. 이 공간은 〈모나리자〉를 훼손한 뒤샹의 복제보다 더 세속적인데, 그 이유는 '제1세대'의 고전적 레디-메이드가 예술가의 직접적이고 능동적인 개입Intervention과 관련되어 있었다면, 이후 '전유주의' 세대의 레디-메이드는 더는 그렇지 않기 때문이다. 전유주의 세대에게는 원작을 복제하는 예술적 실천을 수동적으로 감수하는 작용이 원작에 대한 월권Überschreitung으로, 그리하여 새로운 예술적 가치로 평가된다. 직접적이고, 훼손을 가하는 예술가의 개입이 그 새로운 예술적 가치에 준하는 해석으로 대체되는 것이다.

이와 같은 해석은 기호 이론과 무의식 이론을 전제로 한다. 이 이론들은 단순한 사물에 기호로서의 품위와 가치를 부여한다. 동시

11   겔렌은 앙드레 말로의 '상상의 박물관' 혹은 '복제 미술관'이라는 아이디어를 따르면서, 이렇게 복제된 미술작품에서 모든 주석적 의도와 아우라에서 벗어난 "순수하게 미술적인 것의 추상"을 본다. "이 추상의 견지에서 개별 미술작품은 아무것도 말하지 않고(aussagelos), 우리를 깜짝 놀라게 하는 그 공허한 형식의 매력을 발하는데, 우리는 이를, 표현주의자들이 콩고 가면을 사용했던 것처럼, 알려지지 않은 바이러스를 통한 자가감염으로 사용할 수 있다"(Arnold Gehlen, *Zeit-Bilder: Zur Soziologie und Ästhetik der modernen Malerei*, Frankfurt a. M., Bonn: Athenäum, cop., 1960, 48.) 이를 통해 복제는 다시 예술적으로 능동적이고 생산적인 것이 된다.

에 전통적인 기호의 물질성 혹은 사물성이 테마화된다. 이러한 점에서 이 이론들은, 사물이 무의식적 기호가 되고, 기호가 무의식적 사물이 된[12] 근대 미술의 혁신 방법과 근친적이다. 예술적 실천 역시 이론적 담론과 동일한 혁신 전략의 지배를 받는다. 세속적인 것을 가치절상 하고 전통을 가치절하 하려는 전략이 그것이다. 그렇기에 예술은 은폐된 현실을 묘사한다고 주장하는 이론적 담론을 자신의 토대이자 정당화로 끌어들일 수 없다. 그 이론적 담론은 동시에 예술적 전략이기도 한 특정한 혁신 전략을 그저 반복하는 것에 다름 아니다. 같은 이유로 이론적 담론 역시 어떤 객관적인 것으로서의 예술적 실천에 의거할 수 없다. 이는 혁신이란 어떤 숨겨져 있는 원리나 힘의 작용으로 설명될 수 없음을 의미한다. 이러한 힘의 묘사나 발견이란 늘 상응하는 혁신 전략이 만들어내는 사건이며 그와 동일한 문화경제적 논리의 심급인 것이다.

---

12   바르트는 이렇게 말한다. "사물의 해석이라는 작용을 어떤 차원에서 행하든, 우리는 의미가 인간과 사물을 완전히 관통하고 있음을 알 수 있다. 의미의 밖에 있는 사물 다시 말해 경계에 있는 사물이 있을까? 나는 없다고 생각한다. 어떤 무기표적(nicht signifikantes) 사물이 사회에 의해 받아들여지자마자 —나는 이것이 존재할 수 없다고 보지 않는다— 그것은 적어도 무기표(Insignifikanten)의 기호로 기능하고, 무기표적인 것을 의미하게 된다."(Roland Barthes, *Das semiologische Abenteuer*, Frankfrut a. M.: Suhrkamp, 1988, 196.) 모든 사물을 기호로 해석하는 것은 기표의 물질성에 대한 기호학적 강조의 귀결이다.

부정적 순응

혁신 전략을 이해하려면 우리는 레디-메이드 미학이라는 틀 안에서 어떻게 특정한 오브제가 세속적 콘텍스트에서 미술의 가치화된 콘텍스트로 전위되는지 검토해야 한다. 사람들은 세속적 오브제가 단지 제도적으로 전위된다고, 예컨대 뒤샹의 소변기는 그저 시장에서 미술 전시장으로 옮겨졌을 뿐이라고 믿는다. 그러고는 예술작품 그 자체가 아닌, 예술작품에서 표명될 뿐인 다양한 외적 요소가 혁신 공간을 형성한다는 결론을 도출한다. 그렇지 않다. 가치의 전도는 언제나 작품 내재적 해석을 통해 일어난다. 이 해석은 오브제와 필수적 관계를 맺고 있으며 혁신적 작품의 통합적 부분이다. 다시 말해, 해석은 시각적으로 미술 오브제 속에 장착된다. 일례로 우리는 뒤샹이 자신이 구입한 소변기를 아래로 돌려세움으로써 '샘Fontäne'이 되었다는 사실에 주목해야 한다. 이를 통해 뒤샹은 자신의 오브제를 역사적으로 형성된 샘의 양식이라는 가치화된 예술 전통에뿐만 아니라 일상용품으로서의 소변기에도 대립시킨 것이다.

이 돌려세움을 통해 소변기는 탈기능화되어 관람의 대상이 되었거니와 그를 통해 생겨난 새로운 형태는 일련의 문화적 연상을 불러내게 되었다. 뒤샹의 동시대인들은 〈샘〉의 형태에서 아이콘화된 성모의 윤곽이나 동양에는 널리 퍼져 있고 당시 서구에서도 인기가 많던 앉아 있는 부처佛의 모습을 보기도 했다.[1] 이 부처의 이미지는 모든 가치에 대한 절대적 평정심—중요한 것과 중요하지 않은 것을 더는 구분하지 않는 명상—을 지칭하는 데 사용되었다. 뒤샹의 〈샘〉은 이렇게 좌불의 이미지를 연상시킴을 통해서도 총체적 가치전도의 기호로 여겨질 수 있다. 그렇기에 우리는 〈샘〉에는 시각적 차원에서도 가치화된 문화적 계열에 속하는 특정 요소가 존재한다고 말할 수 있다. 이 요소들에는 오브제가 불러내는 에로틱한 연상도 포함된다. 이는 무의식을 지시하기보다는 당시에도 충분할 정도로 가치화된 무의식 담론들 그리고 초현실주의의 예술적 실천을 지시하는데, 뒤샹의 다른 작업들에서도 이와 유사한 문화적 지시를 찾을 수 있다.

뒤샹의 작업에는, 위에서 말했듯, 늘 두 층위의 지시가 포함되어 있다. 한 층위는 가치화된 문화적 전통을 지시하고, 다른 층위는 '현실 그 자체'를 연상시키는 세속적이고 무가치한 공간을 지시한다. 〈모나리자〉를 훼손한 복제 작업에서도 승인되는 고급 전통에 대한 연관성은 익살스러운 훼손과 대도시 그라피티를 생각나게 하는 외설스러운 글자들과 맞서고 있다. 〈샘〉은 관조적으로 만사를 포용하는 평정심을 근대의 익명적이고 산업적인 대량 생산품과 한 작품 속에 관련시킴으로써 그러한 맞섬을 더 미묘한 방식으로 연출한다. 한 작품 속

---

1   이에 대해서는 다음을 보라. William A. Camfield, *Marcel Duchamp. Fountain*, Houston, Tex.: Houston Fine Art Press, 1989, 29ff.

에 이러한 두 층위가 존재함으로써 작품의 가치를 형성하는 긴장감이 발생하는 것이다.

〈샘〉에서 전통은 두 상이한 방식으로 연계된다. 뒤샹은 먼저 수많은 일상용품 중 한 오브제인 소변기를 선택하는데, 소변기는 형식적으로 볼 때 고급예술 전통과는 가장 급진적으로 단절된다. 당시 사람들은 산업적 생산의 무정無情한 기능성을 수공적이고 예술적인 전통을 끌어들여 미적으로 보상하려 했는데, 아방가르드는 반대로 그 차가운 기능성을 새로운 미학으로 천명했다.[2] 사회적으로 억제되는 오브제인 소변기는 미적으로 상찬되기 위한 목적으로 생산되는 게 아니기에, 형식적 차원에서 이 새로운 미학을 가장 구체적으로 대변한다. 그래서 뒤샹의 시대에 소변기는 미적으로 볼 때, 전승된 가치 표상에 대해 자동차나 비행기보다 더 분명하게 정의된 대안을 제공했던 것이다.

따라서 뒤샹이 소변기를 선택한 것은 자유롭지도 자의적이지도 무의식의 명령에 따르지도 않은 전략적으로 필연적인 것이었다. 이 선택의 전제 조건은 상이한 시대의 서로 구별되고 대조적인 미적 양식들이 역사적으로 비교되며 보존되어 있는 미술관의 존재다. 그로부터, 현재 전체, 그리고 현재의 대변자로서 자기 자신이 미술관에 지속적으로 보존되려면, 현재를 미술관의 비교 속에서 하나의 특별한 양

---

2   일례로 다음을 보라. Nikolaï Taraboukine, *Le Dernier tableau. Du chevalet á la machine*, Paris: Champ Libre, 1972.

식으로 정의해야 할 과제가 생겨난다. 이러한 유사-고고학적 관점 또는 미술관적 관점에는 자신만의 현재, 살아 있는 현재는 이미 소멸되고 엑조틱하며 낯선 것으로 ―곧 레디-메이드로― 보인다.[3] 미적 대조, 낯섦, 엑조틱 혹은 타자성 원리에 따른 선택은 미술관 방식으로 고착된 전통에 대한 특별한 종류의 순응 형태다. 이 전통은 긍정적이 아니라 부정적으로, 대조적으로kontrastiv 지속되는 전통이다. 전통에 대한 부정적 순응은 긍정적 순응보다 훨씬 엄격한 규칙에 따라 이루어진다. 전통적 전범에 가장 급진적으로 대조적인 것 곧 예술가들에 의해 가장 무가치하고 가장 세속적인 것으로 만들어지는 세속적 대상만 선택될 수 있기 때문이다. 그렇게 부정적으로 규범적인, 부정적으로 순응적인 혹은 부정적으로 고전적인 예술작품만이 현재성의 기표로 묶을 하며, 현재의 현재성을 지칭할 수 있다. 현재의 기호는 '현재성' 또는 '실재' 또는 '현실'의 '진실된' 또는 '진정한', 혹은 '즉흥적' 표명이 아니라 부정적 규범성의 특정 규칙에 따라 생산된 작품이다.

동시에 〈샘〉에서 전통은 또한 긍정적으로 지속된다. 문화적 지시의 체계―불교적 아이콘을 매개하건, 에로틱하고, '터부시된' 그리하여 성화聖化된sakralisierten 함축을 통해서건―를 통해 뒤샹의 레디-메이

---

3   뒤샹은 레몽 루셀(Raymond Roussel)[1877~1933]의 소설[『아프리카의 인상(Impressions d'Afrique, 1910)]에 크게 영감을 받았는데, 그 소설에는 일상적 대상들을 비밀스러운 제의에 엑조틱하게 사용하는 데 대한 허구적 묘사가 등장한다. "나의 '유리' 즉 〈그녀의 독신자들에게조차 발가벗겨진 신부(La Mariée mise à nu par ses célibataires, même)〉는 근본적으로 루셀에게서 비롯되었다. 그의 『아프리카의 인상』이 큰 가닥을 잡고 어떤 쪽으로 나갈지를 알려주었다."(Marcel Duchamp, *Duchamp du signe. Écrits*, Paris: Flammarion, 1975, 173.)

드는 긍정적 방식으로 고급문화적 전통과 결부되려는 요구를 제기한
다.[4] 이 요구를 통해 비로소 미적인 가치 대조가 온전한 의미를 획득
한다. 그러한 요구를 갖지 않는 일상적 대상이라면 [그것은] 과거의 전
범들과 나란히 세워짐으로써 미적 대조를 경험할 기회는 얻지 못했을
것이다. 따라서 혁신이란 전통의 연속성은 물론 전통과의 단절이 최
대한 명확하고 강력하게 되도록 전통의 긍정적 지속을 전통의 부정적
지속과 서로 결부하는 전략을 의미한다.

이를 통해 예술작품은 한순간, 위계적 차이가 사라지고 전통적
가치 대립이 무효화되며, 시간의 힘―가치 있는 과거와 무가치한 현
재 및 미래 사이의 대립―이 극복되는 장소가 된다. 이로부터 초시간
성Außerzeitlichkeit, 실현된 유토피아에 대한 엑스타시적 환희, 마술적 전
능함과 자유의 체험이 생겨나는데, 이는 성공한 다시 말해 급진적으
로 혁신적인 예술적 행위Akt에 수반되는 것이다. 이와 동시에 레디-메
이드는 이것이 매우 제한적인 유토피아이며, 일부 유토피아주의자가
꿈꾸는 것과는 달리 예술작품은 소변기를 실제 금으로 바꿀 수 있는
현자의 돌이 아님을 분명히 한다. 세속적인 것은 가치화된 전통에 수
용된다고 해서 완전히 극복되지 않는다. 소변기는 언제라도 다시 돌

---

4   성스러운 것과 터부의 위반(모든 사회적 타부를 포함하는)의 동일화는 초현실주의적 이
론과 실천에서 여러 번 주제로 다루어진 바 있다. 그에 대해서는 다음을 보라. Roger Caillois,
Der Mensch und das Heilige, München: Hanser, 1988; Georges Bataille, *Die Literatur und das
Böse*, München: Matthes und Seitz, 1987. 그에 대한 비판적 분석은 다음을 보라. Jean-Michel
Heimonet, *Politiques de l'écriture, Bataille/Derrida. Le Sens du sacré dans la pensée française du
surréalisme à nos jours*, Paris: J.-M. Place, 1990.

려세워져 미술관에서 추방되어 본래 목적에 맞게 사용될 수도 있다. 가치화된 것과 세속적인 것의 실제적이고 파괴될 수 없는 종합은 생겨나지 않으며, 비교 원리는 예술가의 '창의성'에서 인식되는 것이 아니기에, 이 둘 사이의 동일성에 대한 보편적 보증이란 주어지지 않는다. 게다가 레디-메이드 미학은 다음 사실을 명시적으로 전제한다. 곧, 산업화되고 사회적으로 마련되는 보존의 체계가 존재하는 이유는 [그 체계가] 그 본성상 유한한 혁신에 최소한의 상대적인 역사적 안정성을 보증하기 위해서라는 것이다. 그렇기에 이 보증은 초월성, 불명성 혹은 보편성에 대한 호소를 통해 얻을 수 있는 것이 아니다.

이는 순수한 형태의 레디-메이드 미학에만 해당되는 게 아니라 모든 혁신적 예술 전체, 심지어 겉보기에는 레디-메이드 미학과 정반대에 서 있는 것 같은 예술에도 타당하다. 일례로 말레비치의 〈검은 사각형[Black Square]〉[1915]은 이미지의 가장 보편적인 형태 그 자체를 지시하며, 이 점에서 이미지의 이미지 자체, 혹은 말레비치가 생각했듯, 본다는 행위 이전에 선행하는 어두운 근원적 카오스의 이미지다. 이를 통해 말레비치는 신비주의적 직관이라는 가치화된 문화적 전통, 기하학을 선호하는 플라톤주의 그리고 기독교적 아이콘을 지시한다.[5]

---

5   "성자(聖者, Heilige)가 제로인 아이콘은 없다. 하지만 신의 본질은 제로-행운(Null-Heil)이다. (…) 영웅과 성자들이 미래의 행운이란 제로-행운임을 보증한다면, 그들은 현실로 인해 혼란에 빠질 것이다."(Kazimir Malevich, *Suprematismus. Die gegenstandslose Welt*, Köln: DuMont, 1989, 50.) 말레비치의 절대주의는 제로-행운의 새로운 아이콘을 통해 영웅과 성자들을 혼란으로부터 이끌어내려는 목표를 가지고 있었다.

말레비치에게서는 뒤샹의 경우 배후에 머물러 있던 고급문화 전통이 전면에 나서는 것이다. 이와 동시에 말레비치의 〈검은 사각형〉은 세속적 기하학 형상이다. 그것은 무엇보다 세속적 기술의 세계, 기술적 구축과 표준화된 대량 생산 곧 레디-메이드를 지시한다.

위계적으로 상이한 두 차원이 한 예술작품 속에서 비교되는 데에서 〈검은 사각형〉의 내적 긴장이 생겨난다. 이 두 차원의 위계적 관계가, 서로 다른 문화적 관점에서는 상이하게 보인다는 사실이 여기에 추가적 효과를 일으킨다. 전통적인, 고급한 플라톤적 사유에는 오늘날의 영혼 없는 기술이 당연히 세속적으로 보이겠지만, '계몽된', 기술화된 의식에는 신비주의적 직관이라는 플라톤적 전통―특히 〈검은 사각형〉 제작 시기 신지학神智學, Theosophie과 다른 심령론적 흐름과 결부되어 있던―이 세속적이고 낙후해 있으며 부차적인 것일 수 있다. 그래서 말레비치의 〈검은 사각형〉은 문화적 관점에 따라 매우 다른 해석이 가능하다. 그럼에도 이 모든 해석이 자의적인 것은 아니다. 이 해석들은 말레비치 스스로가 자신의 작업에서 관철한, 혁신적이고 따라서 해석 가능 한 특정한 작용Operation에 대한 반응이기 때문이다. 이로써 말레비치의 이미지는 뒤샹의 '레디-메이드'와 마찬가지로 가치 있는 것과 무가치한 것이라는 층위, 그리고 그 둘 사이의 긴장감을 지시하는 것이다.

칸딘스키는 고전적 아방가르드 시대에 예술을 은폐된 리얼리티의 직접적 표명으로 정의한 아마도 가장 급진적인 인물일 것이다. 칸딘스키에게 자신의 그림들은 [그의] 서로 다른 정신적 상태와 관련되어 있으며, 그 상태가 그 그림 속에서 직접 표명된 것이다. 그렇지만 이 그림들은 또한 무의미하고, 우연적으로 생겨난 색 얼룩에 다름 아닌 것으로 간주될 수도 있다.[6] 이 두 번째 독해는 결코 첫 번째 독해와 모순되지 않는다. 만일 칸딘스키가 전적으로 감정이입 회화만을 추구했었다면, 칸딘스키 이전에 그 목적을 위해 성공적으로 사용된 지극히 전통적이고 관습적인 수단을 칸딘스키도 사용했으리라고 충분히 생각할 수 있다. 칸딘스키에게 추상은 자신의 개인적 영혼 세계의 독창성을 재현하는 수단이었거니와, 이전 시기에는 세속적 공간에 속했고 그저 얼룩 묻은 헝겊으로 여겨져 버려졌을, 미메시스적으로 동기 지워지지 않는 우연적인 색깔과 형태의 조합을 캔버스에 통합할 가능성이기도 했다. 바로 이러한 혁신이 칸딘스키의 자연적 개성을 살아 있는 인간의 개성으로서 흥미롭게 하는 것이지 그 역이 아니다. 따라서 칸딘스키의 혁신 전략은 그 개인의 창조적 개성만으로 설명되어서는 안 된다. 칸딘스키의 창조적 개성은 이러한 혁신적 방법이 없었다면 아무 주목도 받지 못하고 사적 관심의 영역에만 머물렀을 것이다. 이는 칸딘스키 자신이 『예술에서의 정신적인 것에 대하여Über das Geistige in der Kunst』 도입부에서 가능성으로 언급한 것이기도 하다.[7] 그렇기에 많이들 그러는 것처럼, 레디-메이드 미학을 외관상 대립하는 듯

---

6 칸딘스키는 자신의 그림들을 설명하기 위해 신지학적 전통에서 차용해온 색과 형태 색인 (formvokabular)을 제공한다.(Wassily Kandinsky, *Über das Geistige in der Kunst*, Bern: Bümpliz, 1952, 85ff.)

7 같은 책, 32f.

한 표현주의적 표현 의지의 미학과 대립시키는 것은 실천에서는 설득력을 갖지 못한다. 오히려 레디-메이디 미학이 비로소 처음으로 표현주의적 미학의 혁신적 요소들을 분명하게 드러나게끔 하는 것이다.[8]

이미 표현주의자들의 미술에서 이에 상응할 혁신 전략들이 관찰된다. 그들은 혁신Erneuerung 곧 모티프의 세속화를 새로운 곧 색 표면과 시각적 환영에 대한 세속적 이해와 결합했다. 전통에 대한 지시는 특히 에두아르 마네Édouard Manet에게서 가장 분명하게 볼 수 있다. 하지만 본격적인 근대 미술의 역사가 시작되기 전에도 혁신의 문화경제적 논리는 이미 유럽 미술의 발전을 규정하고 있었다. 늦어도 르네상스 이후, 성서 이야기에 나오는 신성한 공간은 점점 자연적이고 세속적인 공간과 동일시되었다. 보다 이전인 중세 기독교 미술에서는 비가시적 계시의 신과 헬레니즘 전통의 가시적 신성—각자의 관점에서 보면 상대방의 시각이야말로 세속적으로 여겨질 수 있었던—을 동일화Gleichsetzung하는 복잡한 미술적 방법이 생겨났다. 가치화된 전통이 세계의 세속적 사물과 동일화되는 장소라는 예술작품의 기능은 이처럼 레디-메이드 미학이나 역사적 아방가르드 미학뿐 아니라 유럽 예술 전통의 모든 역동성을 규정하는 것이다. 이와 같은 상황은 유럽 문학과 유럽의 다른 예술 장르에도 타당하기에, 여기 묘사된 혁신 메커니즘은 유럽 문화 전체의 추동력으로 고찰될 수 있다.

---

8   표현주의는, 앞서도 지적했듯, 원시예술, 정신병자 예술, 신비주의적 색채론 등에서 인용을 해왔다. 무엇보다 '천재'라는 개념이 레디-메이드로서 전유되는 것이다.

이처럼 모든 예술작품에서 우리는 가치화된 층위와 세속적 층위를 발견할 수 있다. 두 층위는 서로 얽히고설킨 관계를 맺으며 그 예술작품을 바라보는 문화적 관점이 달라지면 때로 서로 자리가 바뀌기도 한다. 이 두 층위는 결코 하나로 흘러들어 가거나 종합되지도 않으며, 그 어디서도 즉 예술에 외적인 현실에서도 예술 고유의 내적인 구조에서도 예술은 가치 대립을 극복하지 않는다. '정신화된 자연' 혹은 '체현된 정신', '비가시성의 현현', '자율적 형식' 혹은 '순수한 표현적 제스처'란 획득될 수 있는 것이 아니다. 혁신적 예술작품은 가치화된 문화적 기억과 세속적 공간 사이를 매개하지만, 그렇다고 그 스스로가 고상한 권위의 표현으로써 문화적 기억과 세속적 공간을 명령하거나 지배할 순 없다. 예술작품은 문화적 기억과 세속적 공간을 전적으로 대변할 수도 없는데, 예술작품의 본성 자체가 분열되어 있고 결코 자기 자신 안에서의 통일에 도달할 수 없기 때문이다.

혁신적 예술작품의 근원은 문화적 전통에 대한 저항에서도 사태 자체를 향한 의지에서도 연유하지 않는다. 그것은, 문화를 주재하고 전통에 대한 긍정적 순응과 부정적 순응의 전략적 조합으로서 자신을 드러내는 문화경제적 논리에서 연유한다. 그 목표는 현재의 중요성 Signifikant des Gegenwärtigen을 산출해내는 것이다. 문화적 전범에 따라 깔끔하게 완성된 예술작품은 가치화된 전통을 현재와 미래로 지속시키지 않는다. 그런 예술작품은 가치화된 전통에 의해서도 아류적인 것으로 비판된다. 가치화된 전통 스스로가 독창성, 세속성, 그리고 혁신을 요구하는 것이다. 그렇기에 세속적 공간 역시 혁신적 예술에 의해 대변될 수 없다. 모든 예술작품은 세속적 사물을 가치화된 전통과 대조되는 관계를 맺게 한다는 것만으로도 세속적 공간 그 자체와 급진적으로 구별되기 때문이다.

빅토르 시클롭스키Viktor Schklowskij나 유리 티냐노프Jurij Tynjanow 같은 러시아 형식주의 이론가들은 러시아 역사적 아방가르드에 대한 경험에 의거해, 고급 종류와 저급 종류, 저급 스타일의 투쟁으로서 예술의 역사적 진화 이론을 내세운 바 있다.[9] 이 이론에 따르면, 문화의 '고급 종류'가 그 매력을 잃고 지루해지며 낡아 '자동화'되면 문화의 '저급 종류'가 그 자리를 대체한다. 그 자리에 들어선 '저급 종류'가 지각을 벼르고 동원하고 '탈-자동화'한다는 것이다. 미하일 바흐친Michail Bachtin은 이 형식주의자들의 이론이 예술을 오로지 미적 경험의 강도로만 규정하는 예술에 대한 쾌락주의적 이론이라며 타당하게 비판한 바 있다.[10]

이 이론에 대한 판단에서 더 중요한 점은 저급 종류 혹은 세속적 사물 그 자체가 문화에 의해 전범화되지 않는다는 것이다. 가치화되거나 전범화되는 것은 이러한 사물을 전통과 결부함으로써 비로소 전통과도 세속적 사물과도 구분되게 하는 예술작품이나 이론들이다.

---

9   Jurij Tynjanov, "O literaturnoj evolutsii", Ju. N. Tynjanov, *Poetika. Istorija literatury. Kino*, Moskva: Nauka, 1977, 270~281; Viktor Šklovskij, *Gamburgskij scet*, Moskva: Sovetskij pisatel, 1989, 120~138.

10   P. N. Medvedev라는 이름으로 출간되었다. P. N. Medvedev, *Formal'nyi metod v literaturovedenii*, Leningrad: Priboii, 1928.

이와 같은 사정은 정치 분야에서도 마찬가지다. 마르크스주의가 프롤레타리아를 가치화했다는 것은 프롤레타리아 스스로가 사회적 의미에서 가치절상 되었음을 의미하지 않는다. 의미를 얻게 된 것은 오히려 마르크스주의자이자 프롤레타리아를 가치화하기 위한 이론적이고 실천적 도구로서의 공산당이다. 프로이트가 꿈과 광기를 가치화했다는 것은 잠자는 자 또는 정신이상자가 높은 사회적 지위를 갖게 되었음이 아니라 정신분석이 그런 지위를 획득했음을 의미한다.

그렇기에 예술작품이나 이론은 최고의 문화적 가치와, 그런 가치를 부여받은 가장 세속적인 오브제 사이의 긴장을 산출해내어야 문화적 아카이브에 수용될 수 있다. 그런 작품은 문화적 상황 전체를 조망할 가장 급진적인 가능성에 대한, 동시에 그와 결부되는 최고의 위험에 대한 증거도 된다. 가치화된 전통과 세속적 공간이 상호 관계에 들어서게 하는 예술작품이나 이론적 담론은 그 관계를 통해 전통과도 또 세속적 사물과도 구별된다. 이러한 의미에서 이 세속적 사물들은 이전에 있던 모든 것과 견주어 실지로 새롭다. 그렇다고 이전에는 있지 않았던 무언가가 새로 발견되고 주시되고 표현되고 창조되는 것은 아니다. 있었던 것의 가치전도는 그로부터 문화 전체가 마치 문화 외부적[외적] 위치에서 보듯이 고찰되고 묘사되며 비평될 수 있도록 하는 완전히 새로운 입지Lage를 창조해낸다. 이 외부적 위치의 외부성은 당연히 가치의 전도가 얼마나 급진적으로 수행되었는가에 달려 있고, 그러한 점에서 결코 절대적이지 않다. 모든 가치 경계를 완전하게 극복하는 궁극적인 횡단 혹은 종합으로서의 새로움이란 가능하

지 않다. 설사 그런 게 있다면, 그건 새로운 절대적 가치 위계의 출발
점이 될 것이다.

그에 반하는 생태학적 논증

창조적 종합을 통해 위계적 불평등을 완전히 극복하기란 불가능하다는 사실에 대해 우리 시대는 특별히 저항을 하지 않는다. 그런데 특이하게도 오늘날에는 창조적 극복이 없이도 위계적 경계 스스로가 해소된 만큼 새로움은 더는 가능하지 않다는 생각이 널리 퍼져 있다. 이 생각에 따르면, 우리가 사는 시대는 철저히 복수적 평등성의 시대 다시 말해 가치 사이의 모든 차별을 배제하는, 타자성이 내포된 평등성Gleichheit in der Andersartigkeit의 시대로 묘사된다. 이런 견해를 가진 사람은, 가치화된 문화와 세속적 공간 사이 경계가 무한한 수의 부분적이고partiell 비-위계적인 차이에 의해 해체되었다고 본다.[1] 오늘날 문화로 생산되는 것 대부분이 대중 속에서 해소되고 하찮은 것으로 여겨져 미술관이나 문화적 제도의 관심망에 포착되거나 대중매체의 관심을 받지도 못한다는 명백한 상황 또한 이러한 견해를 흔들지 못한다.

---

[1]   일례로 질 리포베츠키가 이러한 견해를 대변한다. "근대 사회의 첫 단계 즉 민주적이면서-규율적이고, 보편주의적이면서-지나치게 엄격하고, 이데올로기이면서-강제적인 사회와 절연하는 것, 그것이 바로 개인화 과정이 뜻하는 바다."(Gilles Lipovetsky, *L'Ère du vide: Essais sur l'individualisme*, Paris: Gallimard, 1983, 10.)

그러면서도 가치화된 문화는 계속 집중되고 제도화된다. 오늘날 우리는 세계 도처의 미술관에서 열리는 심포지엄이나 콘서트홀에서 등장하는 똑같은 이름들을 목격한다. 세계적 차원으로 연결되는 아카이브화, 그리고 매체의 확산과 더불어 일어나는 실질적 문화의 불평등성이 점점 커지는 것이다. 그런데도 어떤 이론가들은 현재의 문화를 —그것을 용인하건 그것에 불만을 터뜨리건 간에— 전적으로 평등적이고 복수적이며 임의적이라고 묘사한다. 이보다 더 기괴한 모순은 떠올리기 어려울 정도다. 너무도 명백한 현실의 이미지와 그 현실에 대한 이론적 묘사 사이의 이와 같은 완전한 심연은 대부분 저자가 단 하나의 이론적 주장에 사로잡힌 나머지 그것으로부터 모든 가능한 결론을 맹목적으로 도출하면서 생겨난다.

현재 문화에 대한 이와 같은 이론적 묘사의 근저에는 생태학적 논증이 놓여 있다. 여기서 말하는 생태학적 논증은 넓은 의미로 이해되어야 한다. 생태학적 논증은 손대지 않은 자연에 대한 감상적 사랑이 아니다. 그것은 세속적 공간 자체가 완전히 사라졌거나 적어도 가치화된 문화의 압력하에 점차 사라지고 있다는 생각을 지칭한다. 이전에 새로움은 문화와 세속적 공간 사이 단절의 극복으로, 그 둘을 초월하는 원리의 표명으로 사고되었지만, 실제로 사람들은 이 알려지지 않은 원리를 문화에서보다는 늘 세속적인 것에서 찾아왔다. 세속적인 것 자체보다 더 은폐되고 더 눈에 뜨이지 않고 더 억압된 것이 있기라도 하다는 듯이. 존재, 사유, 현실, 삶[생], 무의식, 언어는, 문화가 아닌 다른 무엇인가에 곧 문화의 저편에 있는 것, 따라서 세속적인 어떤 것을 불러내려는 개념들이다.

플라톤은 자기 시대 소피스트들과 그리스 문학의 고급한 전통을 비판하면서, [그 비판을] 건전한 인간 이성gesunden Menschenverstand과 앎, 선함, 진리에 대한 세속적 이해에 의거했다. 플라톤에 따르면, 이 세속적 이해는 추가적인 특별한 설명과 묘사 다시 말해 비판된 문화적 전통의 차원으로 가치화되어야 한다. 계몽주의 역시 건전한 인간 이성에 대한 호소를 내걸었고, 정신분석은 일상적 삶의 병리학을 다루고, 구조주의 혹은 비트겐슈타인은 일상적 삶의 정상 상태에 관심을 가졌다. 근대의 예술은 창조적인 것의 원천을 계속해서 삶[생]에서 찾았고 그를 전통에 맞서는 균형추로 삼았다. 그럼에도 수용되는 전통은, 그와는 다른 시대의 삶[생]의 표현이라고 여겼다. 이러한 방식으로 혁신에 거는 기대는 계속해서 거대하고 무한한 세속적 공간과 그 공간을 관통하는 힘들을 향해 있었다. 사람들은 머지않아 제한적이고 오래되고 무력해진 관습과 규범으로부터 보호되는, 예술적으로 마련되는 특권화된 전통적 문화의 섬이 가라앉고 보편적 평등함이라는 새로운 시대가 밝아올 것이라고 믿었다.

그런데 현실에서 일어난 일은 전혀 달랐다. 규범적 문화가 기술, 통일적 교육, 대중매체의 힘을 얻어 엄청나게 빠른 속도로 그를 둘러싸고 있는 세속적 공간 속으로 확산되기 시작한 것이다. 그 결과, 예술과 철학의 의지에 대립하는 방식으로 평등성이 등장하게 되었다. 지배적 전통이 극복되고 그것이 숨겨져 있던 세속적 지식으로 대체되는 대신 그 반대 방향을 향하는 문화적 확장이 일어난 것이다. 이와 같은 상황에서, 유토피아가 다른 방식으로 곧 반反유토피아적이 아니라 오히려 무無유토피아적인 방식으로 이미 실현되어버렸기에 유토피아는 더는 불가능하다는 포스트모던적 감정이 생겨났다. 문화가 중단되는 것이 아니라 세속적인 게 소멸해가는 것이다. 지배적 힘에 의해 보호되는 특권의 섬은 문화가 아니라 오히려 세속적인 것이 그 보호를 요구하게 된다. '[주변] 환경보호Umweltschutz'라는 지칭은 그 자체로 매우 역설적이다. 둘러싸인 것Umgebene은 보호할 수 있지만 둘러싸는 것Umgebende은 보호할 수 있는 게 아니다. 점점 더 많은 이가 세속적인 것을 문화라는 대양 한가운데 섬으로, 몰려드는 파도로부터 보호되어야 하는 것으로 파악하기 시작했다. 널리 퍼진 생태학적 의식이, 세속적인 것이 차츰차츰 소멸해가는 상황을 포착하고 있다. 세속적 공간만이 창조적인 것의 원천이 될 수 있다는 생각이 널리 퍼져 있기에, 세속적 공간이 점점 문화에 의해 흡수되고 있다면, 이제 우리는 혁신을 중단해야 한다는 결론을 끌어낸 것이다.

얼마 전까지만 해도 우리가 특권화된 문화의 경계를 조금만 벗어나 문화의 터부를 깨뜨린다면, 빈자, 타자, 비문명자, 주변부와 원시인의 엑조틱하고 혁신적인 공간을 다시 발견하고, 큰 어려움 없이 그 공간을 다시 문화적 콘텍스트에 사용할 수 있을 것처럼 여겨졌다.[2] 그

---

2   터부의 훼손으로서 횡단 개념에 대해 바타유는 이렇게 말한다. "금지가 불가침의 것으로 여겨지면 여겨질수록 잠정적 횡단은 더 자유롭다."(Georges Bataille, *Die Literatur und das Böse*, München: Matthes und Seitz, 1987, 20~21.)

런데 오늘날에는 그와는 다른 생각이 곧 이러한 문화적 원재료가 이미 고갈되었다는, 아니면 문화적 원재료들이 자연 자원이 고갈되는 것과 병행해 점차 고갈될 것이라는 생각이 지배적이다. 작금의 문화적 확장은 원시 문화 혹은 비유럽 문화의 고립을 해체했을 뿐 아니라, 이전에는 지배적인 문화적 가치들로부터 어느 정도 고립되어 있던 유럽 내부의 특별한 삶의 방식들도 해체했다. 생태학적 논증은, 그 결과 가치화된 문화 외부에는 더는 아무것도 없다고 주장한다.[3] 이것이 사실이라면, 우리가 여기서 묘사하는 모델에 따라 생성되는 혁신 역시 종말을 맞을 수밖에 없을 것이다. 문화적으로 가치화된 것과 세속적 공간 사이에 더는 아무 경계도 없다면, 이 경계를 둘러싸고 사물들을 재편하는 혁신의 작동Innovationsoperationen들도 더는 가능하지 않을 것이기 때문이다. 이런 이유로 포스트-유토피아적인 생태학적 논증은 독자적 탐구를 요구한다. 생태학적 논증은, 그 본질에서 자연적으로 이루어진 문화의 확장이 그 반대 방향으로 향하는 어떤 노력도 성공하지 못했던 것을 이루어냈다고 말하면서, 이제 유토피아는 어느 정도 스스로 실현되었고 문화와 현실 사이 경계는 해체되었다고 주장한다.[4]

---

3   이와 같은 관점에서 볼프강 벨슈는 심미화로 나아가게 하는 심미화의 포화 상태에 대해 이야기한다.(Wolfgang Welsch, *Ästhetisches Denken*, Stuttgart: Reclam, 1990, 13.) 이런 조건하에서는 더 이상의 심미화는 무의미해진다.

4   이러한 관점에서 이브 미쇼는 문화-매체적인 오늘날의 세계에서 이질적인 것이 사라졌음을 주장한다. "사실 역설적인 것은 오늘날 예술계에서 이질성은 '일단' 다양성의 동질성이라는 외양을

생태학적 논증은 가치화된 것과 세속적인 것 사이 경계의 해체를 두 방식으로 설명한다. 하나는 관용과 자유주의적이고 민주주의적인 사고의 성장으로 점차 모든 세속적인 게 문화적 기억으로 통합되었다는 것이다. 모든 터부가 파괴되고, 억압된 것, 감추어졌던Verschleierten 모든 영역이 밝혀졌으며, 모든 억압적 기준과 규범이 철폐되었다. 그 결과 세속적 공간은 이제 가치화된 문화에 의해 완전히 흡수되고, 그 원천은 고갈되었으며, 그 독창성은 남용되어 중성화되고, 세속적 공간의 근원적 원시성은 문화적으로 가공되었다. 새로움은 이제 더는 불가능한데, 문화적인 것과 세속적인 것 사이의 경계, 이전에 존재했던 그 경계들이 더는 사회적 억압과 규범적 검열을 통해 보장되지 않기 때문이다. 이처럼 첫 번째 버전에서 현재 문화의 생태학적 문제는 그 문화의 세속적 원천의 고갈이라는 문제로 묘사된다.

우리 문화의 생태학적 위기와 관련한 두 번째 해석은 이 첫 번째 버전을 배제하지 않는다. 그 해석에 따르면, 근대의 가치화된 문화는 오늘날의 매체들에 힘입어 세속적 공간에 확산되었고 이 확산을 통해 세속적 공간을 억압했다. 가치화된 문화가 세속적 공간을 전멸시켰고, 그 공간 안에 있던 모든 잠재적 독창성과 문화적 생산성을 절멸시켜버렸다는 것이다. 여기서 이야기되는 것은 가치화되고 특권화된 문화의 관용이 아니라 더욱 강화된 문화의 공격성이다. 가치화된 문

하고 있다는 점이다."(Yves Michaud, *L'artiste et les commissaires*, Nîmes: Jacqueline Chambon, cop. 1989, 77.)

화는 세속적 공간의 원천들을 고갈시켰거니와 이 공간을 자신의 산출물로 채워 넣음으로써 근본적이고 회복 불가능 하게 오염시켰다. 이러한 방식으로 세속적 현실 전체가 지배적인 문화적 표상의 모델에 따라 심미화되고 양식화되며 모델링됨으로써, 오늘날 우리는 더는 세속적인 것에 대해 이야기하지 못하게 되었다. 현재와 같은 문화적 상황에서 세속적인 것은, 보드리야르의 용어를 빌려 말하자면,[5] 자기 자신의 세속성에 대한 시뮬라크라 혹은 하이퍼리얼한 것이 되어버린 것이다.

달리 말하자면, 혁신과 진정성의 표지로 세속적인 것을 지시하는 일은 오늘날 문화에서는 특별한 광고 전술로, 특정한 사물의 문화적 지위를 고양하는 수단으로 사용된다.[6] 생태적 위기에서 세속적인 것은 어떤 점에서는 문화적인 것보다 더 높은 가치를 얻는다. 세속적인 것이 진귀하기 때문이다. 그런 이유로, 이제 문화는 세속적인 것을

---

5   "하이퍼리얼리즘 속에서 현실은, 실재의 정확한 복제 속에서, 주로는 다른 재생산 매체(광고, 사진 등)의 토대 위에서 몰락한다. 실재는 매체에서 매체로 이동하면서 휘발되고, 죽음의 알레고리가 되지만, 자신의 파괴 속에서 자신을 확인하고 고양해 실재 그 자체가 된다. (…) [실재는] 하이퍼리얼인 것이다."(Jean Baudrillard, Gerd Bergfleth, Gabriele Ricke und Roland Voullié(Übersetzer), *Der symbolische Tausch und der Tod[L'échange symbolique et la mort.]*, München: Matthes & Seitz, 1982, 113f.)

6   "겉보기에는 대중문화나 산업적 증거에 오염되지 않은 듯한, 인공적으로 구성된 고급예술이라는 분리된 영역 내에서 이러한 복원적(restorative) 행위들은 워홀(궁극적으로는 뒤샹)의 치명적 유산에 대항하는 비판적 저항의 제스처라고 주장되나 결국 위급한 순간에는 정당화의 이미지들이라고 재천명될 뿐이다."(Benjamin Buchloh, "The Andy Warhol Line," Gary Garrels(ed.), *The Work of Andy Warhol: Discussions in Contemporary Culture* No. 3, DIA Art Foundation, Seattle: Bay Press, 1989, 66~67.)

동화시키는 대신 문화적 오브제를 세속적인 것으로 제시함으로써 그를 시뮬레이션한다. 예를 들어, 여행 기업들은 럭셔리한 호텔을 손대지 않은 야생적 자연의 섬이라고 광고해댄다.

위에서 살펴본 두 주장이 옳다면 —아니 그중 하나라도 옳다면— 우리는 이제, 낭만주의적으로 이해되는 창의성은 말할 것도 없고, 레디-메이드 관점에서 이해되는 혁신도 우리 시대에는 더는 가능하지 않다고 말할 수밖에 없을 것이다. 따라서 우리는 좀 더 상세하게 이 주장들에 다가가 그를 하나하나 따져보아야 한다.

세속적인 것의 소멸

먼저 현재의 문화가 가진 리버럴하고 관용적이며 민주주의적인 특성을 부각시키는 주장을 살펴보자. 이 주장은, 우리 시대에 세속적 사물은 그 무엇이든 특권적이고 가치화된 문화의 모든 영역에 도달할 수 있으며, 그를 위해서는 가치 경계를 통해 전통과 구분되는 새로움이 아니라 다른 것을 묘사하면 된다고 전제한다. 그러나 위에서 살펴보았듯, 세속적 공간의 사물과 기호들은 본래적 형태로는 문화적 기억에 도달하지 못한다. 이론적 담론이나 예술작품에 세속적 공간의 사물과 기호들이 수용되면 그 사물과 기호들은 곧바로 가치화된 전통 및 그 가치들과 대결함과 동시에 그들과 결합한다. 특정한 속성들에 근거해 세속적 공간의 사물 및 기호들과 이전 시대 문화의 가치들 사이의 가치 등가Wertäquivalenzen가 확인되고, 그 밖의 다른 속성들은 완전히 무시ignorieren된다.

예를 들어, 프랑스 큐비스트들은 그들의 미술에서 아프리카 가면을 가치화하고는 본래 그것이 지니는 제의적 기능을 제거했다. 이를 통해 아프리카 가면은 가치화된 문화에서 떨어져 나와 그 문화로부터 무시되었다. 이후 초현실주의자들이나 그들과 가까운 인류학자들에게서 아프리카 가면은 이와 다른 의미를 갖게 되는데, 이들의 관심은 가면의 순수한 형태보다 그 제의적 역할에 있었기 때문이다. 동시에 아프리카 가면은 초현실주의자들에 의해 특정한 욕망 이론의 콘텍스트에 편입되었지만, 이 이론은 아프리카 가면이 자신의 문화적 콘텍스트 내부에서 지니는 본래의 그 제의적 역할과는 별 관련이 없다. 이처럼 다른 문화에서 가져온 제의적 오브제들에 대한 유럽적 해석은 본질적인 것을 괄호 친다.

세속적 사물과 기호에 대한 가치화는 [그것을] 가치화하는 전통 자체를 통해 규정된다. 왜냐하면 그 전통 속에서 세속적인 것은 이미 처음부터 타자로, 전통 자체에 대한 부정적 순응이라는 의미에서 타자로 가치화되기 때문이다. 여기서 무엇이 타자적인가를 둘러싼 규정은 결정적으로 문화적 전통의 자기 이해에 달려 있다. 말하자면 세속적인 것은 일단, 가치 있는 문화의 대립물로 여겨지지 않는 것으로부터 순화되어gereinigt, 그를 통해 문화적 인공물Artefakt이 된다. 그렇기에 똑같은 아프리카 가면이, 가치화된 유럽 조각예술의 형식적 전통과도, 문명화된 유럽인의 특정한 심리적 유형과도 혹은 헬레니즘 기독교에 근원을 갖는 특정한 종교적 에토스와도 비교될 수 있는 것이다. 유럽의 시각에서 보는 제의적 아프리카 가면이 기독교 전통에서는 오히려 제의적인 것의 긍정적 극단과 대립하는 영혼 상태와 연관되어왔다는 사실은 아프리카 가면을 수용하는 데서 중요한 역할을 수행했다.[7] 유럽 문화에서 아프리카 가면이 수차례 가치화되고 종교적 관용을 통해 유럽 문화 내에 허용되었다고 해서, 아프리카 가면이 유럽 문화 바깥에서는 자신의 제의적 성격을 유지할 수 없다거나 나중에 다른 연관 속에서 새롭게 가치화될 수 없음을 의미하지는 않는다.

세속적인 것의 가치화는 그 세속성을 최종적으로 없애버리지도, 가치화된 문화와 세속적 사물 사이의 경계를 지워버리지도 않는다. 가치화는 늘 그 가치화와 동시에 행해지는 해석이며, 모든 해석은 세속적인 것을 그 세속적인 것에 본래적으로 낯선 연관 체계 속에 놓음으로써 그[세속적인 것]를 변화시킨다. 해석, 해석의 가능성, 해석의 유한성 또는 무한성이라는 어려운 질문들은 잘 알려져 있지만, 그럼에도 그것이 문제의 핵심은 아니다. 더 중요한 것은 모든 세속적 오브제가 자신의 세속적 공간 내에서 특정한 가치를 갖는다는 사실이다. 그 오브제는 다른 문화에서는 문화적 가치일 수도 있다. 이것은 일상적 삶의 특정 상황에서 순수한 삶의 필연성이라는 가치일 수도 있다. 세속적인 사물과 기호를 특정한 문화적 전통 속에서 가치화하는 것은,

7   Rosalind E. Krauss, *The Originality of the Avant-garde and Other Modernist Myths*, Cambridge, Mass: MIT Press, 59f.

세속적 사물들이 가장 먼저는 그 자신과 그들[세속적 사물들]의 콘텍스트에서 자신의 가치를 얻는다는 걸 전제한다. 세속적 오브제들이 이와는 다른 콘텍스트에서 가치를 갖는다면, 그 세속적 오브제 혹은 그 전체 콘텍스트는 문화적 기억의 체계 속에서 새롭게 가치화될 수 있기 위해 우선 탈가치화된다.

우리 시대 문화의 관용적이고 자유주의적이며 민주주의적인 태도는 모든 이데올로기적 실천 또는 문화적 실천에도 적절한 자리를 허용하고 이 실천들의 철학적·미학적 내용은 건드리지 않지만, 배타성과 패권Vormacht에 대한 그들[실천들]의 요구는 제한한다고 여겨질 수도 있다. 그렇지만 배타성과 패권에 대한 요구 곧 자신의 초-가치에 대한 요구는 모든 이데올로기나 예술에 순전히 외적인 것이라서 그 요구들을 이해하고 알아가는 동안 스스로 없어지는 것이 아니다. 수많은 철학의 테제와 다양한 예술 현상은 배타성과 보편성에 대한 요구를 내세울 때에야 비로소 의미를 갖는다. 배타성, 권력, 영향력과 특권을 둘러싼 세속적 투쟁은 문화적 운동들의 이론적 또는 예술적 내용에 상당한 영향을 끼친다. 문화적 운동들이 종종 특정한 이론적·미학적 입장을 취하는 이유는 이론적·미학적 입장이 그 투쟁[배타성, 권력, 영향력과 특권을 둘러싼 세속적 투쟁]에서 전술적 우위를 확보해주기 때문이다.[8]

---

8   예를 들어 폴 드만은 다양한 입장 사이의 대화가 갖는 세속적 차원을 강조하면서, 플라톤부터 바흐친에 이르는 진리정향적 대화 이해에 반대한다. Paul de Mann, "Dialogue and Dialogism,"

문화적 운동들이 자유주의적인 법, 미술관 또는 도서관의 콘텍스트에 도달해 특정한 문화적 현상으로 보존되고 연구된다면, 이는 문화적 운동들이 배타성, 권력, 영향력과 특권을 둘러싼 세속적 투쟁에서 패했고, 그 결과 문화적 운동의 본성과 그 운동에서 가장 중요한 관계에 충실하지 않게 되었음을 의미한다. 문화적 운동이 중립적 현상으로서가 아니라 특정한 권력 이론의 견지에서 연구[9]된다고 해서, 상황이 달라지지는 않는다. 문화적 운동은 그 자체로 연구Studium 대상이기보다는 연구의 출발점이기를 원하는데, 문화적 운동의 이와 같은 근본 요구가 강탈당하면 문화적 운동은 전혀 다른 본성을 갖게 된다. 아프리카 가면과 그와 결부되는 종교적 제의들에 대한 유럽 문화의 관용과, 유럽 기독교의 상징들에 대한 아프리카 추장 또는 주술사의 관용 사이에는 분명한 차이가 있다. 한 문화적 원리가 배타성·보편성·권력을 포기한다는 것도 근본적으로 스스로를 포기하는 일이다. 어떤 문화적 가치화도 세속적인 것을 완전히 고갈시키지는 않는다. 세속적인 것은 자신의 세속적 권력 요구를 통합시킬 수 없기 때문이다.

문화적 전통에서 독립적인 권력을 요구하는 세속적인 것의 특

Gary S. Morson and Caryl Emerson(eds.), *Rethinking Bakhtin: Extensions and Challenges*, Evanston, Ill.: Northwestern University Press, 1989, 113ff.

9   일례로 다음을 보라. Michel Foucault, *Surveiller et punir. Naissance de la prison*, Paris: Gallimard, 1975. 폭력의 극복 불가능성에 대해서는 다음을 보라. Jacques Derrida, "Violence et Métaphysique," *L'Écriture et la Différence*, Paris: Éditions du Seuil, 1967.

별한 요구들은, 그 요구들을 통해 세속적 사물들이 가치화되는 메커니즘에도 낯설지 않다. 바로 그 요구들이 문화로 하여금 가치 위계들을 초월하게 하는 지속적 유혹이기 때문이다. 문화 전체가 속임수이자 관습이고 환상일 뿐이며, 우리는 현실, 숨겨진 것, 살아 있는 것으로 곧 세속적인 것으로 향해야 한다는 목소리들은 바로 문화 내부에서 제기된다. 여기서 중요한 역할을 수행하는 것은 세속적인 것 속에 포함되어 있을 다른 형식, 다른 단어 혹은 다른 삶의 방식에 대한 약속이 아니다. 다른 권력, 강함, 보편성과 배타성의 약속이 그보다 더 결정적이다. 더 큰 힘과 [더 큰] 권력에 대한 이 약속이 문화인간Kulturmensch을 세속적인 것 속에 숨겨져 있는 마술적 힘들의 기호이자 도구인 세속적 사물들로 향하게 한다. 세속적인 것의 직접적 표현이자 문화 외적인 것을 '있는 그대로' 재현하려는 모든 이론이나 예술 운동은 세속적인 것의 마술적 힘으로부터 문화에 대한 자신들의 권력 요구를 도출한다. 예술이나 이론적 담론들이 다른 문화에서 온 대상이나 세속적 일상의 사물을 인용하는 이유는 그들의 마술적 힘을 전유하고 싶기 때문이다. 문화와 세속적인 것의 종합이란 당연하게도 결코 완전히 화해할 수 없는 지식과 권력의 종합이기도 하다.

문화의 단계로까지 고양되는 세속성은 문화적 가치화의 순간 그 문화 외적 힘을 상실한다. 그러면 그 세속성은 이제 문화에 위협이 되기는커녕 오히려 문화의 한 부분으로 자리 잡으며 중립화된다. 이론이나 예술을 수단으로 전통문화를 극복, 완성, 평가절하 한다는 ― 근대의 문화적 동력을 규정하는 이 모티프― 표현은, 세속적 힘의 측면에서 제기되는 문화에 대한 위협 곧 세속적 힘이 아카이브, 기념비, 관습, 제의와 형식 등의 문화 전부를 파괴한다는 위협을 상징적으로 재생산한다. 자연, 민중, 이성, 삶[생], 욕망, 계급이나 인종, 간단히 말해 타자에 대한 호소는 문화 외부에 존재하면서 문화를 완전히 파괴할 수도 있는 무엇인가를 전제한다. 그런데 이 호소는, 그것이 문화 속에서 혁신을 일으킴에도, 늘 문화 내부에 자리 잡고 있다. 우리는 이렇게 말할 수 있을 것이다. 근대의 허무적, 보편주의적 이데올로기 운동은, 그것의 극단적이고 격렬한 문화에 대한 공격에도 불구하고, 문화의 총체적 파괴를 상징적으로 수행함으로써 파괴를 길들이고 결국 그 파괴로부터 벗어나기 위한 일종의 주술적 제의로서의 임무를 수행했다고 말이다.[10]

일례로 이런 태도의 전형이 공격적이고 아방가르드적 —입체주의자들이나 다다이스트들의— 버전의 콜라주다. 잘라내고 부수고 파괴한 형태의 문화적 오브제와 전통적으로 가치화된 예술을 상징적으로 훼손—콧수염을 달고 외설스러운 글자가 쓰인 뒤샹의 〈모나리자〉처럼—하는 것은, 그 외부적 체현을 다양한 방식을 통해 상징적으로 훼손함으로써 문화의 정신을 죽이려는 검은 마법을 떠올리게 한다. 오늘날 이러한 마법적 실행은 일종의 제의로 파악된다. 기술화된 대

---

10   '비유기체로의 회귀'라는 목표를 가진 '인간저주(詛呪, anthropofugalen) 사유'의 역사에 대해서는 다음을 보라. Ulrich Horstmann, *Das Untier: Konturen einer Philosophie der Menschenflucht*, Frankfurt a. M.: Suhrkamp Taschenbuch Verlag, 1985.

중문명이 산출하는 세속적 형태들을 전통적인 문화적 콘텍스트에 통합하려는 제의, 곧 이 문명을 불러낸 악령을 쫓아내는 제의 말이다.

문화 속에서 세속적 사물들의 가치화는 문화적 기억의 메커니즘에 의해 구조화된 특별한 관계 속에서만 그 사물들에 동일성Gleichheit과 가치지위를 부여한다. 그 사물들의 세속성과 그에 수반되는 위협은 언제까지나 문화의 외부에 존재하며, 따라서 그 세속성과 위협은 언제든 또다시 새로운 관계 속에서 활성화될 수 있다. 세속적인 것의 가치화는 결코 세속적인 것을 완전히 세련화kultiviert시키지 않으며, 나중에 다시 혁신적으로 가치화될 가능성을 배제하지도 않는다. 세속적 사물들은 문화적 기억에 의해 재현되면 더욱 강하게 봉쇄된다. 오늘날 동시대 미술을 보러 미술관에 가서 때 묻은 천 조각, 부서진 기계, 뒤집힌 화장실 솔 등을 발견하는 많은 사람은, 이 광경을 예술이 극단적으로 민주화된 증거라고 여긴다. "이건 우리 집 애도 하겠다"는 게 일반적인 반응이다.

그렇지만 현실에서 특정한 세속적 대상을 문화적 기억의 콘텍스트에 가져오는 것은 그 대상을 재차 문화적으로 사용하기 어렵게 한다. 이미 작품으로서 화장실 솔 하나를 보유한 미술관은 또 하나의 뒤집힌 화장실 솔이 필요하지 않을 것이다. 한 세속적 사물을 새롭게 가치화된 전통 속으로 편입하려는 사람은 먼저 그 사물의 사실적 세속성 다시 말해 그 사물과 그 사물 이전에 이미 가치화된 다른 사물들 사이의 차이를 보여줌으로써 문화적 동일화와 차별화의 잠재적 망속에 새로운 자리를 만들어내야 한다. 예를 들어 뒤집힌 화장실 솔을 명시적으로 뒤샹의 소변기와 관련시키면서 전유의 이론을 내세우고, 결핍된 독창성을 특별한 독창성의 특징으로 이해하고, 아류Epigonentum를 특별한 형태의 창조로 근거 지울 수 있다면,[11] 또 하나의 뒤집힌 화장실 솔은 미술관에 전시될 수도 있다.

가치화된 전통과 세속적 공간을 같게 만들고, 가치들을 전도시키며, 문화의 자유주의화 또는 민주화를 목표로 하는 그 어떤 혁신도 문화적 차원과 세속적 차원 사이의 위계적 차이를 제거할 수 없다. 오히려 반대다. 이 차이들은 그 혁신을 통해 추가적으로 안정화된다. 관용Toleranz은 문화적 가치와 세속적 공간 사이의 경계를 해소하기보다 더 엄격하게 설정하는데, 관용이 배타성·보편성, 나아가 권력—자신의 세속성을 구성하는—에 대한 세속적인 것의 요구를 부인하기 때문이다. 세속적인 것에 내재하는 유혹은 어떤 문화적 구속을 통해서도 완전히 점멸될 수 없다. 제한받지 않고, 절대적이며, 비관용적이고, 파괴적이고, 전면적인 요구가 거리낌 없이 제시될 수 있다면, 문화 속에 통합되는 모든 세속적 요소는 자신의 거칠고, 세속적이며, 자유로운 과거를 상기시킨다. 세속성의 이러한 나머지는 결코 문화적 종합 속으로 완전히 사라지지 않고 언제든 새롭게 활성화될 수 있다. 세속적인 것과 그 유혹들을 반드시 형식적 문화 경계의 외부에서 찾으려 할 필요는 없다. 그것들은 문화의 내부에서도 존재한다. 문화적 기억

---

11   전유의 예술과 이론에 대해서는 다음을 보라. Uli Bohnen(Hrsg.), *Hommage-Demontage*, Köln: Edition Wienand, 1988.

속에서 자신에 할당된 자리에 완전히 흡수되지 않은 채, 언제든 다시 절대적이고 파괴적으로 될 수 있는 문화적 가치들로서 말이다.

세속적 공간의 문화적 오염

새로움의 가능성을 부인하는 두 번째 논증은, 오늘날 세속적 공간은 특정한 문화적 전범들에 전적으로 오염되어, 가치화된 문화적 전통과의 잠재적 차이를 상실했다고 주장한다. 가치화된 전통과 문화적 공간 사이 관계를, 세속적 공간 내에서 문화의 점진적 확산으로— 특히 근대에 자주 이렇게 받아들여졌다—, 세속적 사물이 승인되는 문화적 가치들에 따라 모델링되는 과정으로, 세속적 일상 언어가 세련화되어 가치화되고 전범화되는 문화의 언어와 유사해지는 과정으로 파악할 수 있다.[12] 혁신은 이러한 세련화와 교화Kultivierung에 저항한다. 세속적 공간을 전통문화의 전범에 따라 변화시키는 것이 아니라 문화적 전범들과 대조하려는 것이 혁신이기 때문이다. 그리하여 근세에 규범적 문화가 증대하고 확산되어 결국 모든 세속적 공간을 억압할 것이고 모든 문화적 창조를 가로막을 것이라는 우려가 계속 제기

---

12   문화적 세련화를 자연 파괴라고 비판하는 것은 이미 루소에게서 시작된다. 데리다는 다음에서 그에 대해 논평하고 있다. Jacques Derrida, Hans-Jörg Rheinberger(Übersetzer), *Grammatologie*, Frankfurt a. M.: Suhrkamp Verlag, 1974, 178ff.

되었다. 이전에는 예상치도 못한 방식으로 전통문화가 대량으로 확산될 가능성을 제공한 19세기 중반 이후의 기술적 혁신으로 인해 그 우려는 더 심화되었다.[13]

문화적 산물의 대량 확산을 보는 계몽적이고 낙관적인 관점도 보수적이고 비관적인 관점도 고려하지 않는 것이 있다. 세속적 공간에 도달하게 되는 문화적 가치들은 가치이기를 멈추고 세속적이 된다는 사실이다. 거꾸로 문화적 콘텍스트에 들어오게 되는 세속적 오브제들은 그 세속성, 그와 함께 현실성, 생명성과 힘, 이뿐만 아니라 비밀과 권력을 상실한다. 아주 높은 가치의 문화적 사물도 대중적 의식 Massenbewusstsein이나 대량 생산에 도달하게 되면 그 가치 자체를 규정해주는, 가치화된 문화적 콘텍스트 내에서의 특별한 자리를 잃는다.[14] 이념, 예술 형식, 사유 방식, 문화적 삶의 제의, 이데올로기적 확신들이 가치화된 문화적 콘텍스트에서 떨어져 나오고, 문화적 기억의 복잡한 망 내부의 특별한 자리를 상실하고, 문화적 동일화와 차별화의 체계 외부로 나가게 되면 [그것들은] 이내 곧 전적으로 거칠고 세속적이 된다. 자신들의 본래적 형태와 의미를 잃어버리는 것이다. 그것들은 자신들에 대항하는 면역성이 없는 환경에서라면 마치 전염병처럼

13 일례로 오스발트 슈펭글러에게서 문명과 문화의 대립을 보라. Oswald Spengler, *Der Untergang des Abendlandes*, München: Beck, 1923, 43ff.

14 이런 문화적 가치들은 이제 '부유(浮遊)하기' 시작한다.(Jean Baudrillard, Gerd Bergfleth, Gabriele Ricke und Roland Voullié(Übersetzer), *Der symbolische Tausch und der Tod*[*L'échange symbolique et la mort*.], München: Matthes & Seitz, cop., 1982, 140f.)

거침없이 확산되고 변형되기 시작한다. 기독교, 이슬람교 및 불교가 —그 이후에는 마르크스주의가— 이러한 방식으로 확산되었고 애초의 모습을 알아보기 못할 정도로 변형되었다. 모든 가치는, 그것이 문화적 콘텍스트 내부의 특별한 자리를 차지하지 않는 채로 '진리'로서의 세속적 공간과 직접 대결한다면, 아카이브에서 보존됨으로써 보장되던 자신의 정체성을 상실한다.

벤야민은 예술작품이 대량으로 확산됨으로써 [그것이] 문화적 공간 내의 특별한 자리를 상실하고 이와 더불어 예술작품의 본질적 마법을 이루던 아우라를 잃는다는 것을 보여주려 했다. 벤야민은 문화적 사물이 특정한 자리에 묶여 있는 것을 지리적으로 곧 문화적 사물이 특정한 공간에 유일무이하게 현존하는 것으로 이해한다.[15] 하지만 예술작품과 모든 문화적 현상에 더 결정적으로 중요한 점은 문화적 기억이 특정 공간에 고착하는 것이다. 진보에 적대적인 근대의 비판은 모두 [예술작품의] 대량 확산을 전통적 문화의 에피파니Epiphanie[현시顯示]가 아니라 세속적 오브제들의 기계적 산출로 이해하고, 세속적 사물과 문화적 가치 사이의 외면적 유사성은 그 둘 사이의 근본적 차이를 감추는 것으로 본다.

대중문화에 대한 이와 같은 비판은 언뜻 보면 엘리트적이고 비민주적인 것 같지만, 특이하게도 바로 이 비판이 대중문화의 개별 현

---

15   Walter Benjamin, *Das Kunstwerk im Zeitalter seiner technischen Reproduzierbarkeit*, Frankfurt a. M.: Suhrkamp, 1963, 11ff.

상들이 가치화된 문화적 지위를 얻는 것을, 이제는 세속적 사물로서의 문화적 지위를 얻는 것을 가능하게 한다. 일정 시간 대중문화 속에서 세속화된 문화적 가치들은 그 세속성이 일정한 수준에 이르게되면 다시금 새로운 문화적 가치들로 가치화되고 이전의 전범들과 비교될 수 있다. 대중문화를 키치로, 문명화의 심미적 쓰레기로 보는 부정적 이해가 문화적 기억의 체계 내에서 대중문화의 심미화와 가치화의 길을 열어주는 것이다. 고급예술의 문화 외부적 위조가 황당무계하고, 가소롭고, 무용지물이고, 추하고, 사소하며, 깊이가 없거나 촌스럽다고 묘사된다는 사실이 이러한 특성을 심미화할 가능성을 열어준다.[16]

대중문화에 비판적 거리를 취하는 팝-아트의 태도는 그 나름대로 대중문화를 문화적 전통으로 통합하기 위한 전제였다. 대중문화가 가치 있는 것으로 여겨졌었다면 이와 같은 통합은 가능하지 않았을 것이다. 유럽 아방가르드의 시작부터 예술가들은 가치화된 문화와 가

16　클레멘트 그린버그는 유명한 글 『아방가르드와 키치(Avant-garde and Kitsch)』(1939)에서 고급 혹은 '진정한' 예술과 대중적 예술 생산 사이에 넘을 수 없는 경계를 긋는다. "새로운 시장의 요구를 충족하기 위한 새로운 상품이 고안되었다. 대체문화, 키치가 그것이다. 키치는 진정한 문화의 가치에 둔하지만 그럼에도 일정한 종류의 문화만이 제공할 수 있는 기분 전환을 갈구하는 사람들을 위해 생겨났다. 키치는 진정한 문화의 타락하고 아카데미화된 시뮬라크라를 원료로 사용하므로 이러한 무감각을 환영하고 배양한다. (…) 키치는 기계적이고 공식에 따라 작동한다. 키치는 대리적 경험이며 위조된 감각이다."(Clement Greenberg, John O'Brian(ed.), *The Collected Essays and Criticism, Vol, 1: Perception and Judgments, 1939~1944*, Chicago: University of Chicago Press, 1988, 12.) 적어도 팝-아트 이후에는 이렇게 정의된 키치가 아방가르드적 고급예술이 대결하는 주요한 대상이 되었다.

장 거리가 먼 당대 문화의 요소들을 활용했다. 역사적 아방가르드가 〈모나리자〉나 바이올린 같은 가치화된 문화적 오브제들을 사용해 그를 세속화하고 정복하고 파괴하는 것은 그를 새롭게 심미화하기 위함이었다. 이에 반해 오늘날의 미술은 대중문화의 사물들을 거의 훼손하지 않은 채로 사용한다. 대중문화에 대한 오래고 고집스러운 비판의 결과, 이제 그런 사물은 처음부터 세속적인 것으로 여겨지기 때문이다. 일례로 사소하거나 키치적인 예술 형태들을 가치 있고 견고한 재료로 동일하게 생산하는 쿤스는, 적어도 관객 일부는 이것들이 정말로 가치 있고 아름답다고 여기지 않을 것이며 이 아이러니를 이해할 것이라고 가늠할 수 있다. 그의 작업에서 의도적으로 부각되는 지속적 영속성Unversehrtheit의 문제도 그렇게 이해될 것인데, 오늘날 문화의 '정상적' 콘텍스트에서 통상 키치적 형태들은 금방 폐기되도록 되어 있기 때문이다. 이 때문에 값비싸고 영속적인 재료로 그런 키치적 형태들을 재생산하는 것은 완전히 파괴되고 잊혀버릴 것에 대한 모든 문화의 불안을 표현하는 적절한 메타포로 기여할 수 있다.[17]

전유 미학의 차원에서 피카소를 복제하고 그 복제를 자신의 원작으로 전시하는 비들로의 작업에 대해 우리는, 정상적인 경우 세속적 공간에 속하는 복제 자체가 가치화되고 있다고 말할 수 있을 것이다. 하지만 이것보다 결코 덜 중요하지 않은 사실은, 피카소가 그만큼

---

17   제프 쿤스와의 인터뷰. David A. Ross, Dund Jürgen Harten(Hrsg.), *Amerikanische Kunst der späten 80er Jahre*, Köln, 121~128.

대중적으로 잘 알려져 있어서 피카소 숭배를 직접 인용만 하더라도 여기서 문제 삼는 것이 진즉에 세속화된 문화적 차원임을 알리기에 충분하다는 점이다.[18] 우리 시대 예술가들이 이미 불신에 빠진 예술적 현상들을 전유Appropriation 작업에 덜 사용하는 것은 그 현상들 속에 있는 세속적 차원을 발견하기 위해 그 현상들과의 복잡한 유희를 연출하는 일이기도 하다. 일례로, 신디 셔먼Cindy Sherman은 과거의 고전적 미술을 가지고 이런 유희를 벌이는데 부분적으로는 이미 전통적인 예술적 요구를 포기한 사진의 가능성을 활용한다.[19] 간단히 말하자면, 현재의 예술 전체는 이미 다양한 방식으로 레디-메이드 미학에 정향되어 있고 스스로를 명시적으로 가치화의 상이한 차원과 벌이는 작업으로 이해하고 있기에, 오늘날 진지하게 이루어지는 예술적 작업들은 그 순수한 형식적 구조에서도 가치화된 것과 세속적인 것 사이의 경계를 조심스럽게 유지한다는 것이다. 문화 내에서 이미 세속적인 것은 전부 인용으로 포착되지만, 여전히 가치로서 여겨지는 것은 주도면밀하게 가치절하 되거나 작업 내부에서부터 해체되어 다시금 가치화될 수 있게 된다.

여기에서 혁신은 문화적 가치들의 광범위한 확산이라고 이해되는 문화의 민주화에 대립하는 사건이다. 혁신은 세속적 공간의 한 측

---

18   비들로에 대해서는 다음을 보라. Uli Bohnen(Hrsg.), *Hommage-Demontage*, Köln: Edition Wienand, 1988, 37ff.

19   셔먼의 예술 전략에 대해서는 다음을 보라. Hal Foster, "The Expressive Fallacy," *Recodings: Art, Spectacle, Cultural Politics*, Seattle: Bay Press, 1985, 59~78.

면, 그 세속적 공간 자체가 교양Bildung의 과정을 거치며 그로부터 벗어나고 극복하고 싶어 하는 측면 곧 자신의 세속성 중 특히 사랑받지 못하는 기호들을 가치화한다. 엘리트적 작품은 엘리트적 의식이 세속적인 것에 관심을 돌리고 가장 세속적인 사물들로부터 새롭고 배타적인 유행Mode을 만들어냄으로써 계속해서 세속적인 것을 새로운 형식 속에서 생산해낸다. 세속적인 것은 교양화된 대중 및 그들의 문명적 규범과 늘 거리를 두기 때문이다. 이는 다시금 가치화된 문화의 민주화와 대량 생산을 통해 지속적으로 문제시된다. 대중이 문화적 가치가 있다고 승인된 것으로 관심을 돌리고 이를 통해 그 가치를 가치절하 한다면, 문화경제적 전략은 문화적 가치들의 이러한 가치절하를 무가치한 것의 가치화를 통해 보상한다. 그렇기에 무가치한 것의 가치화는 문화 민주화의 기호이면서 동시에 민주화에 대항하는 저항의 기호이기도 하다.

오늘날의 예술은 이제 더는 혁신적이지 않고 계속 과거의 예술에만 관심을 가지며, 회고적이고 이미 있었던 것만을 가공할 뿐이라는 비판이 자주 행해진다. 이런 비판은 많은 면에서 타당하지만, 이는 사실 모든 시대의 예술에 다 해당될 수 있다. 역사적 아방가르드가 오로지 장식적 목적으로만 사용된다면 ―오늘날 실제로 자주 일어나듯― 그것은 살롱으로 변질된다. 이러한 방식 곧 처음부터 문화적으로 안정적인 예술과의 관계 맺음은 이미 세속화 과정을 거치면서 그 세속적 차원들이 명시적으로 발견된 바 있는 이전 시기의 스타일 경향들과는 구분되어야 한다. 이 스타일 경향들에 대해서는 낡은 스타일을 단순하게, 혁신적이지 않게 사용했다고 말할 수 없다. 이 스타일들은 세속적인 것을 거쳐 나오면서 세속적인 것의 매혹적 속성을 획득했는데, 마술적 마법, 권력, 즉흥성 그리고 직접적으로 문화 외적인 것을 지시할 수 있는 능력이 그것이다.

어떤 사물, 형태, 언어 혹은 문화적 관습이 가치화된 고급문화에 속하는지 세속적 공간에 속하는지를 선험적으로 이야기할 수는 없다. 모든 문화적 현상은 끊임없이 이 둘 사이의 경계 주변을 맴돌며 그 경계에 대한 자신의 위치를 변화시킨다. 문화적으로 가치화된 전범은 세속적 공간에 도달하면 세속적이 되고 가치이기를 멈춘다. 다른 한편, 세속적 사물은 가치화된 문화적 기억에 자리 잡으면 세속적이기를 중단한다. 특정한 사물 및 그 가치의 현재적 위치와 무관하게 정의될 수 있는 질적·가치적 기준이 존재한다면 가치화된 문화와 세속적 공간의 융합도 가능할지 모른다. 그러나 이런 기준이란 존재하지 않고, 그렇기에 그 자체로 세속적인 사물, 현실 혹은 자연, 존재 혹은 삶[생], 건전한 인간 오성悟性, Verstand 등도 존재하지 않는다. 아름다움의 이상이 그 자체로 존재하지 않는 것과 마찬가지다.

문화적 쓰레기의 미적 재생

여기서 재차 강조되어야 하는 사실은, 문화적으로 가치 있는 것과 세속적인 것 사이 관계에 제기하는 질문은 문화와 자연 혹은 문화와 현실 사이 관계에 제기하는 질문과는 분명히 다르다는 점이다. 자연이나 현실이 문화와 비교해 무가치한 것으로 간주된 때에, 그것을 예술이나 이론으로 고양하는 일은 그 위계를 높이는 것으로 여겨졌었다. 오늘날에는 하찮고 문화적으로 무가치한 예술이 가능할 수 없을 정도로 많다. 동시에 자연은 오늘날 문화적 산물보다 더 높은 가치를 지니는 것으로 평가되고 그 보존을 위해 제도적 측면이 동원되기도 한다. 이전 시기에는 세속적인 것이 자연·존재 또는 현실과 관련되고 그것이 문화를 통해 지칭되어야 한다고 여겨졌었다면, 이에 상응하는 가치 경계—이전에는 현실과 그 현실의 문화적 묘사 사이에서 형이상학적으로 정의되던—는 끊임없이 문화경제적 논리에 따라 이동된다. 이전에 기호였던 것이 사물이 되고, 이전에 사물이었던 것이 기호가 되는 것이다.

생태학적 위기는, 첫눈에 보이는 것과는 달리, 세속적인 것을 별로 건드리지 않는다. 세속적인 것의 영역은 가치화된 문화의 쓰레기와 폐기물로 끊임없이 채워지기에 계속해서 갱신된다. 이 쓰레기들을 근원적인, '순결한', 자연적인 세속성 다시 말해, 이렇게 쏟아지는 쓰레기 때문에 파괴되고 진정성을 상실했다는 그 근원적인 세속성과 구분하는 것은 자의적이고 순전히 이데올로기적이다. 쓰레기장은 세속적인 것을 표명하지만 현실이나 삶[생]보다는 아마존 지역의 순결한 자연을 더 표명한다. 파괴되지 않은 자연과 더 관계해야 할 것이라 생각되는 생태학적 담론이 쓰레기 문제에 집중하는 것은 우연이 아니다. 문화 쓰레기는 생태학이 등장하고 나서야 비로소 공공적 의식에서 지금처럼 중요한 자리를 차지하게 되었다. 20세기 예술가들은 쓰레기를 심미화해왔는데, 그들은 생태학적 논의가 등장하기 전부터 갤러리와 미술관을 쓰레기장으로 변모시키는 작업들을 벌여왔다. 오늘날 기술화된 문명의 초창기에 예술가들은 벌써 쓰레기의 세속적 잠재성을 인식하고 있었던 것이다.[20]

한편으로 쓰레기는 문화 속에서 세속적인 것이 갖는 양가적 역할을 잘 보여주는 사례다. 버려진 사물은 한편으로는 최고로 무가치하고, 세속적이며, 불필요한 것이다. 그러하기에 예술 속에서 버려진 사물을 가치화하는 일은 위계적으로 가장 무가치한 것에 최고의 문화적 의미를 부여할 수 있는 예술의 강력함과 자유를 과시하는 일이다. 다른 한편, 쓰레기를 버리는 제스처는 성스러운 희생물, 소유의 포기, 고행과 제의를 지시하기도 한다. 이러한 관점에서 볼 때, 예술은 특정 공간, 자연 또는 무에 무엇인가를 내어주는 제스처에 함축된, 성스러운 것의 잠재성을 자기 것으로 삼는다. 이처럼 쓰레기에는 이 두 가치 층위가 동시에 현존하며, 그것이 쓰레기의 문화적 사용에 필수적 긴장감을 부여한다.[21] 이와 같은 측면에서 보면, 쓰레기를 재생

20 예술 거래의 메커니즘이 자주 쓰레기 재활용을 사례로 특히 폐차를 예로 들어 토론되어 온 것은 우연이 아니다. Holger Bonus und Dieter Ronte, *Die Wa(h)re Kunst. Markt, Kultur und Illusion*, Erlangen; Bonn; Wien: Straube, 1991.

21 일리야 카바코프(Ilja Kabakow)의 작업에서 쓰레기의 테마가 그 사례다. 이에 대해서는 다음을 보라. Boris Groys, *Zeitgenössische Kunst aus Moskau. Von der Neo-Avantgarde zum Post-stalinismus*, München: Klinkhardt & Biermann, 1991.

의 과정에 편입시키는 생태학적 의식은 아마도 유럽인들에게는 세속화Säkularisierung를 향한 진전일지도 모른다. 그렇게 되면 쓰레기는 익명적 무한성에 내맡겨지는 성스러운 희생물로서의 성격을 상실한다. 다른 한편으로 쓰레기의 생태학적 재생은 쓰레기를 미학적 혹은 문화경제적으로 사용했던 이전 시기의 계승이기도 하다.

가치절상과 가치절하

우리 문명의 쓰레기는 외부 세계를 문명화하려는 지속적 시도가 문화적 생산의 흐름을 세속적 공간으로 가져와 그 속에서 쓰레기가 되는 방식으로만 생겨나는 것은 아니다. 세속적 공간은 다른 이유에서도 문화의 사물로 채워진다. 보다 급진적인 모든 혁신은 문화적 기억을 새롭게 조직하고 지금까지 그곳에 보존되어온 사물들을 제거한다. 문화의 기억은 장기 기억장치와 하드디스크로 구분되는 컴퓨터에 견줄 수 있다. 과거의 기념비들은 지속되는 혁신을 통해서도 문제시되는 경우가 드물다. 그런데 이와 유사하게 진행되는 문화적 운동들에서는 우리를 아연케 하는 결과와 자주 접하게 된다. 예술적 근대에 밀어닥친 충격 효과는 무엇보다 살롱회화의 급속한 가치절하를 불러왔는데, 살롱회화는 19세기 말 같은 시기에 작업을 벌이던 인상주의와 초창기 후기 인상주의 화가들에 의해 역사적 기억에서 추방되었다. 여기서 생겨난 것이, 오늘날까지도 무명 예술가들을 격려하고 유명 예술가들은 잠 못 들게 하는 유명한 반 고흐콤플렉스다.

나아가 반고흐콤플렉스는 문화경제적 논리가 시장의 논리로 환원될 수 없는 이유도 설명해준다. 한 예술가나 이론가의 상업적 성공은 그의 작품이 다수 대중에 의해 금방 이해되었다는 것이기에 작품 자체가 충분히 혁신적이지 못하다고 추정케 한다. 나아가 이 작품은 문화적 아카이브에 수용되지 못할 것이며, 따라서 시간이 지나면 그 가치를 상실할 위험에 노출될 것이라고 추정케 한다. 반면 한 작품의 상업적 실패는 그 작품의 혁신적 힘의 기호로, 사후적으로 가치 있는 문화의 콘텍스트에 수용될 기호로 해석된다. 상업적 성공은 문화적 실패, 따라서 차후에 발생할 수 있는 상업적 실패의 특징이 되고, 상업적 실패는 차후에 이루어질 수 있는 성공의 특징이 되는 것이다. 이러한 정황은, 시장에서의 성공 자체가 한 작품의 문화적 가치에 대해 객관적인 것은 아무것도 이야기하지 못하며 그렇게 해석되어서도 안 됨을, 나아가 이러한 해석이 다시금 문화경제적 논리에 종속되어 있음을 말해준다. 시장 가치는 문화 가치와 질적으로 다르지는 않으나 결코 간단히 삭제되지 않는 시간적 요소를 통해 문화 가치와 구분된다.

19세기 살롱회화는 —다시 앞의 사례로 돌아가자면— 결코 혁신에 낯설지 않았다. 개별 [살롱회화] 화가들은 엑조틱한 스타일이나 모티프, 에로틱한 테마, 데카당적인 상징적 분위기나 세속적 실물들 Realien을 사용함으로써 자신들 작업에 다양성을 꾀했다. 같은 시기에 살롱회화보다 더 급진적인 예술 운동이 일어나지 않았더라면, 이와 같은 개별적 혁신만으로도 많은 살롱 화가가 미술사에 확실한 자리를 보장받았을 것이다. 그런데 모든 급진적인 혁신은, 전통 자체를 가치절하 하지는 않아도, 적어도 순전히 긍정적이고 비혁신적인 전통의 지속 혹은 어정쩡하게 혁신적인 전통의 지속을 가치절하 한다. 일례로 레디-메이드의 등장 이후, 무로부터 자발적이고 창조적인 활동성을 요구하는 것은 나이브한 태도로 여겨진다. 물론 오늘날에도 특정한 영역에서는 아직 이런 요구가 제기되기는 하지만, 현 시대 예술가들이 그런 요구를 내세울 때는 이들이 그들 작품의 기성既成적, 인용적, 순전히 문화 내적 성격에 대한 지시와 균형을 맞추기 위해서다.[1] 자발성·창조성·직접성을 언급하는 것은 그 자체로 인용적 성격을 얻게 되었고, 그 언급은 지배적인 비표현주의적 미학에 의해 비로소 정당화된다. 이 반대의 경우라면 직접성에 대한 요구는 나이브하거나 그 현실화 가능성에 대해 역사적으로 제기되어온 의심을 고려하지 않기 때문에 심지어 허위적이 된다. 흥미로운 것은, 비반성적 직접성과 자발성은 여기에서 기성 인용들의 명시적 사용과 이와 결합된 반성성보다 덜 진정하고 덜 솔직하다는 점이다.

당시 살롱회화 또한 허위적이고 형식주의적이며 삶과 동떨어져 있고 심지어 위선적이라고까지 비난받았다. 심리적으로 볼 때 이런 비난은 들어맞지 않는 것이었다. 살롱 화가들은 아름다움과 문화의 의미에 대해, 자신들 예술의 의의와 유용함에 대해 의심할 바 없이 솔

---

1   예를 들어 독일 신표현주의가 이에 해당된다. "새로운 독일 화가들은 비평가들이 생각하듯 매개되지 않은 표현을 추구하는 것이 아니다. 오히려 이 독일 화가들은 단 하나의 제스처에서 대립적인 것들의 자발적 결합에 의존하는 자연적 표현의 코드, 이미 존재하는 그 코드들을 사용함으로써, 우리 내면에서 추상에 대한 저항을 부추기려고 한다. (…) 이런 방식으로 제스처를 사용하는 데서 본능에의 호소 같은 건 없다. 제스처는, 마치 형상들이 문화적으로 조건 지워지는 것과 마찬가지로, 처음부터 사회적으로 규정되어 있는 것이다."(Donald B. Kuspit, "Flak from the 'Radicals': The American Case against Current German Painting," Brian Wallis(ed.), *Art after Modernism, Rethinking Representation*, New York: New Museum of Contemporary Art, 1984, 141f.)

직하게 믿고 있었다. 살롱회화는 인상주의라는 배경하에서만 솔직하지 못한 것으로 고찰될 수 있다. 우리가 인상주의를 외적이고 내적인 현실을 지시하는 예술로 승인하는 한 말이다. 후기 인상주의 역시 그 이후 시대의 더 급진적인 예술 흐름들 옆에 계속 존속하는 동안에는 아류적이고 허위적인 것으로 여겨졌다. 솔직함, 직접성, 삶에의 진정성Lebensechtheit 등 — 심리적 성격을 지니는 것으로 보이는 특징 —에 대한 문화적 이해는 통시적으로 조직된 문화적 기억 체계 속에서 특정한 예술작품이 차지하는 자리만을 지시한다. 특정한 해에 완성되었다면 전적으로 솔직한 게 되는 작업이 나중에야 제작된 것임이 밝혀진다면, 그것은 솔직하지 못한 게 된다. 그러한 연대기는 대부분 사후적으로post factum 제작된다.

한 예술작품의 솔직함, 직접성, 삶에의 진정성이란 그 작품이 문화 외적 현실, 세속적인 것, 새로움을 지시한다는 것을 의미한다. 많은 사람이 이러한 지시를 현실적으로 자신에게 닥친 것, 자신이 실제 믿는 것, 자신을 위해 그 자신이 살아가는 것을 묘사하는 예술가의 주관적 의지로 파악한다. 많은 예술 담론, 특히 근대에 생겨난 많은 [예술] 담론의 극단적 심리화가 이로부터 연유한다. 그것은 주관적 진정성을 전통, 학파 및 전승되는 예술 형식과 대립시키고는 주관적 진정성을 새로움의 근원이라고 해석한다.[2] 이러한 사정은 이론적 혹은 문

---

2   "이 모든 특성(비-동일성, 반복 불가능성, 창의성, 인식 불가능성, 과학에 의한 피지배 불가능성)은 주체의 속성으로 간주될 때에만 비로소 우리의 지원자(개체성)에게 부여될 수 있다. 실

학적 담론에도 마찬가지다. 일례로 전통적 논리학과 수사학의 기준에 상응하지 않는 혼란스럽고, 비약적이고, 비일관적인 언어가 진정성 있는 언어로 여겨지는 것이다. 하지만 사물·언어·기호뿐 아니라 사고와 태도의 습관들 또한 가치화된 문화와 세속적 공간 사이 경계와 관련해 자주 그들 자신들의 위치를 바꾼다. 이를 통해 비-논리적 언어와 즉흥적 회화가 이미 오래전에 세속적 공간에서 가치화된 문화로 자리를 옮겼을 수 있으며, 그래서 [비-논리적 언어와 즉흥적 회화가] 진정성의 기호로 곧 세속적인 것, 현실과 삶에 대한 지시로 이해되기는커녕 이미 가치화된 문화의 관습적 기호로 기능할 수도 있는 것이다.

지로도 그러해야 한다. (…) 주체성은 간접적으로, 관찰자 관점이나 자기 관찰적 관점으로는 알 수 없고, 우리는 의식적 삶의 속성과는 직접적으로 친숙하다."(Manfred Frank, "Individualität und Kreativität," Die Akademie der bildenden Künste Wien, *Die Wahrheit in der Malerei*, Wein 1988, 36.) 그리고 "한 개인의 개입을 통해 새롭게 세계에 등장하는 것이 체계나 규칙의 변화다. (…) 체계 변화의 근거를 체계 자체에 전가하기는 '언어는 자기 자신을 말할 뿐 아니라 자기 자신을 변화시킨다'고 주장하는 언어 페티시즘에 빠지는 것이다."(같은 책, 38.)

　　프랑크에게 체계의 변화는 즉흥적이고 무의도적이며, 무의식적이어서 피할 수 없는 것으로 이해된다. 실지로 개체성─주체성으로 이해되는─은 체계의 규칙을 '자동적으로' 따를 수 없기에 개인적 이탈은 필요 불가결 하다. 하지만 이러한 이탈은 어디까지나 세속적인 것으로 남는다. 이를 통해 새로움은 '세계 속에' 등장하기는 하나 가치 있는 것으로 승인되지 않기에 문화적 아카이브에 편입되지 않는다. 피할 수 없는 개인적 이탈을 하나의 새로운 규칙으로 가치절상 하는 일은 그 변화의 가능성과 필연성이 체계 자체에 예정되어 있는 체계의 변화로서만 일어난다. 프랑크에게 개체성은 검손(bescheiden)하기 때문에 주관적이다. 그 개체성은 이탈적 태도로만 체계 속에서 자신을 드러낼 뿐이 체계에 획기적 변화를 일으키지 않는다. 프랑크는 이렇게 쓴다. "끝으로 우리는 개인의 창의성을 지나치게 과장하는 것을 경계하고자 한다. 니체, 하이데거, 이들뿐 아니라 그들의 포스트모더니즘 후계자들이 그 개인의 창의성을 독일 관념론의 주관주의적 전능함의 판타지라고 올바르게 비판했듯이 말이다. 개체성은 주권적 세계 창조와 의미 창조의 심급이 아니다. 그것은 보편적인 것에 붙어 있는 ─많은 경우 좀처럼 감지되지도 않는─ 그저 한 수(手)로만 등장한다."(같은 책, 38.)

그렇기에 예술에서의 솔직함은 삶에서의 솔직함과는 아무 관련이 없다. 문화적으로 중요한 위치로서의 솔직함은 가치화된 것과 세속적인 것 사이의 경계 구획을 되도록 엄밀하게 포착한 결과다. 이와 같은 엄밀한 포착은 적어도 전통을 그대로 재생산하는 것만큼이나 철저한 기초교육Vorbildung을 요구한다. 전통의 힘을 믿는 심리적으로 철저하게 솔직한 예술가나 작가는 문화적 콘텍스트에서는 대부분, 관습적인 것에 목매다는 솔직하지 못한 아류 인생으로 여겨진다. 문화와 삶의 혼합에서 나오는 슬픈 오해다.

그에 반해 한 예술가가 자신의 문화적 환경을 떠나 —실제로건 상징으로건— 타히티나 아프리카로 가서 그곳에서 절대적으로 예술적이고 인위적인, 낯선, 심지어 그 자신에게는 '허위인' 상황을 만들어내면, 그 예술가는 솔직하다고 여겨진다. 한 예술가가 자신의 삶 경험을 자신의 예술에 사용할 때도, 예술가는 우선 외부로부터, 가치화된 문화의 관점에서 자신의 삶을 고찰해야 한다. 그렇지 않으면 예술가는 주관적이고 심리적으로는 솔직할지라도 문화 속에서는 솔직하지 않은 게 될 것이다. 이를 통해 예술가 자신의 삶의 경험은 인공물이 된다. 처음부터 그 경험은 부정적 순응의 논리를 따라 지배적인 문화적 가치들의 대립물로 정립되고, 이 가치의 현존으로부터 순화되기 때문이다. '진짜richtigen' 삶에서는 개인적 경험들이 필연적으로 바로 그 가치들의 영향을 받음에도 말이다. '실재적' 삶의 경험이란 문화적으로는 늘 하찮다. 삶의 경험은 우리가 그 속에서 살아가는 문화의 가치에 의해 규정되기 때문이다. 이 경험은 모든 이전 가치로부터 순화된 인공물로서만 진정성 있고 독창적인 것이 된다.

시대의 혁신에 대해 알지 못하거나 그것을 고려하지 않는 예술 작품 또는 이론적 담론들은, 그 작품 또는 담론들이 문화적 가치로 고안되었고 하물며 일정 기간 그렇게 기능했다 하더라도, 문화적 기억에서 추방되어 대량 문화의 대상이 되어서는 세속적 공간으로 들어간다. 이는 동시대인들보다 예술이나 이론을 더 잘 판정 내릴 수밖에 없는 후손들의 중재 판결 문제가 아니다. 특정한 시대 혁신의 전체상은 역사적 관점에서 더 분명하게 인식된다는 말이다. 이러한 혁신 중 역사적 기억에 가장 혁신적인 것이 선택된다. 문화적 기억 속에 보존되는 건 당대를 초월하거나, 보편적인 것, 초시간적인 것, 영원과 진리를 재현하는 것이 아니라, 가장 급진적으로 그 시대와 엮여 있는 것이다. 영원한 것을 문화적으로 보존하는 것은 사실상 불필요한 일이다. 자신들 시대에 성공하지 못했던 예술가나 이론가들은 일정 기간 세속적 공간 속에서 숨죽여 있다 나중에 다시 가치화될 수 있다. 살롱 회화에 바로 이와 같은 일이 여러 번 일어났으며, 아마 미래에도 이런 일이 일어날 것이다.

이로부터, 생태학적 논증의 근본 결함이 어디 있는지 분명해진다. 생태학적 논증은 문화와 세속적 공간 —삶, 자연, 자발적 민중문화 등으로 이해되는— 사이에 처음부터 고정된 구분이 존재하며, 세속적 공간 전체가 문화에 의해 채워지고 소유될 수 있으며, 역으로 문화 전체가 세속적 공간에 흡수될 수 있다는 믿음을 전제한다. 그와는 달리 가치화된 문화와 세속적 공간 사이의 구분은 위치에 결부되어 끊임없이 변화한다. 지금 문화로 여겨지는 것은 일단 대량으로 확산되고 나면 세속적인 것이 된다. 반대로, 세속적인 것으로 업신여겨지는 것은 어느 순간 가치화되고 특별히 주의를 기울여 보존되기도 한다. 문화적인 것과 세속적인 것 사이의 경계 극복은 제삼의 보편적 힘에 의해 보증될 수 없고, 이 경계 자체도 어떤 다른 것에 의해 보증될 수 없다. 오히려 그 반대다. 경계는 끊임없이 새로운 경계를 짓는다. 그렇기에 새로움도 매번 새롭게 가능하다. 새로움이 거기에 맞서 스스로를 정의하는 그 경계가 이전에 이루어진 혁신과는 독립적으로 매번 새롭기 때문이다.

혁신적 교환

교환의 문화경제학
혁신적 교환과 기독교
혁신적 교환의 해석
문화적 가치 경계와 사회적 불평등
혁신적 교환으로서의 사유
저자

교환의 문화경제학

혁신은 기본적으로 교환이라는 문화경제적 형태로 행해진다. 이 교환은 세속적 공간과 가치화된 문화적 기억 사이에서 일어나는데, 문화적 기억은 미술관·도서관 및 다른 아카이브에 보존되어 있는 문화적 가치들의 총체와 이 아카이브와 관계하는 관습·제의·전통으로 구성된다. 모든 혁신은 세속적 공간의 특정한 사물을 가치화해 문화적 아카이브에 도달하게 하고, 반면 특정한 문화의 가치는 가치절하 하여 세속적 공간에 도달하게 한다. 혁신을 교환으로 이해하기는 이상해 보일 수도 있다. 통상 창조적 행위의 산물들은 특정한 가치를 갖지 않는, 절대적으로 비교 불가능 하고 교환 불가능 한 것으로 파악되어온 때문이다. 혁신에 대한 이와 같은 전통적 표상은, 예술작품이나 이론적 담론은 문화와 세속적 공간 너머에 있는 숨겨진 현실을 재현한다는 믿음에서 연유한다. 그러나 가치화된 것과 세속적인 것 사이의 경계가 어떤 식으로든 지속되는 한, 그 둘 사이에 다리를 놓는 것은 둘 사이 경계의 지양이나 구분된 두 영역의 최종적 융합이 아니라 교환을 통해서만 이루어진다.

세속적 층위와 문화적 층위를 다 가지고 있는 예술작품은 일정 정도 그 둘 사이 교환의 무대로 기능한다. 일례로 20세기 미술이 세속적 사물을 사용함으로써 이 사물들은 예술적이고 규범적인 대상이 되었다. 세속적 디자인, 상업예술과 대량 생산은 이전 시기에는 고전적 예술을 따랐던 것처럼 점차 이런 대상을 따르기 시작했다.[1] 이전 시기 고전적 예술은 낡아빠진 키치가 되어 세속적 공간으로 내려왔고, 이 점이 고전적 예술을 다시 새롭게 심미화하고 가치화하는 것을 가능하게 했다. 기하학적 대중 디자인도, 이와 같은 사례인데, 나중에 신기하학[네오 지오]Neo-Geo의 예술 경향 속에서 가치화될 수 있었다.[2] 가치화 전략과 상업화 전략은 이렇듯 아주 밀접하게 서로 결합되어 있다. 문화적으로 가치화되는 것은 모두 그 결과 상업화될 수 있다. 한편 상업화되는 것은 자신의 문화적 가치를 상실한다. 그렇기에 상업화되는 것은 세속적인 것으로서 다시금 가치화될 수 있고 가치화되어야 한다. 가치화와 상업화는 이처럼 서로를 보완할 뿐 아니라 계속해서 서로를 교환한다.

이론적 담론에서도 이러한 교환의 흥미로운 사례를 찾을 수 있다. 프로이트는 오이디푸스 신화처럼, 당대에는 잊혀 있던 고전적 인문주의 교양의 요소를 새롭게 가치화하고 나아가 상업화하는 데 성공했다. 프로이트는 오이디푸스콤플렉스를 모든 개인의 정신 안에 자

---

1   20세기 저급예술과 고급예술의 교환에 대한 많은 사례는 다음을 보라. Kirk Varnedoe & Adam Gopnik, *High and Low: Modern Art and Popular Culture*, New York: Museum of Modern Art, 1991.

2   이에 대해선 다음을 보라. Peter Halley, "The Crisis in Geometry," *Collected Essays 1981-1987*, Zürich: Edition Bruno Bischofberger Gallery, 1988, 75ff.

리 잡게 함으로써 많은 사람으로 하여금 평소라면 전혀 흥미롭게 여기지 않았을 텍스트의 독서에 관심을 가지게 했다. 여기서 프로이트는 고전적 교양과 당대 정신 사이의 매개자로 등장한다. 오이디푸스 콤플렉스 이론이 함축하는 두 가치 층위는 내적이고 문화적인 생산적 긴장을 산출한다.

오이디푸스 비극에 대한 프로이트의 독해는 고전적 교양이라는 관점에서 보면 일종의 신성모독이다. 프로이트는 민주주의적 대중심리와 '저급한' 병리적 욕구에 대한 세속적 관심을 고급한 문화적 전통에 편입시킨다. 프로이트에게서 오이디푸스 비극은 배타성과 영웅성, 특권성, 환원될 수 없는 역사성을 상실하고 무의식을 규정하는 보편적 법칙의 예시Illustration가 된다. 프로이트는 이를 통해 특정 텍스트에 대한 '저급한' 독해를 고급문화에 통합하는데, 이런 독해는 이후 화려한 이력을 쌓게 된다. 다른 한편, 프로이트에게는 평균적이고 민주적인 대중인간Massenmensch이, 이전이라면 특권 받은 사회계급만이 알던 고급한 그리스 비극의 직접적 담지자가 된다. 광범위한 독자층이 그리스 신화를 이해하게 되는 것이다. 프로이트의 이론은 이러한 점에서 세속적인 것의 문화적 가치화와 문화적인 것의 세속적 상업화를 연결하는 혁신적 교환의 훌륭한 사례가 된다.

고전적 인문주의 교양을 무의식 혹은 '삶 자체로' 재배치함으로써 보편화하는 과정은 프로이트 이전에 니체가 아폴론적인 것과 디오니소스적인 것의 이분법을 통해 제시한 바 있다. 더 이전에는 마르크스가 이미 잊혀 있던 헤겔의 난해한 변증법을 구제해 임금노동자의 삶 향상과 결부함으로써 헤겔을 새로운 시대를 위해 상업화하는 데 성공했다. 다른 한편, 마르크스는 철학자들로 하여금 전통적인 고급 철학적 차원에서는 고찰되지 않는 세속적이고 경제적인 문제들을 다루도록 고무했다. 이런 전략은 오늘날까지도 찾아볼 수 있다.

따라서 문화적 가치화와 경제적, 재정적, 상업적 성공 사이의 관계를, 발뒤꿈치에서 나오는 창조적 힘에 붙어 시장에 대한 대항물로 만들어지는 모든 것—근원적으로 다른 것, 대안적 공간, 모든 위계와 불평등을 극복하는 유토피아—을 흡수하고 유용화하고 상품으로 변화시키는 악마 같은 시장의 활동성으로 이해해서는 안 된다.[3] 예술적 창조와 시장 사이의 이러한 변동적 관계 모델은 예나 지금이나, 창조적인 것이란 저편에 존재하는 어떤 원천으로부터 파악할 수 없는 방식으로 길어져 나와 결국 우리가 너무 잘 아는 방식대로 흡수되고 유용화되고 상업화될 뿐이라고 전제한다. 하지만 혁신이 이미 존재하는 것 곧 가치화된 문화적 기억 혹은 세속적 공간에서 특정한 가치를 지니는 것에서 작동하며, [혁신이] 이 가치들의 관계 내 변화를 다시 말해 가치의 전도를 지향하는 것이라면, 혁신은 근원적으로 이미 경제적 작동의 일종임을 의미한다. 예술작품이나 책의 광범위한 상업적

---

3 "사회적으로도 오늘날 예술의 상황은 아포리아[aporia]다. 예술은 자율성을 포기하면 현존하는 사회의 경영에 맡겨지게 된다. 예술은 엄격하게 자신 속에 머무르면 무해한 영역으로서 그보다 더 잘 사회에 통합될 수 없다. 일어나는 것은 모두 다 삼켜버리는 사회의 총체성은 이 아포리아 속에서 드러난다."(Theodor W. Adorno, *Ästhetische Theorie*, Frankfurt a. M.: Suhrkamp, 1970, 352~353.)

교환에서 자연을 거스르는 것Widernatürliches은 아무것도 없다. 이와 같은 혁신의 성격을 드러내는 데 우리가 '가치화Valorisierung'라는 용어를 사용하는 것도 이런 이유에서다. 가치화는 이상적 가치만이 아니라 상업적 가치도 함께 지시한다.

가치화된 문화에서 돈은 적지 않은 역할을 수행한다. 문화적 기억이 아카이브에 보존되려면 돈이 필요하기 때문이다. 문화적 기억이 물질적 아카이브에 보존되기 위해서 돈이 투자되어야 한다는 사실은, 근세에 일어난 유럽적 의식의 세속화라는 기호로 볼 수 있다. 문화적 기억이란 당연히 어떤 재정적 소모도 수반하지 않는 신적 기억의 세속화된 버전이다. 그렇기에 종교적 엑스타시의 순간에 사람들이 종종 문화 기념비들을 기뻐 날뛰면서 파괴하는 것이다. 이런 모습은 회의적인 동시대인과 후손들에게 야만과 광신, 탈문명화의 증거로 여겨진다. 문화적 기념비들을 파괴하는 신앙인들은 실지로 다음과 같은 확신을 가지고 있다. 신은 불필요한 게다가 영원하지도 않은 물질적 기념물 따위를 필요로 하지 않고, 신은 모든 인간의 영혼을 읽으며 모든 것을 기억 속에 그 어떤 문화보다 훨씬 더 훌륭히 믿을 만하게 보존한다는 것이다. 가치화된 문화를 세속적·상업적 가치 나아가 특권화된 위치, 그 특권화된 위치와 관련된 사회적 불평등과의 결속에서 떼어내고, 그 문화를 보장해주는 규제적·지배적 제도에서 해방시키려는 분투는 문화적 전통 자체에 깊숙이 뿌리내리고 있다. 역사 속에서 이런 분투는 종종 가치 있는 문화 전체의 파괴로 변질되기도 했는데, 이는 존재론적으로 불변하고, 파괴되지 않는, 그 자체로 가치 있는 것

을 드러내기 위함이었다.[4]

　　모든 사물은 위계와 가치에 따라 조직되어 있고, 그 사물들의 외부에는 그 사물들의 총체적 파괴를 통해서만 비로소 가시화될 것이라는, 어떤 감추어진 것도 없다는 사실을 받아들인다면, 문화적 아카이브의 파괴는 우리를 그 아카이브 외부에 있는 것 곧 세속적인 것에로 이끌 뿐이다. 파괴될 수 없고 영원한 것, 문화 외부에 있는 요소들을 발견하려는 분투는 결국에는 우리를 문화 자체보다 더 덧없고 허망한 세속적인 것의 영역에 이르게 한다. 문화에서 벗어날 때마다 늘 새로운 보존주기Aufbewahrungszyklus가 시작된다. 문화의 파괴에서 얻어지는 것은 그렇게 파괴된 것보다 더 고도의 보존과 보호를 요구하기 때문이다.

4　　Boris Groys, *Konstruktion als Destruktion*.(준비 중.)

혁신적 교환과 기독교

초기 독실한 기독교인들을 예로 들어보자. 그들은 이교도 문화와 이교도의 기념비를 버리고는 고독한 황야 곧 그 시대 가장 세속적이던 공간으로 갔다. 우리는 이러한 떠남을 상징적 문화 파괴로 이해할 수도 있지만, 또한 세속적인 것, 고독한 황무지가 문화의 아카이브에 침입한 것으로도 볼 수 있다. 이러한 기독교의 은둔 생활은 근본적으로, 자리 잡고 있던 가치를 가치절하 하고 세속적인 것을 가치절상한 혁신이다. 기독교 은둔자들은 극단적으로 세속적인 장소에 자리를 잡고, 가장 원시적인 도구들을 사용하며, 가장 소박하게 먹고 살아가면서 문자적 혹은 예술적 기념비들도 거의 남기지 않았다. 그의 삶[생]이 끝날 무렵에야, 아니면 그가 죽은 후에야 그의 외딴 은둔지에 사람들이 모여들기 시작한다. 이 은둔지는 오래된 가치들보다 더 가치 있는 것이 된다. 시간이 지나면서 이 은둔지에 프레스코화와 봉헌물로 장식된 점점 더 화려한 교회가 세워진다. 그중 최고의 가치는 성인의 유물과 그의 성스러운 삶의 레디-메이드라 말할 수 있을, 그가 사용했던 지극히 소박한 일상 사물들이다. 독창적이지도 않고, 문화적으로 가치화된 형태도 지니지 않는 이 물건들은 그만큼 더 특별히 조심스럽게 보존되어야 한다. 구원을 찾는 은둔자에게 그 물건들이 수행하는 역할, 문화 외적 현실을 재현하는 그 물건들의 특별한 능력 곧 이제 최고의 문화적 가치가 된 물건의 세속성 자체가 성인의 사물을 새롭게 한다. 성인의 삶과 관련된 오브제들을 특별히 보호하고 이 오브제들을 위한 특수한 보존의 콘텍스트를 만들어내려는 것은, 그 오브제들이 자체로 가치 있는 것으로 승인되기 어려운 때문이다. 조각상들로 장식되고 보물로 가득 찬 이교도 성전은, 발굴의 와중에 우연히 그 성전들과 마주쳤더라도 즉시 가치 있는 것으로 인식된다. 그런데 성인이 살았던 동굴을 보는 사람들은 처음에는 아무런 기독교적 성스러움도 찾지 못한다. 겉보기에 그 동굴은 옆 동굴들과 구별되지 않기 때문이다. 그렇기에 성인의 동굴을 보전하고 유지하려는 요구는 더 커지는 것이다.

성인이 체류했다는 사실이 그 동굴을 이념적 의미에서뿐 아니라 세속적이고 경제적인 의미에서도 가치화한다. 그 동굴을 보존하기 위해 특히나 많은 노력과 물질적 소모가 요구되기 때문이다. 기독교적 고행은, 일반적으로 문화적 혁신에 내재하는 것과 같은 두 가치 층위를 내포한다. 성스러운 고행자는 극단적으로 세속적인 공간에 자리 잡지만, 이를 통해 최고의 문화적 이상과 문화적 가치를 체현하는 것이다. 최고의 종교적 지식과 최상의 종교적 경험의 담지자인 성스러운 고행자와 그가 살아가는 세속적 모습 사이의 거리가 분명할수록, 세속적인 것의 가치절상과 문화의 가치절하는 더 급진적이 되고, 혁신적 교환은 더 통렬한 것이 된다.

당연하게도 기독교 자체가 이미 이러한 교환에서 생겨났다. 신적 본질과 인간적 본질이 서로 분리되지도 융합되지도 않는 채 예수 그리스도 안에서 공존한다는 데서 기독교가 성립하기 때문이다. 그리스도의 신적 본질은 십자가에 달린 범죄자들이 맞은 최악의 세속적 운명과 교환된다. 그리스도는 세속적 공물만이 아니라 자신의 종교적 전통도 거절한다. 교회에 그 자신의 현존을 십자가로 바꾸는 것이다. 예수는 로마인들에 의해 범죄자가 되었거니와 유대인들로부터도 이단자로 천명되었다. 처벌의 도구이자 영혼 구제의 도구라는 이중 기능을 가진 십자가는 이로써 세속적 세계와 신의 은총의 교환이 가능한 장소이기도 하다. 이를 통해 십자가가 —이 또한 레디-메이드로서— 유럽 문화의 중심에 자리 잡는 것이다. 근세 유럽의 문화는 가치화된, 과거의 가치, 주요하게 기독교적 가치를 극복하려는 끊임없는 분투 속에서 늘 똑같은 혁신적 교환의 상像을 재생산했는데, 기독교가 바로 그 교환이기에 [근세 유럽의 문화는] 기독교의 지평을 넘어서지 못하는 것이다.[1]

　　문화의 포기, 문화의 파괴, 문화의 극복 —이것은 유럽 기독교 문화 전통 자체에서 지속적으로 등장하는 테마다. 근세에 이루어진 총체적 회의와 총체적 비판은 이 전통을 이어받은 것이다. 이 총체적 회의와 비판은 문화를 파괴하고 문화 외부에서 무엇인가를, 더는 비판될 수 없는 것, 더는 사회적 규제의 메커니즘이나 불평등한 소유 관

1　　루돌프 오토는 기독교적 관점에서 성인을 '전적인 타자'로, 전율을 불러내는 자이자 낯설게 하는 자, 신비스러운 존재로 정의한다.(Rudolf Otto, *Das Heilige*, München: Beck, 1963, 28ff.)

계에 의존하지 않는 자발적이자 자명한 진리에 도달하려 했다. 이러한 외부로의 도약, 진리 자체로의 도약이 가능하다면 실지로 아카이브는 필요하지 않을 수 있을 것이다. 진리가 아카이브 외부에 있기에 아카이브는 파괴되어도 무방할 것이다. 이성, 욕망, 무의식, 삶[生] 혹은 물질Materie 등이 아카이브와는 독립적인, 파괴되지 않는 진리로 여겨질 수 있을 것이다. 근대에 우리는, 옛것이 새로운 것을 가로막고 있기에 옛것을 파괴한다면 새로운 것이 등장하는 길이 열릴 것이라는 견해를 종종 접한 바 있다. 그러나 실지로 새로움에 대한 요구와 새로움의 가능성은 가치화된 문화적 기억의 보존에 의해 규정된다. 진정 문화적 보존을 포기할 수 있다면 '새로움에 대한 강제'는 사라질 것이고, 우리는 다시 '모든 것을 낡은 것으로 만들' 수 있을 것이다. 그러나 이는 실천에서 결코 일어날 수 없다. 문화의 가치절하는 늘 세속적인 것의 직접적 가치절상과 함께하기 때문이다. 문화적 아카이브의 파괴 다음에는 언제나 아카이브의 재구축이 따른다.

특히 역사적 아방가르드 시대에는 미래를 해방하기 위해 문화적 아카이브를 파괴할 것이 요구되었다. 〈검은 사각형〉을 창작했을 때 말레비치는 이를 통해 모든 전통적 가치가 부정되었다고 믿었다. 저 전통적 가치의 배후에서 근원적 검정이 등장한 것이며 그것이 곧 세계의 진리에 다름 아니라고 믿을 것이다. 그렇지만 〈검은 사각형〉은 특정한 세속적 사물—사각형—을 가치 있는 문화적 보존의 콘텍스트에 편입시킨 것으로 묘사되었다. 아방가르드 예술은 파괴를 창조와 동일시하고는, 모든 관습의 포기, 모든 규범의 훼손, [모든] 전통의 파괴가 이러한 관습 및 규범과 전통에 의해 감추어져 있던 현실을 드러낼 것이라고 여겼다. 이 점에서 아방가르드 예술은, 데카르트 이래로 전통적이고 관습적인 진리에 대해 회의하기만 하면 진정한 진리가 저절로 의식에 들어올 것이라고 가정한 유럽 철학과도 같았다. 그러나 실제로는 아방가르드 예술에서 이루어진 전통의 가치절하에는 늘 세속적인 사물이나 이념의 가치절상이 뒤따랐는데, 이들은 저절로 생겨나는 것이 아니라 전통적인 문화적 콘텍스트에서 연유하는 것이었다. 파괴는 은폐된 것이 아니라 세속적인 것을 가시화하는 행위다.

러시아 작가 안드레이 플라토노프Andrej Platonow [1899~1951]는 아방가르드적 사유의 치명적 오류를 정치적 차원에서 드러내 보여준다. 소설 『체벤구르[Чевенгур]』에서[2] 그는, 시민전쟁 시기 한 작은 마을[체벤구르]에서 권력을 획득하고 새로운 공산주의적 사회를 세우려 시도했던 혁명가 그룹을 묘사한다. 그들은 전통적이고, 위계적이며, 문화적인 표상들에 오염되어 있는 주민을 하나둘 총살한다. 결국, 살아남은 지역 주거지들은 다 제거되어 새로운 사회는 낯선 이주민들로만 구성되게 된다. 그런데 이 새로운 사회에서 생겨난 고유한 위계의 존속이 위협받게 되자 그 위계의 문화적 보존이 요구되기에 이른다. 그 결과, 그 사회는 더는 유지되지 못하고 몰락한다. 이 사회는 부정과 파괴의 논리만을 알고 있었기 때문이다. 자기 부정과 자기 정화의 전략은 세속적인 것, 죽음 자체를 통한 위협 앞에서 허약하고 무력하다.

2   Andrei Platonov, "Chevengur," *Juvenil' noje morje*, Moskva, 1988.

세속적인 것으로 전환하며 전통적 가치들을 금욕적으로 포기하는 것은 따라서 언제나 혁신적 교환의 방법이며 전체적으로는 경제적 논리의 심급이다. 이러한 포기는 세속적 공간 속에서 그러한 혁신적 교환의 영역이 가치화되게 한다. 막스 베버Max Weber가 묘사한 바와는 달리, 고행자가 특정의 유용한 활동을 해야 새로운 가치가 창조되는 것이 아니다. 베버는 프로테스탄트적 고행자가 자본주의적 유럽의 힘을 묶어내 이를 생산으로 이전시키는 역할을 했다고 가정한다.[3] 어떤 것의 문화적인, 따라서 결과적으로 상업적인 가치를 고양하기 위해서는 문화적으로 가치화된 전통 하나를 희생하는 것만으로도 충분하다. 여기에서는 생산을 위한 부가적 노력은 요구되지 않는다.

---

3   Max Weber, *Die protestantische Ethik und der Geist des Kapitalismus*, Tübingen: Mohr, 1920.

혁신적 교환의 해석

문화적 전통을 희생하는 것만으로 한 세속적 사물이 갑자기 가치지위를 얻는다는 것은 많은 이에게 충격을 주는 생각이다. 그 때문에 현대 예술은 언제나 불신에 부닥친다. 이런 이유로 희생과 혁신의 경제를 다양한 해석을 통해 정당화하고 근거 정립 하거나 반박하려는 시도가 계속 이루어지고 있다. 그런데 이 과정에서 혁신적 교환 자체는 교환의 메커니즘이 근거하고 있다는 숨겨진 리얼리티와 특정한 관계 속에서 설정된다. 이 장에서는 혁신적 교환의 해석 자체가, [그것이] 이 교환의 문화경제적 논리에 종속되기에, 근거 정립 될 수도 반박될 수도 없음을 밝힐 것이다.

근대 예술가에 대해 다음처럼 말할 수 있을 것이다. 그는 전통적 가치를 창조해내는 자신의 능력을 희생하고, 예컨대 이런 굴욕적 희생을 통해 가치를 얻는 뒤집힌 화장실 솔을 보여줌으로써 고행주의를 수행하고 있다고. [그는] 긍정적 순응, 가치화된 문화적 규범과의 조화라는 의미에서의 가치 생산만이 아니라, 희생의 경제, 곧 생산과 전통적 가치 일반에 대한 포기, 문화적 공간으로부터의 퇴거, 가치 있는 것의 실제적 혹은 상징적 파괴 역시 새로운 가치를 만들어낼 수 있다고.

당연하게도, 이와 같은 희생의 경제란 사기에 불과함을 폭로하려는 시도가 계속 있어왔다. 니체는, 설사 고행자에게는 그런 가능성이 주어지더라도 세속적 기쁨을 향유할 능력이 없기에, 이러한 상황이 그의 고행의 가치를 지양한다고 주장한 바 있다. 우리도 우리 시대 예술가는, 전통적 예술의 견지에서 볼 때, 돌팔이에 불과하고 혁신을 방패막이 삼아 자신의 잠재적 무능함을 감추고 있다고 여길 수 있으며, 그렇기에 그의 혁신이란 무가치하다고 생각할 수 있다. 사실 이와 같은 비판은 부분적으로는 타당하다. 이 비판은, 모든 희생자는 희생자가 되려는 선택의 가능성을 전제함을 분명하게 한다. 양치기가 성자 은둔자가 영혼의 구원을 얻으려 애쓰는 황량한 초원에서 길을 잃는다고 성자가 되지는 않는다. 내적 가치는 객관적으로 검증할 수 있는 것이 아니기 때문에 고행, 희생, 혁신적 교환은 그저 교묘한 속임수일 수 있으며, 그렇기에 우리는 고행, 희생, 혁신적 교환을 말할 수 없다는 비판이 계속 제기된다. 이런 비판은 처음에는 큰 설득력을 갖는다. 그런 만큼 좀 더 자세히 살펴보자.

이 비판의 약점은, 이 비판이 희생으로서의 희생에 대한 해석을 그 희생의 외부적인 것으로 파악한다는 데에 있다. 이[비판]는 한 예술가가 전통적 가치를 생산할 능력은 없더라도, 특정한 해석을 통해 자신의 무능력을 하나의 가치로 가치화된 문화에 편입시키는 혁신을 수행할 수 있다고 본다. 여기서 혁신은 직접적으로 사물적 성질을 갖는 예술작품이 아니라 그 예술작품에 속하는 내재적 해석에 있으며, 이것이 세속적 사물에 문화적 기호로서의 지위를 부여한다고 말이다. 전통적이지 않은 혹은 '성공하지 못한' 작품을 전통의 희생물로 보는 문화적으로 고착된 해석을 통해 작품과 저자에 특정한 가치가 부여되는 것인데, 이는 그 작가가 전통적 예술을 행할 능력이 있는지 그리고 있다면 얼마나 있는지와는 별개로 이루어진다.

잘 알려져 있다시피, 니체는 기독교적 고행에 대해 가벼운 마음으로 공격을 행한 것이 아니다. 우리는 니체 자신이 중병을 앓는 사람이었고 신체적 즐거움을 전혀 향유할 수 없었음을 알고 있다. 고행의 이상에 대한 니체의 공격 그 자체가 이미 고행의 형태였다는 의미다. 니체는 자신의 상상 속에서 권력에의 의지라는 세속적 영토를 점령하는데, 니체에게 그 영토는 성자가 구원을 찾는 세속적 황야와 다를 바 없다. 고행을 가치화하는 기독교 문명에서 고행자 되기는 곧 고행을 거부하기를 의미한다. 이러한 니체의 수사학은, 세상에서의 삶은 그에게는 심화되는 고통— 그것도 기독교적 고행의 상대적 안정성보다 더 급진적인—이기 때문에 더 큰 영향력을 얻는다. 이를 통해 니체는 자신 스스로가 혁신적 교환의 형상—니체가 다른 사람들에게서 비판하는—을 생산하고 있다. 그것도 다른 사람들에게서 그런 형상을 비판하는 바로 그 방식을 통해. 세계를 고통의 장소라고 새롭게 해석했던 니체는 이와 같은 해석을 통해 세속적 실존을 고행의 전통에 편입시킨다. 이것이 의미하는 바는, 혁신적 교환의 형상으로부터의 탈출구는 그것[혁신적 교환]을 반복하는 것 말고는 없다는 점이다. 혁신적 교환은 가치화된 것과 세속적인 것 사이에 경계를 지시할 수 있을 때, 비로소 솔직하고 진정한 것이 된다. 그 경계는 말해지는 것의 '진실성Wahrhaftigkeit'에 대한 믿음에 있는 것이 아니라 특정한 시대 특정한 장소를 횡단한다. 교회의 가르침에 의하면, 성체와 제의는 이를 수행하는 성직자가 성체와 제의의 효력을 믿고 안 믿고에 상관없이 효력을 갖는다.

현대 예술가는, 이전 시대의 성자와 마찬가지로, 특수한 능력도, 특별한 재능도, 특정한 사회적 지위도 가지고 있지 않다. 혁신의 메커니즘이 그[현대 예술가]에게 어떤 '선先가치Vorwert' 곧 이전에 이미 '누군가jemand'이지 않고서도 문화적 가치를 얻을 수 있는 가능성을 준다. 이 점에서 예술가는 선先규정된 체계라는 틀 속에서 자신의 능력을 증명해야 하는 학자나 경영자와는 다르다. 이 점에서 현대 예술가는 '아무나jederman'이며, 그의 운명은 패러다임적paradigmtisch 성격을 갖는다. 그러나 순교자의 주관적 고통은 새로움의 가치를 근거 정립 할 수 없다. 혁신적 시인에게 무자비하게 요구되었던 이와 같은 고통은 이전 시대에는 새로움에 대한 사회적 거부의 기호였다. 이 고통이 공공적 처벌을 대체했던 것이다. 새로움은 이를 통해 내적으로 죗값을 치르고 사회적 박해는 면제받는 것이다. 그러나 새로움은 고통이 없이도 충분히 떠올릴 수 있고 정당화된다.

따라서 혁신은 두 상이한 영역에서 동일한 권한을 갖는 것으로 해석될 수 있다. 한 영역은 가치화된 문화적 전통의 영역이며, 세속적 희생, 고행, 기독교적 정화로 파악되는 이 혁신은 문화적 전통의 가치와 재화들을 무가치한 세속적 사물과 교환한다. 다른 영역에서의 혁신은 투기적, 상업적 작동Operation으로 파악될 수 있으며, 이 혁신은 문화의 확장을 통해 무가치한 사물들에 새로운 가치를 부여한다. 이렇게 보면, 기독교적 고행은 새로운 영토의 개척 행위로 해석될 수 있다. 전통을 희생시키는 것은 전통을 위해 세속적 공간을 점령하는 것이다. 황야로의 도주는 황야의 점령이 된다.[1] 현대 예술 역시 희생을 바치는 것이 아니라 세속적 삶의 새로운 영역을 점령하는 것으로 해석될 수 있다.

모든 혁신 담론에는 하나같이 이 두 해석 방식이 함축되어 있다. 한 해석에서 다른 해석을 완전히 제거하기란 이 둘의 종합을 찾는 것과 마찬가지로 불가능하다. 세속적 희생을 절대적인 것으로 묘사하려는 모든 시도는, 희생은 늘 ─차안의 세계에서가 아니라 기존의 문화 콘텍스트 속에서─ 보상을 전제한다는 이론의 여지가 없는 사실 앞에서 실패한다. 그래서 전통을 희생하는 우리 시대의 예술가는 자신이 어떤 새로움을 가치화된 콘텍스트에 편입시킬 수만 있다면 그 희생이 보상받을 것임을 ─상업적 성공도 함께─ 미리 알고 있다. 혁신으로서의 희생이라는 해석은 유일하게 가능한 해석이 아닌 것이다.

그러나 혁신적 교환을 그 상업적 효과로만 환원하려는 그와 대립적인 프로그램 역시 실현 불가능 하기는 마찬가지다. 이와 같은 관점에서 혁신은 희생이라는 환상 또는 희생의 모방을 산출하고는 뒤이어 사기로 폭로되어야 하는 능숙한 사기로 이해된다. 하지만 이러한 폭로는 언제나 성공하기에 그 자체로는 별 얻는 바가 없음이 드러

---

1   탈영토화/재영토화에 대한 묘사를 보라. Gilles Deleuze und Félix Guattari, *Anti-Ödipus: Kapitalismus und Schizophrenie I*, Frankfurt a. M.: Suhrkamp, 1977.

난다. 여기서 문제가 되는 것은, 이데올로기적 사기의 폭로가 그것이 폭로하고자 하는 혁신적 교환의 형상을 재생산 하느냐 않느냐가 아니다. 그 폭로가 문화적 혁신에 대한 '고급한' 설명을 '저급한' 것으로 대체하기 때문이다. 문제는 혁신의 모방이 혁신 자체와 구별되지 않는다는 점이다. 문화적으로 가치화된 것과 세속적인 것 사이 대조가 한정 없이 반복될 수 있을 때에만 양자 사이 구별이 가능할 것이다. 이런 이유로 혁신의 작동 자체에는 예술작품이나 예술작품에서 생겨나는 이론적 담론들에서와 마찬가지로 두 차원이 있다. 모든 혁신은 희생이면서 동시에 점령Eroberung이다. 이 두 차원은 서로 구별되지만 그중 하나가 다른 하나를 제어할 수는 없다. 이 점이 모든 혁신을 매력적이게 하는 내적 긴장을 산출한다.

이 두 해석 차원의 전통적 위계는 가치 소비의 한 방식이 다른 방식보다 우월하거나 더 높은 가치를 갖는다는 가정에서 생겨난다. 가치화된 가치 소비는 사치, 파괴, 희생, 탕진 혹은 금욕Askese 등이다. 바타유는 지극히 다양한 파괴와 탕진의 방식에 공통점이 있고, 그 모두가 공히 성스럽고 귀족적인 소비 형태를 형성함을 보여주었다.[2] 이

---

2   "중요한 것은 모든 자원의 소비가 지속할 필요에 종속되어 있는 지속의 질서로부터 무조건적 소비의 폭력으로 이동하는 것이다. 희생은 미래를 염두에 두고 이루어진 생산의 안티테제다. 그런 소비는 일시적으로만 이익이 된다. (…) 따라서 희생의 정확한 뜻은 유용한 것을 희생하는 것이지 사치품을 희생하는 것이 아니다. (…) 그런데 사치는 당장 제조를 위한 유용성에서 벗어나 있기 때문에 이미 이 노동을 파괴하고, 그것을 헛된 영광으로 흩어버리고, 곧 되돌릴 수 없는 실패로 만들어버린다. 사치품을 희생하는 것은 같은 것을 두 번 희생하는 것이라고 할 수 있다." Georges Bataille, *Théorie de la religion*, Paris: Gallimard, 1973, 66~67.

와는 다른 보다 '저급한' 방식의 가치 소비는 생산을 목적으로 하는 사용 곧 다른 사물을 산출하기 위해 한 사물을 이용하기, 문화의 유용화Utilisierung와 도구화다. 전통적 문화의 정신은 문화적 가치들의 유용화를 특히 꺼려 하는데, [그 정신을] 도구화를 통해 세속화되느니 차라리 파괴되는 걸 선택한다. 그런데 바타유는 소위 포틀래치에서 희생 경제의 근원적 이미지를 발견하고, 이 경제 역시 이익을 가져다준다는 점을 밝힌다.[3]

이 경제 속에서 희생은 다른 이에게 보답희생Gegenopfer의 의무를 지우기 때문에 늘 보상받는다. 바타유는 오늘날 우리 세계에서 이런 경제 유형이 몰락했다고 확언하면서, 문화 내에는 늘 이와 유사한 보상―희생에 대한 반대급부로 받는 세속적이고 무가치한 사물들 자체가 가치가 되기에―이 존재함을 인정하지 않는다. 그럼에도 바타유가 제기하는 구분은 교환으로 이해되는 혁신의 상像 속 두 층위에 정확히 상응하며, 동시에 이 사이의 가치 차이를 확실하게 한다.

근대의 여명과 더불어 관철된 혁신적 교환의 결과, 문화의 사용이나 파괴의 전통적이고 귀족적인 문화 형태가 최종적으로 가치절하되고 세속적인 것이 가치절상 되었다. 이러한 이유로 근대에는 수도원 삶과 같은 순전히 관조적인 삶의 방식 일반에 비판이 지속되었던 것이다. 오늘날 그런 삶의 방식은 비생산적 에너지와 사물의 탕진을 연

3　「자신을 먹어치우는 사회(Die sich verzehrende Gesellschaft)」 장을 보라. Georges Bataille, *Die Aufhebung der Ökonomie*, Münche: Matthes & Seitz, 1985, 72~100.

상시키기에 전적으로 부정적으로 고찰된다. 실지로 관조적인 삶은 아무 새로운 사물도 생산하지 못하며, 기존의 사물들을 다르게 이용하거나 소비하기만 한다. 이 때문에 근대에 관조는 늘, 특별히 효과적인 생산이라고 이해되는 창의적 창조와 대비되었다.[4] 그러나 면밀히 고찰하면, 생산 자체가 이미 특정한 형태의 소비이며, 오히려 순수한 관조 다시 말해 순수한 소비야말로 새로운 가치를 산출한다는 것이 드러난다.

그 이유는 무엇보다, 새로운 소비 형태가 생겨나야만 비로소 이 소비를 충족시키는 생산이 생겨나기 때문이다. 이렇게 보면 결국 혁신적 실천은 생산이나, 노동 혹은 가치화된 문화를 지속시키는 미적 형상화가 아니라 소비 방식에서의 관조적 변화kontemplative Wandel 곧 사물과 그 사물의 가치절상 및 가치절하를 둘러싼 새로운 취급방식Umgang이다. 이전 시기 소비 영역에서의 혁신적 교환은 귀족이나 종교의 소관이었다. 오늘날에는 예술이 전문적 방식으로 혁신적 교환을 담당한다. 가치절상의 상업화가 유행을 만들어내고, 그 유행에 대한 반응으로 새로운 혁신적 교환이 생겨나며, 상업화가 다시금 그 뒤를 따른다. 문화적 가치의 순수한 소모, 파괴, 탕진을 의미하는 문화적 가치에 대한 관조적 취급방식은 우리 시대 생산 중심적 문화에서도 여전히 유효하다. 그 깊은 이유는 관조적이고, 문화적인 취급방식 속에서 생산

4   관조와 창의성의 관계에 대해서는 다음을 보라. B. Groys, "Jenseits der Kreativität," Hans Thomas(Hrsg.), *Chancen einer Kultur der Arbeit*, Köln, 1990.

과정에 대한 끊임없는 위협이 암시_{beschworen}되기 때문이다. 이미 지적했듯, 세속적인 것은 문화의 완전한 절멸, 모든 문화적 위계와 가치의 완벽한 해소에 대한 불안을 자아내는 결코 마르지 않는 원천이다. 이 때문에 문화에 가해자는 모든 비판, 심지어 가장 급진적인 비판조차도, 그 비판이 계속 문화 내적으로 머무르는 한, 문화에 의해 환영받고 가치화된다. 최고로 파괴적이고, 악마적이며, 공격적이고, 부정적이고, 신성모독적인 텍스트들도 기꺼이 문화에 의해 수용되는 반면, '긍정적이고', 호의적이며, 순응적인 텍스트는 문화 속에서 진정한 성공을 거두지 못한다는 것은 이미 오래전부터 확인된 바다.

언젠가 문화가 최종적으로 몰락하고 이와 함께 자신에 대한 기억도 자신의 생물학적 죽음과 더불어 말끔히 상실될 수 있다는 지속적 불안을 갖고 살아가는 문화인간은 상징적으로 자신을, 문화를 파괴할 수 있는 세속적 힘들과 동일시한다. 바로 그렇게 상징적으로 그 힘을 통해, 도래하는 문화적 가치의 몰락에서 살아남기 위해서다. 원시 부족들도 그들을 위협하던 자연의 힘과 자신을 동일시한다. 이 마술적 간계_{奸計, List}를 통해 결정적인 순간 자연의 동맹자가 되기 위해서다. 그러한 이유로 우리 시대 문화 역시 무가치하고, 세속적이고, 익명적이며, 공격적이고, 억압되고 드러나지 않는 기호와 사물, 말하자면 문화의 주목을 속이고, 기습하고, 못 쓰게 만들려고 위협하는 걸로 채워져 있는 것이다. 이 모든 사물은 세속적인 것 속에 있는, 상상화된 파국과 문화의 몰락에 대한 마술적 주문_{呪文, Beschwörungen}으로 가치화된다. 당연하게도 이러한 위험 영역은 결코 완전히 고갈되지 않을 것이다. 심지어 [우리에게] 오랫동안 익숙한 문화적 표명들조차 상업화와 세속화를 거쳐 그것들의 근원적인 주문적 성격을 상실하면 위험해질 수도 있다. 이렇게 본다면 새로움은 외적 특성을 통해 이전 형식과 구분되는 새로운 형식이 아니다. 새로움은 불안의 새로운 오브제이고, 새로운 위험이며, 새롭게 가치화된 위험스러운 세속적인 것이다.

위험은 늘 인간이 알아차리지 못하던 것, 대비하지 못하던 것, 경계와 주목의 중심에 서 있지 않던 곳에서 오지만, 이 숨겨진 원천에서는 구원도 도래한다. 문화 체계 내의 삶은 특정한 규칙을 따른다. 체스를 둘 때 우리는 게임 중 한 명이 갑자기 체스 말에 의해 살해당할 수 있다는 가정에서 출발하지 않는다. 구조주의자, 비트겐슈타인 그리고 이들을 전후로 한 많은 사람은 인간 활동의 전全 스펙트럼을 무의식적으로 규정되는, 늘 반성되지는 않는 규칙을 따르는 게임으로 본다. 현실과 게임은 현실에서는 [게임과 달리] 규칙에 어긋나는 수手가 등장할 위험이 있다는 점에서 서로 구별된다. 현실에는 알아차리지 못하는 세속적 영역이 있어 우리는 거기서 우릴 놀라게 하는 수手가 나올 수 있음을 예견해야 한다. 그런데 구조주의자나 비트겐슈타인 자신은 통상적 규칙에 따라 게임을 하지 않는다. 그들은 게임의 규칙을 따르는 일이 의식적 작용이 아니라 무의식적 작용이라고 천명하고, 그럼으로써 철학적 담론과 일상 언어를 동일한 차원에 설정한다.

세속적인 것으로 눈을 돌리고 그것을 가치화하는 예술가나 철학자는 세속적인 것, 무가치한 것, 민주주의적인 것, 숨겨진 것과 억압된 것에 문화적 가치만 부여하는 것이 아니다. 동시에 그는 거기서 나오는 총체적 파괴와 죽음의 위험을 중성화한다. 위험을 상대로 거두는 이런 승리는 특별한 것으로 묘사되거나 신화화될 필요는 없다. 문화는 세속적인 것의 공격을 견디고 그 공격에 맞서 존재함을 보여주는 것만으로 족하다. 일례로 사드 후작Marquis de Sade이 근대의 문화적 영웅 중 한 사람으로 간주되는 이유는, 문학이 다른 텍스트에서는 견디지 못할 것을 그의 텍스트에서는 견뎌내기 때문이며, 마찬가지로 고야에게서는 회화가 그 이전에 감당할 수 있었던 것보다 더 많은 것을 감당해내기 때문이다.[5] 물론 문화적 기억에 대한 위협은 단순한 폭력에서만 나오는 것이 아니라 문화적 기억을 해소시켜버리는 어리석음, 평범함, 일상성과 키치에서도 나온다. 이러한 점에서 진부성과 일상성에 대한 묘사는 근대가 특히 19세기 후반부터 우리 시대에 이르기까지 애용해온 주제다.[6] 폭력이나 진부성이 더 직접적이고 강하게 비판

---

5   미적 모델에서 벗어나는 문학을 악의 주제화와 구현으로 여기는 근대적 이론은 다음을 보라. Mario Praz, *The Romantic Agony*, New York: Meridian Books, 1956. 낭만주의 시를 수사학적 수단을 통한 '악한' 세대투쟁으로 해석하는 중요한 이론으로는 다음을 보라. Harold Bloom, *The Anxiety of Influence: A theory of Poetry*, New York: Oxford University Press, 1973. 사드와 고야에게서의 횡단에 대해서는 다음을 보라. Georges Bataille, *Die Literatur und das Böse*, München: Matthes und Seitz, 1987, 91ff.; Georges Bataille, *Die Tränen des Eros*, München: Matthes & Seitz, 1981, 164.

6   "한 사람을 풍자와 코미디가 요구하는 그렇게 지속하고 저능한 사람들 가운데로 가서 살도록 결심하게 하는 다양한 동기를 고려하는 것이 우리의 의무다. 더 나아갈 필요도 없이 [귀스타브] 플로베르만 보아도 '스타일'이 전부가 아닌 것이다. 그는 많은 기독교 순교자처럼 부르주아적 신체의 중심에로 나아갔고 거기서 자신을 확립했다." Wyndham Lewis, "The Greatest Satire is Non-Moral," Julian Symons(ed.), *The Essential of Wyndham Lewis*, London: André Deutsch Ltd., 1989, 230.

받을수록 그들의 가치화는 덜 이루어진다. 그렇게 되면 불만이 생겨난다. 사람들은 저자가 이미 너무 가치화된 기준과 수단을 선택함으로써 세속적인 것의 강한 힘을 약화시키고, 그럼으로써 세속적인 것의 위협에 대항해 문화가 충분히 면역력을 갖지 못하도록 했음을 감지하기 때문이다. 모든 비판적 거리는 전체를 실패하게 한다. 한 예술가가, 세속적인 것을 그 철저한 세속성, 끔찍함, 진부함 혹은 혐오스러움에서 사랑하고, 우리 자신조차 세속적인 것에 빠져들어 그것[세속적인 것]을 사랑하고, 그것에 열광하고 그것을 참된 문화적 가치로 체험하게 할 때, 오직 그럴 때에만 세속적인 것의 위협에 대한 그 예술가의 승리는 그를 문화 영웅의 반열에 올릴 만큼 문화적으로 의미 있게 된다.

차츰차츰 기독교 교회를 흡수해서는 부지불식간에 그 도시의 지점支店들로 변화시켰던 근대 서구 도시들 중심에 자리 잡은 미술관들은 이 새로운 종교의 성역이다. 이것은 역사적 초월성Transzendenz의 종교 곧 역사적 아카이브에 한 명의 인간이 온전히 계속 존속하는 종교다. 이 역사적 아카이브만이 오늘날 기술화된 세계에 사는 사람들 대부분에게 유일하게 도달 가능 한 개인적 불사Unsterblichkeit의 형식이기 때문이다. 이런 이유로 현대 미술관은 이 역사적 불사를 위해 가져다놓은 고행과 희생의 증거로 가득 차 있다. 쓰레기, 폭력과 엑스타시에 대한 추한 묘사, 진부한 기하학, 빛바랜 색들 말이다. 이런 이유로 우리 시대 철학과 문학도 이에 견줄 만한 텍스트들로 가득 차 있는 것이다. 예술에서 전시되는 비통과 번뇌의 흔적은 그들을 고문했던 도구들과 함께 묘사되는 기독교 성인들의 성상聖像을 떠오르게 한다. 근대 예술의 세속화는 결국, 이전에는 예술이 묘사하기만 하던 선교와 고행을 예술 스스로가 받아들이는 데로 나아갔다. 예술에는 자신의 적을 사랑하는 길밖에 남지 않게 된 것이다.[7]

단 하나의 혁신적 행위를 통해 영혼이 구원받을 수 없음은 당연하다. 문화적 가치와 세속적 사물은 문화를 불안에서 벗어나게 하고 문화의 가치화된 기억을 안정화해줄, 파괴되지 않는 종합 같은 것을 형성하지 않는다. 이미 지적했듯, 모든 예술작품은 그 자체로 두 상이한 가치 층위로 분열되어 있고, 그로써 세속적인 것을 불러내는 주문이면서 동시에 모든 순교의 실패와 헛됨에 대한 가시적 증거물이기도 하다. 나아가 모든 혁신적 예술작품은 [다른 것을] 구원하는 희생일 뿐 아니라 보상을 돌려받는 교환이기도 하다. 이 교환 속에서 이전의 세속적 사물은 문화 속에서 가치를 얻어 유행이, 더구나 표준Norm이 되며, 다른 사물들은 세속화되어 유행에서 사라지고 키치로 정의된다. 이는 다음 번 혁신이 올 때까지 계속된다. 이러한 점에서 미술관이란 일종의 문화적 가치의 은행이라 말할 수 있다. 돈이 통장 안에만 있고 순환되지 않으면 가치를 상실하는 것처럼, 이 은행 역시 자신의 시장 가치를 유지하기 위해 계속 이 가치들을 순환시키고 세속적 사물들과 교환해주어야 한다.

---

7   순교의 이미지에서 이미지의 순교로의 이행에 대해서는 다음을 보라. Boris Groys, "Das leidende Bild," Peter Weibel(et al.), *Das Bild nach dem letzten Bild*, Köln: König, 1991, 102f.

혁신에 대한 이 시장경제적 묘사는 앞에서 말한 네오-종교적 묘사의 타당성과 모순적이지 않다. 교환의 상업적 측면은 모든 종교적 제의에 수반된다. 성직자들은 언제 어느 시대나 인간에 대한 사기와 돈에 대한 탐욕을 비난해왔다. 신전에서 장사꾼들을 추방하는 것은 가장 널리 확산된 혁신의 형식이었는데, 그 혁신은 낡은 신전을 대신해 세워진 새로운 신전에 다시 장사꾼들이 돌아오게 했다. 예술시장에 가해지는 비판은 특히 초기 아방가르드의 특징이었다. 그때는 희생의 파토스가 가장 극렬하게 체험되던 때였다. 그로부터 어느 정도 시간이 지나고 나서 사람들은 예술의 상업적 측면이 어떻게 가치화되었는지를 감지할 수 있었다. 예를 들어 오늘날에는, 예술에 대한 성스러운 사랑과 인류 구원에 대한 바람에 의해 예술가의 작업이 추동된다는 견해는 완전히 유행에 뒤떨어져 있다. 어떤 예술가들에게는 때때로 이런 생각이 든다 하더라도, 그는 이 생각을 억압하든지 [아니면] 입 밖에 내지 않을 것이다. 우리 시대 문화에서 이와 같은 생각은 키치적이고 진부하며 외람되다고 간주되기 때문이다. 통상 오늘날 예술가들은 자신을 사업가나 기업가로 양식화하는데, 어떤 예술가는 사업 활동에서 일반 기업인들보다 월등하기도 하다. 이렇게 혁신의 상업적 측면은 늘 새롭게 그 종교적 측면과의 비교 속에서 가치화된다. 이 두 측면은 이처럼 가능한 혁신적 해석을 통해 끊임없이 서로 자리를 바꾼다. 언젠가 예술에서 새로운 네오-종교적 분위기가 도래할 수도 있을 것이다. 그렇게 되면 돈에 대해 이야기하는 게 진부하고 낡은 것이 될 것이며, 정신과 고행 및 희생에 대해 말하는 게 현재적이고 가치화된 것이 될 것이다. 나아가 혁신적 교환의 해석은 다시 위계적으로 단계 지워질 것이고 그 전략이 묘사하려는 혁신적 교환의 전략들에 편입될 것이다.

이것이 특히 분명해지는 때는, 혁신적 교환이 변형된 생태학적 논증의 도움으로 그 교환의 해석에 전이되는 나머지 문화적 교환들의 심급이 되는 때다. 그와 같이 되면 근대에 그렇게도 강렬히 체험되었던 세속적인 것이 주는 위협은 사라진다. 종말의 종말, 묵시록의 묵시록이 생겨나고, 세속적인 것과 그 위험성은 무의식적 차이들의 무한한 유사-문화적 망 안에서 몰락한다.

일례로, 데리다는 아카이브를 박물관·도서관 혹은 이와 유사한 문화적 장소들에 보존되는 가치로서가 아니라 그 안에서 문화적으로 가치화된 것과 세속적인 것 사이의 위계적 차이가 해소되는 무한한 텍스트성으로 정의한다. 명백하게 조직되어 있는 문화적 기억은 그저 빙산의 일각일 뿐, 그 빙산을 이루는 세속적 공간은 그 조직 면에서 가치화된 문화적 기억과 구별되지 않는다. 즉, 세속적인 것은 이미 자신의 무한성 속에서 구조화되고, 차이화되어 있으며, '쓰여 있다'는 말이다.[8] 보드리야르에게 시뮬라크라의 교환은 매우 포괄적이라 현실과 시뮬레이션 또는 문화의 구분을 허용하지 않기에, 여기서 혁신적 교환은 다시금 시뮬라크라의 보편적 교환의 한 부분이 된다. 다른 많은

8   포스트구조주의적 이론에는 비-텍스트도 텍스트적이거나 비-기호도 기호적이며, 혹은 비-구조도 구조화되어 있다.

포스트모던 이론도 유사한 전략을 따르고 있는데, 그것은 혁신을 무의식적인 문화적 차이들 속에서 해소시킨다.

이미 앞에서 지적한 대로, 상이성 안에 있는 동일성은 이미 혁신적 교환의 효과다. 그 결과로 세속적인 것은 가치화된 문화적 기억이 의식 차원에서 가지는 것과 동일한 구조적 조직을 무의식 차원에서 얻는다. 포스트모던 이론은 혁신의 날카로움을 제거하지만, 이미 포스트모던 이론 자체가 ―그 이론이 지극히 전통적인 방식을 통해 최종적으로 가능한 것으로 근거 지우려는― 혁신의 사건이다. 이러한 근거 지움은 문화적으로 가치 있는 것을 의식·기호·동일성·진리와 연결하고, 세속적인 것을 무의식·물질·차이들과 연결한다. 포스트모던 이론은 가치의 전도를 수행한다. 달리 말하면, 포스트모던 이론 자체가 자신의 두 가치 차원이 함축하는 텍스트성 또는 시뮬레이션의 이미지를 제시하는 가치전도의 한 부분이다. 텍스트성 또는 시뮬레이션은 문화만큼이나 구조화되어 있고 세속적인 것만큼이나 물질적이기 때문이다. 앞서 지적한 바대로, 문화적으로 가치화된 것과 세속적인 것은 의식 대 무의식, 기호 대 물질, 내부 대 외부, 기표 대 기의와 같은 형이상학적 대립과 어떻게 해도 확실히 관계 맺을 수 없다. 형이상학적 가치들의 전도는 문화적 가치 경계의 전이일 뿐 그 경계의 최종 극복이나 해소가 아니기 때문이다.

포스트모던 이론들에서는 지극히 우아하고 매우 전통적인 방식으로 해석의 두 가치 차원을 화해시키려는 시도가 행해진다. 그리하여 세속적인 것 곧 '현실'에 의한 외적 위협―그 때문에 종교적 희생이 치러지는—은 환상$_{illusorisch}$이라고 주장된다. 그럼으로써 사람들은 두 번째의 '저급한' 또는 세속적 해석 방식을 선택하는데, 그 해석은 외부적 위협이라는 주문$_{呪文}$을 이데올로기적 속임수$_{Täuschung}$라 본다. 그럼에도 다른 쪽에서는 현실에 의한 위협이라는 환상은 예술가나 이론가의 악의적인 고안물이 아니라 문화 자체에 의해 어쩔 수 없이 산출되는 것이기에 '필연적'이라고 주장된다.[9] 저자는 속이지만 그 역시 필연적으로 속임을 당한다. 고전적 아방가르드의 영웅들이 자신들의 저항 능력을 알아보기 위해 문화의 법칙과 전통에 맞서 충돌하는 악한 천재로 묘사되었다면, 오늘날에는 가치화된 문화 영역에서 벗어나려는 것이 강박적 희망이 되었다. 더구나 그 희망은 그 가치화된 문화 자체에 의해 산출되는 문화 외적 의미, 지시체 혹은 의미라는 환영의 영향 아래 있다.

---

9   "따라서 사태 자체의 향유에는, 그 사태의 본질과 그 실행 속에는, 실패가 작동하고 있다. (…) 엄격히 말하자면 현존이라 칭할 수 없는 무엇인가가, 그것으로부터 벗어나면서 그것에 자신을 (잘못) 말하고, 그것과 어긋나면서 그것에 자신을 내맡긴다. 이것이 대체물에의 강제다. 동시에, 형이상학의 언어 전체를 위반하는 '이성에 거의 포착되지 않는 구조'다. 거의 포착되지 않는. 단순한 비합리성 곧 이성의 대립물은 고전적 사유에는 별로 혼란스럽거나 어리둥절하지 않다. 혼란스럽게 하는 것은 보충물이다. 이것은 현존도 부재도 아니며, 그렇기에 우리의 쾌락도 우리의 처녀성도 건드리기 때문이다."(Jacques Derrida, Hans-Jörg Rheinberger(Übersetzer), *Grammatologie*, Frankfurt a. M.: Suhrkamp Verlag, 1974, 267~268.)

기호는 그로써 지칭된 것을 지시하면서 동시에 이 지칭된 것을 숨기고 대체하며 유혹에 빠진다. 따라서 기표는 욕망, 무엇보다 진리에 대한 욕망의 패배, 유예, 차이의 기호다. 여기서 데리다에게는 니체가 오래전에 천명한 바 있는 가능성이 여전히 고려되지 않는다. 곧 욕망이 기의가 아니라, 기표를 의욕하고 그렇기에 좌절하지 않고, 처음부터 대체물, 기호와 가치를 갈구했기에 어떤 대체물로도 만족하지 않을 가능성 말이다.

그러나 혁신의 모방이 아무리 해도 '진짜' 혁신과 구별되지 않는 것처럼, 문화적 기억의 파괴라는 환영Fantasma 또한 어떤 것을 통해서도 문화적 기억의 현실적 파괴라는 위험과 구별되지 않는다. 무한한 텍스트성, 시뮬라크라의 무한한 유희, 무한한 욕망, 무한한 차이, 시작도 끝도 없는 무한한 해석 과정이 가능하다고 여긴다면, 묵시록은 환영이 될 것이다. 하지만 더 타당하게 말할 수 있는 것은 이 모든 무한성이 그 자체로 환영이라는 점이다. 달리 말하자면, 텍스트성 또는 차이의 무한성은 이전에 이성이나 초월적 주체성이 가졌던 것과 같은 기능을 곧 문화를 파괴로부터 보호하는 기능을 갖는다는 얘기다. 이전에는 이성이 문화의 파괴에 의해 위협받지 않는 절대적 자명성의 요구를 내세웠다면, 오늘날의 문화적 담론은 스스로가, 어떤 현실도, 세속적 파괴의 현실도 그 힘 앞에 지탱할 수 없는 파괴적이고 탈구축적이며 비판적인 힘이라고 주장한다. 이로써 현실에 대한 담론이 결국 더 높은 가치를 얻게 되고 현실 자체보다 더 높은 지위를 갖게 되는 것이다.

문화적 가치 경계와 사회적 불평등

혁신적 교환의 모든 임의적 행위와 관련해, 문화와 세속적인 것 사이 위계적 경계의 상대적 안정성은 종종 사회적 불평등 체계의 안정성으로 해석된다. 여기서 가치화된 문화는 특권화된 사회계급의 문화와 동일시되고 세속적 공간은 억압받는 계급의 문화와 동일시된다.[1] 이러한 가치 불평등의 모델은 잘 알려져 있으며 구태여 마르크스주의만 떠올릴 필요도 없다. 이에 따르면, 지배적 문화는 지배적 계급의 문화이며 그들의 특정한 세계관을 반영한다. 특권화되지 못한 계급은 문화적으로 특정한 권력 메커니즘에 의해 억압받기 때문에 문화의 아카이브에 등장하지 못한다. 이로써 귀족과 시민계급의 문화가 문화적 소수에 대립하게 되는데, 이 문화적 소수는 각 이

---

[1]   "현재의 '포스트모더니스트' 논쟁은 무엇보다, 유럽 문화적 주도권의 탈신화화와 유럽 철학적 체계 해체의 형태를 띠는, 유럽의 탈중심화에 대한 제1세계의 중요한 반성의 산물이다. (⋯) 알제리인(특별한 부류의 프랑스 식민지 주체)과 유대인이라는 데리다 자신의 주변적 지위가 그로 하여금 니체와 하이데거, [스테판] 말라르메와 아르토의 횡단적이고 파열적 측면을 부각하게 했을 것이다. 하지만 데리다의 프로젝트는 철저히 유럽 중심적이고 근대적이다. 이는 타자, 이방인, 주변부로 여겨지는 자들―제3세계 인물, 여성, 게이, 레즈비언 등―의 부재와 침묵, 유럽 시대의 유산을 창조적으로 변형하는 데서 이들의 상대적인 정치적 무능을 의미하는 것일 수 있다." Cornel Welst, "Black Culture and Postmodernism," Barbara Kruger, Phil Mariani(et al.), *Remaking History, Discussion in Contemporary Culture*, Nr. 4, Dia Art Foundation, Seattle, 1989, 88.

론가의 선호에 따라 지극히 다양하게 정의된다. 그리하여 이 문화적 아카이브를 민주화하려면 이 문화적 소수를 재현해야 한다고 주장된다.

이를 통해 가치화된 문화와 세속적 공간 사이의 관계가 다시금 자연화되고 혹은 사회적으로 정의된다. 문화적 개체성은 자연적이고 사회적인 '인간적' 개체성에 달려 있는 것이 된다. "너 자신이 되어라." 오래된 낭만적인 구호는 바로 이처럼 정치화된 형태에서 이어지는 것이다.

여기서 가장 먼저 언급할 수 있는 것은 개체성이란 이미 그 자체로 특정한 억제Repression, 폭력 혹은 협착Einengung의 결과라는 점이다.[2] 그렇기에 '개체성의 해방'에 대한 요구는 역설적이다. 그것[개체성의 해방]은 개체성 자체를 산출해내는 이 모든 협착과 구별의 지양을 전제하기 때문이다. 해방된 개체성은 그 즉시 자동적으로 개체적이기를 그만둔다. 문화적 아카이브를 그 아카이브에 선행하는 자연적 또는 사회적 차이를 재현하는 체계로 정의하려는 모든 시도는 어쩔 수 없이 모순에 얽혀버리게 된다.

모든 문화적 착수Initiation는 무엇이 문화적으로 특권화되어 있고, 허용되며, 가치 있는 것으로 확정되는지, 무엇이 보존되고 재생산되는

---

2   "문제는 위계를 폐기하면 동시에 이 경우에서 차이를 폐기하게 된다는 점이다. 바로 이 차이, 상이성의 상호작용이 모든 종류의 ―언어적, 사회적, 정치적, 윤리적― 의미와 중요성을 부여한다."(Lars Nittve, "Form 'Implosion' to 'Trans/Mission', Notes Surrounding a Project," *Kunst & Museum Journaal*, Vol. 3, N. 1, Amsterdam 1991, 32.)

지, 문화의 외부에는 무엇이 있는지에 대한 해명과 함께 시작한다. 특정 문화에 속하는 사회 구성원 모두는, 근본적으로 똑같지는 않더라도, 같은 수준으로 이러한 구분에 익숙해 있다. 그들 모두는 문화가 미술관·극장·연주회장·도서관이나 대학으로 이루어져 있고, 다른 나머지 것들은 '단순한 삶'임을 알고 있다. 물론 사회 부유층은 더 많은 정도로 가치화된 문화의 소비자가 되고, 더 높은 정도로 그 문화와 자신을 동일화할 수 있다. 그렇다고 해서 이 전승된 가치화된 문화가 특권화된 계급의 즉흥적 세계관, 즉흥적 취향이나 즉흥적 이해관계를 표현하는 것은 아니다. 이 계급의 대변자들 역시 전통문화를 완성된 형태로 접하며 교육과 교양을 통해 그것을 자기 것으로 만든다.

물론 비특권화된 계급은 보다 낮은 수준으로 그에 상응하는 교육을 받는다. 그 결과, 그들의 문화적 습성은 가치화된 표상 및 규범과 더 크게 구분된다. 그들 자신에게 이 구분은 특정한 문화 유형으로 의식되지 않는다. 그들은 자신들의 문화적 실천을 '비非문화'나 '부분적 문화'로, 문화를 향하는 도정의 특정한 장章으로 파악한다. 그래서 아직 그림을 잘 못 그리는 사람은 자신의 실패한 드로잉을 다른 모든 드로잉과 질적으로 대등한 특별한 유형의 드로잉으로 보는 대신, 자신이 사회 전체와 공유하는 드로잉의 이상에 가까이 다가가는 데 어느 정도 성공한 시도로 본다.

세속적 '비문화'를 전통과 한 차원에 세워질 수 있는 특별한 혁신적 문화 유형으로 파악하기 위해서는, 비특권화된 사회계급, 원시 종족 혹은 가치화된 규범에서 심리적/정신적으로 벗어나는 사람들의 문화적 실천을 외부에서 심미화하고 [그 문화적 실천을] 부정적 순응의 전략을 통해 전통적 전범들과 대조해야 한다. 다양한 하위문화가 가치화된 문화의 차원으로 고양되면, 이렇게 가치화된 재현은 일반적으로, 그것[가치화된 재현]을 통해 재현되는 사람들에게서 차갑게 부정적 반응을 불러낸다. 20세기 초 아방가르드 미술이 광범위한 대중에게 받아들여지지 않은 이유는 그 미술이 일상적 환경에서 온 특정한 요소Elemente를 문화적 가치의 차원으로 고양했기 때문이다. 그 요소를 매일 취급하던 청중은 그것을 '비문화적'으로 보고, 그것을 극복하려고 애써왔던 것이다. 세속적 공간의 세속성, 몰취미, 사소함, 무능, 빈곤과 원시성을 고착시키는 예술가는 이를 통해 청중에게서 그들이 중히 여기는 환상—내가 갈구하던 가치화된 문화에 다가갈 수 있어!—을 빼앗고는, 그 길에서 맞는 청중의 파산을 가시적으로 보여주는 것이다. 비특권화된 사회계급의 하위문화를 가치화된 콘텍스트에서 재현하려 시도했던 아방가르드 미술이, 이와 같은 하위문화를 업신여기고 있다고 비난받은 것도 이 때문이다. 말하자면, 특정한 하위문화의 재현은 그 하위문화와 그 하위문화의 이상으로 등장하는 가치화된 문화 사이의 실질적 거리를 부각시킨다. 이러한 방식으로만 가치화된 문화에 대해 하위문화가 갖는 상이함이 제시될 수 있다. 이와 관련해 러시아 아방가르드의 운명은 특히 전형적이다. 러시아 아방가르드는 [러시아] 혁명 이후 노동자·농민 대중에 의해 중상中傷, verleumdung이라며 거부되었다. 러시아 아방가르드는 바로 이들의 특별한 문화를 재현하려 했는데 말이다.[3] 이 노동자·농민 대중은 자신들의 현실적인 문화적 입지를 고양해서 폐위된 특권계급과 동일한 문화적 차원에 세우려 했던 것이다.

이와 같은 방식으로 비특권적 계급의 하위문화를 재현하려는 시도에 반대하는 입장은 바로 그 계급으로부터, 아방가르드적 비판 내에서 그 계급의 무교양성Unkultiviertheit을 드러내는 또 다른 징후라고 조소 받는다. 이런 비난은 주목할 만하다. 그건, 언뜻 보면 자신들을 위하는 것 같은 민주주의적 재현의 정치학에 대해 부정적 태도를 취하는 이 비특권적 계급이 사실 전혀 틀리지 않았음을 보여준다. 실지로 그러한 재현은 가치화된 문화 속에서 비특권적 계급이 가질 수 있을 기회를 결정적으로 강탈한다. 문화에서 비특권적 입장은 그 입장을 극복하려는 꿈을 일깨운다. 그래서 우리는 "나는 삶 속에 있는 것뿐만 아니라 다른 것을, 더 아름답고 더 고귀한 것을 보려고 한다"는 말을 자주 듣는 것이다. 그런데 이렇게 추구되던 가치화된 문화가 갑자기 더는 가치 있는 문화가 아니고, 그것[가치화된 문화]을 위한 수고가 다 부질없었음이 드러나게 된다. 세속적인 것의 가치절상과 문화적인 것 및 아름다운 것의 가치절하가 이미 성취되었기 때문이다. 이를 통해 저 '소박한 사람'에게는 그의 문화적 전망이 결정적으로 박탈되는 것이다. 타자 곧 가치화된 문화를 자신만의 실천을 통해 전유했던

---

3   이에 대한 토의는 다음을 보라. Regine Robin, "Stalinism and Popular Culture." Hans Günther(ed.), *The Culture of the Stalin Period*, London: Macmillan, 1990, 15~40.

그가 이제 그 문화 속에서 보는 것은 더는 극복할 수 없는 소외된 자신의 이미지일 뿐이다. 쉴 새 없이 새롭게 생겨나는 문화적 유행, 비특권적인 하위문화적 실천의 다양한 사물과 기호를 늘 새롭게 사용하는 유행으로부터 이익을 얻는 측은 가치화된 문화의 대리인들뿐이다. 그들이 하위문화적 실천들을 문화적 아카이브의 가치화되고 엘리트적인 문맥에서 새로움으로 이용하기 때문이다. 최근 들어 이러한 상황은 어느 정도 알려지게 되었다. 최근 몇몇 저자가 지적하듯, 현재의 문화에서는 비특권적 하위문화의 심적 착취가 행해지고 있다.[4] 비특권적 사회계급은 경제적, 사회적, 정치적으로만 착취 받는 것이 아니다. 비특권적 사회계급의 문화적 실천의 사물과 기호가 정작 그들 자신은 배제되어 있는 배타적인 문화적 유행을 위해 사용되는 경우, [그

---

4   "아방가르드는 그 기능으로 보자면 문화산업의 연구-개발부서다. 이들[아방가르드]은 아직 완전히 효율적으로 착취하지 못하고 있는 새로운 사회적 실천의 영역을 탐구하고, 그것을 가시화하고 떼어낼 수 있는 것으로 만든다. (중략) 이러한 방식으로, 아방가르드가 수행하는 고급과 저급, 합법과 불법 사이 중개업은 거대한 규모로 조직화된 문화산업의 결정적 메커니즘이 된다. (…) 근대에 의해 착수되고 진행되는 교환의 사이클은 단 한 방향으로만 움직인다. 위로부터는 반대파적 실천을 전유하고, 아래로부터는 의미가 고갈된 문화산물을 재활용하는 것이다. 다시 대중문화의 저급 영역에 등장한 아방가르드의 고안물은 애초의 힘과 순수함을 빼앗긴 형태로서다."(Thomas Crow, "Moderne und Massenkultur in der bildenden Kunst," *Texte zur Kunst*, N. 1, Köln, 1990, 79~81.) 크로에게 '저급한 실천들'은 처음부터 '고급문화'에 '대립적'이다. 그러나 현실에서 이 저급한 실천들은 아방가르드에 의해 가치화된 고급문화적 실천과의 대립 속에 놓이는 순간에야 비로소 대립적이 된다. 그렇기에 아방가르드가 행하는 것은 '의미의 탈각(Sinnentleerung)'이 아니다. 오히려 [아방가르드는] 이 저급한 실천들을 문화적 전통 선상의 한 의미 연관에 세움으로써 저급한 실천들에 의미를 부여(Sinngebung)한다. 이 실천들이 저급한 대중문화로 회귀할 때 애초의 의미를 상실하는 것은 이 때문이다. 하지만 그들의 힘은 여전히 유지된다. '순수함'이 상실되는 것은 당연한데, 사실상 이런 실천은 고급문화적 콘텍스트의 외부에서는 전혀 진리 가치와 관련된 진술로 여겨질 수 없기 때문이다.

들의 문화적으로도 착취당하는 것이다. 이와 같은 생각에는 가치화된 문화의 대리인들은 지배계급의 대리인들이라는 확신이 깔려 있다.

그런데 세기 전환기 니체주의와 유럽의 '데카당' 문화라는 현상은 그 반대 사례다. 여기서 가치화되고, 스타일화되고 심미화되었던 것은 지배계급의 문화였다. 그것을 위해 먼저 사회적 특권층의 하위문화는 데카당적이고, 삶에 지친, 무기력한 하위문화로 이해되어야 했고, 이는 민주주의적이고, 자유롭고 세속화하는 19세기의 지배적 문화에 대립되었다. 달리 말하면, 특권 계급의 하위문화는 먼저 문화적 측면에서 비특권적인 것으로 인식되고 나서야 가치화될 수 있었다는 것이다. 더 면밀히 관찰하면, 이런 비특권적인 문화적 실천들이야말로 가장 문화잉태적kulturträchtigsten임이 드러난다. 이 문화적 실천들은 새로운 실천들로 묘사되기에 더 수월하기 때문이다. 그리고 지배계급의 실질적 하위문화는 이제부터 가치화되어야만 하는 세속적 실천에 속한다.

그렇기에 혁신적 교환은 문화적 전통의 민주주의화·자유주의화와 복수화이면서 그 복수화와 같은 정도로 그 전통에 대한 엘리트적 요구의 급진화로 해석될 수 있다. 첫 번째 해석은 전통적 문화를 규정하는 확고한 기준과 규범에 대한 거부를 강조한다. 두 번째 해석에서 혁신은, 교양을 통한 전통의 대중적 확산에 거리를 취하려는 시도로 이해된다. 고급한 문화 전통이 보편적인 게 되고 문화적 엘리트가 교양화된 대중에 의해 삼켜질 위험에 직면하면, 엘리트는 세속적인 걸 선택함으로써 자신들의 배타성을 회복한다는 것이다. 이 두 해석은 같은 정도로 중요하며 모든 혁신에 필연적으로 수반되는 긴장과 불확실성을 산출한다.

문화적 아카이브는 과거에서 연유하고 미래를 지향하는 특정한 기구들에 의해 주재된다. 따라서 이 기구들 역시 역사적 초월성에 대한 일정한 보증이라 여겨질 수 있다. 현재, 이 기구들은 모든 계급·그룹·특권층과 더불어 세속적 공간에 속하며 가치화된 문화에 단지 재료로서만 기여한다. 가치화된 문화의 역사적 기억 속 개체성은 세속적 개체성과는 거의 공통점이 없고, 그것이 세속적 개체성의 '표현'으로 여겨질 수도 없다. '지배적' 세속성 또는 '억압받는' 세속성은 그것이 가치화된 문화와 긍정적 관계를 맺느냐 아니면 부정적·대립적 관계를 맺느냐에 따라 처음부터 같은 정도로 심미화되고 환원·변형된다.

문화가 혁신적 교환에 제기하는 요구들을 충족시킬 수 있는 사람이라면 누구나 가치화된 문화의 대리인으로 등장할 수 있다. 이 대리인은 다양한 사회계급 출신일 수 있다. 그런데 이들은 모두 자기 계급에 대한 특정 방식의 배반을 행한다는 점에서 특징적이다. 예술가와 이론가는 확립된 가치의 문화 담지자인 시민계급의 적이지만, 그들 역시 자신들의 전유 전략과 가치화 전략이 요구하는 것보다 더 강하게 다른 사회계급과 자신을 동일시하지 않는다. 한 예술가나 이론가가 자신이 유래한 사회적 그룹의 사물과 기호들을 사용하더라도, 그는 언제나 이 그룹에서 자신을 분리하고 그 그룹을 외부에서 관찰할 능력을 획득한다. 그가 갖는 장점은 작업의 토대가 되는 재료를 그가 더 잘 안다는 데 있을 뿐 그가 심미적으로 조작하는 것과 자신을 동일화한다는 데 있지 않다. 오히려 그 반대다. 그는 자신의 근원적 하위문화에 대해 이중적으로 낯설게 된다. 프롤레타리아 출신으로 프롤레타리아 소설을 쓰는 작가는 이중적 방식으로 실상 [자신이] 프롤레타리아이기를 멈춘다. 제3세계 출신으로 자국의 '독창적인 것'과 '타자적인 것'을 서구 예술시장에 내놓는 예술가는 이미 자신의 고향을 서구의 문화 대리인 시선으로 바라본다.[5] 혁신적 예술가는 자기 자신의 고유한 문화의 콘텍스트에서는 늘 비판적이고, 부정적이며, 상처 입히는 태도를 취한다. 혁신적 예술가는 그 문화의 경계를 넘어서 그 문화와는 다르고, 낯선, 대안적 정체성을 구축한다. 혁신적 예술가가 자신의 고유한 문화를 자신의 새로운 문화적 환경과의 대비 속에서 긍정적으로 가치절상 하기 시작하는 것은 그가 낯선 문화의 콘텍스트에 자리 잡았을 때이다.[6]

긍정적 전략과 비판적 전략 사이의 이 지속적 교환이 의미하는 바는, 문화가 특정한 사회 계급이나 그룹의 직접적 재현이 아니며, 오히려 거꾸로 이 그룹들은 가치화된 것과 세속적인 것 사이의 경계가 지금 어디에 놓여 있는가에 따라 자신을 표명한다는 것이다. 문화

---

5   자기 자신의 리얼리티의 심미적 활용에 대해서는 다음을 보라. Ilya Kabakow / Boris Groys, *Die Kunst des Fliehens*, München: Hanser, 1991, 53ff.

6   서구 아방가르드의 영향하에서 러시아 아방가르드가 러시아의 성화와 민속 문화를 가치절상 한 것은, 서구에 대한 러시아 예술의 우월성이라는 감정으로 이어졌다. "비-대상적 화파의 젊은 러시아 예술은 서구의 견인선에 끌려가는 것이 아니며, 그 반대로 [비-대상적 화파의 젊은 러시아 예술이] 유럽 예술문화에서 아방가르드의 요소를 대표한다고 말하는 것은 과장이 아니다."(Nikolaï Taraboukine, *Le Dernier tableau*, Paris, 1968, 45.)

적 위계의 자연화나 사회화Soziologisierung에 놓여 있는 참으로 순진한 믿음은, 세계가 중립적이고 탈문화적으로 묘사될 수 있다는 생각이다. 그러나 우리는 이 묘사의 빛을 통해 사회계급 및 그들 사이 권력과 특권의 분배를 탐구할 수 있게 된다. 모든 문화적 묘사는 문화 자체를 변화시키며, 문화는 이 묘사로 이전과는 완전히 다르게 보인다. 문화 속에서 이루어지는 모든 묘사 또는 해석 행위는 묘사 대상을 변화시키기에, 한 대상은 이전이라면 상응했을지도 모를 묘사와 같은 방식으로 더는 묘사되지 않는다. 따라서 가치화된 문화와 세속적 공간의 구별은 사회적으로도 형이상학적으로도 고정될 수 없다. 혁신적 교환에는 문화에 대한 모든 묘사의 진리가 함께 편입되어 있다. 왜냐하면 여기서 진리는 타자, 세속적인 것, 현실에 대한 관계로 정의되기 때문이다. 사회를, 특정 방식으로 위계화되어 조직된 형성체—그 아래 다양한 계급, 인종, 사회적·성별적 그룹이 편입되어 있는—로 묘사하는 것은 그 자체가 이미 문화적 사실이다. 이렇게 묘사된 사회는 더는 세속적이지 않다.—사회는 이 묘사를 통해 그 자체가 인공물이자 문화적 가치가 된다. 세속적인 것은 끊임없이 문화와 서로 교환되기 때문에, 문화 그 자체와 마찬가지로 세속적인 것은 실체적인 양量, selbständige Größe이 아니다.

혁신적 교환으로서의 사유

근대, 적어도 데카르트 이래 사유는 스스로 모든 가치 위계를 따르는 중립적 원리로 이해되고 있다. 종교적 신념, 전통적 지혜, 사회적으로 확립된 법의 토대, 윤리적·미학적 규범뿐 아니라 일상적 용무, 세속적 삶의 전략과 견해도 사유의 내용이나 사유 방식으로 여겨진다. 여기서 중요한 것은, 사유는 사유되는 것에 대해 무차별적이어서 현실에서는 아니더라도 적어도 자기 자신 속에서는 전통적으로 동등하지 않은 것으로 여겨지는 것 사이에 어떤 평등성Gleichheit을 만들어내는 자립적 원리로 파악된다는 점이다.

그러나 사유는, 앞서 혁신적 교환의 해석 사례를 통해 밝힌 것처럼, 결코 무차별적이고 동질적이며 중립적 과정이 아니라 두 상이한 작동으로 나누어진다. 이 둘 모두가 '사유'라는 단어로 지칭되어 그들의 이질성이 감추어져 있는 것이다. 이 두 작용이란 가치 있는 것의 가치절하와 무가치한 것의 가치절상이다. 전통적, 전범적 가치들이 사유된다는 것은 그들의 가치절하를 의미한다. 사유를 통해 그들이 '그저 사유된 것'이 되기 때문이다. 무가치하고, 세속적이며, 일상적 현상들이 사유되면 그들은 '사유된 것'으로 고양되고, 그들의 가치는 고양되고 가치화된다. 문화적으로 가치 있는 것과 세속적인 것을 사유하는 일은, 따라서 근본적으로 구별되는 두 과정이며 실상 같은 단어로 명명되고 동질화될 수 없는 것이다.

통상, 사유에 동질성을 부여하기 위해 문화를 초월하는 원리는 자아, 초월적 또는 현상학적 주체, 절대정신 또는 다양한 형식-논리 체계에서 출발한다. 그러나 이러한 방식의 근거 정립은 사유 자체에 의해 정당화될 수 없다. 이와 같은 근거 정립은 사유되는 순간 가치절하 될 것이다. 그렇기에 사유는 자기 자신을 근거 정립 할 수 없다. 사유가 중립적이고 동질적이 아니라 혁신적 교환으로 수행되는 이질적 과정임을 받아들인다면, 문화의 외부에서 주재한다는 특정 원리를 통해 사유를 추가적으로 근거 정립 할 필요는 없어진다. 사유는, 그것이 문화경제적 논리를 쫓는다는 것만으로 이미 충분히 정당화되기 때문이다. 모든 혁신적 교환은 일정한 점에서 다른 모든 동일한 사건을 반복하기에, 그 사건을 통해 새로움을 일으키기는 하지만 독창적이지는 않다. 혁신적 교환은 독창적이지 않기에 특별한 근거 정립을 요구하지 않는다.

사유의 우선성을 주창하고, 그를 방법적 회의로 파악했던 데카르트는 전통적인 종교적 지식을 가치절하 하고, 이전에는 가치 위계에서 낮은 단계였던 물리적·수학적 지식의 새로운 유형을 가치절상 했다. 그 결과 세속적인 것의 새로운 영역이 형성되어 계몽의 견지에서는 희귀한 탈선kuriose Verirrungen으로 보였던 모든 국가나 민족의 전통적인 문화적 표상 전체를 받아들였다. 이러한 총체적 가치절하 이후에는 이제 이전의 문화적 사유 형식은 역사의 증거로서 다시금 가치절상 되었다. 여기에서 생겨난 헤겔의 역사주의는, 실증적 학문의 견지에서는 거짓이던 견해들Meinungen들을 역사적으로 필연적인 특정한 사유의 형식으로 묘사함으로써 가치절상 했다.

계몽주의적이고 역사주의적인 사유 개념에 제기된 이후의 비판은 무의식이라는 새로 등장한 개념과 결합되었다. 사람들은 사유 자체에 의해서는 사유될 수 없는 영역에서 사유의 정박지를 찾았다. 사유가 모든 고급한 원리를 사유하기 시작하면 [사유가] 그것을 어쩔 수 없이 가치절하 한다는 게 너무나 뻔해졌기 때문이다. 이를 통해 여기서 무의식은 은폐된 현실로 이해되었다. 이 현실은 더는 사유 속에서 자신을 이해하는 것으로, 더는 동일자 및 현존자와 주어진 것으로 묘사되지 않고, 은폐된 것, 부재자와 타자, 차이로 묘사된다. 그 와중에 무의식은, 그것이 사유의 자리를 물려받자마자 혁신적 교환으로 기능하기 시작했다.

니체는 사유가 서로 이질적이며 근본적으로 다른 두 원천—고귀하고 가치 있는 삶의 형태와 저급하고 무가치한 삶의 형태—을 갖는다고 가정했다. 이처럼 사유의 내적 이질성을 확실히 한 것은 니체의 큰 공적이다.[1] 사유를 이질적인 것으로 고찰한 니체는 '생'은 동질적인 것으로, 권력을 향한 보편적 의지로 보았다. 그에게 '생'은 사유의 후계

---

[1]   니체는 철학적 사유와 관련하여 "무엇이 고귀한가?" 혹은 "무엇이 천박한가?"라는 질문을 던진다.(Friedrich Nietzsche, *Jenseits von Gut und Böse*, Neuntes Hauptstück, N. 263ff. in Kritische Gesamtausgabe, Von Giorgio Colli und Mazzino Montinari(Hrsg.), Band 6/2, Berlin: De Gruyter, 1968, 227ff.)

자로 등장한다. 이 '생'에의 호소를 통해 니체는 그 시대 가치화된 기독교적·민주주의적·자유주의적 가치를 가치절하 하고, 그 시대 세속적인 것의 일부이던 귀족적·데카당적·주변부적 삶의 형태를 가치절상 했다. 이를 통해 니체에게 생은 사유의 도플갱어로 등장한다. 생은 엑스타시나 자기망각 체험과 결부되고 사유의 고전적 관계에서는 세속적인 것으로 고찰되던[2] 일탈적이고 논리 외적인 사유 형식과 규범적·합리적 사유 형태 사이의 혁신적 교환의 결과가 된다.

프로이트에게 이와 같은 역할을 수행한 것이 리비도 개념이다. 이 개념은 논리적으로 연결되는 고전적 사유 형식을 가치절하 하고 그것을 강박적인 것 혹은 심리적 자기 보존의 합리화로 묘사한다. 동시에 일상적인 언어와 일탈적인 성적 태도와 같은 세속적 형태들이 무의식적 삶[생]을 해명하는 열쇠로 가치절상 된다. 언어적 무의식 이론도 이런 방식으로 기능한다. 여기서 합리적 사유는 단지 다른 모든 언어 형식 중 하나가 됨으로써 가치절하 되며, 이에 반해 '비합리적' 언어 행태들은 언어의 작동 자체를 더 잘 고찰하게 해주는 것으로 가치절상 된다. 마르크스에게서 전통적 문화는 경제적 착취의 이데올로기적 위장으로 가치절하 되고 프롤레타리아는 경제적 생산 원리의 체현으로서 가치절상 된다.

---

2   "우리는 진리를 원한다. 그런데 왜 비진리를 원하지 않는가? 그리고 비확실성은? 심지어 무지를? 진리의 가치라는 문제가 우리 앞을 스쳐 지나갔다."(Friedrich Nietzsche, *Jenseits von Gut und Böse*, Erstes Hauptstück, N. 1, ibid., 9.)

이미 그 자체가 혁신적 교환의 형태인 다양한 무의식 이론은 전통적으로 사유가 수행해온 역할을 넘겨받는다. 그 이론들에는 문화적 전통은 물론 세속적인 것을 지시하는 두 가치 층위가 동시에 포함되어 있다. 언어, 리비도, 경제와 삶[생]에 무의식의 지위가 부과된다. 이 모든 개념은 첫눈에 '사유'—'비물질적'이고 '관념적'이라 비판받아온—보다 실질적으로 보이기 때문이다. 그런데 무의식으로 변형되는 과정에서 이들[언어, 리비도, 경제, 삶(생)]은 이전에는 사유만 가지고 있던 보편성Universalität을 얻게 되고 이를 통해 '실질적인' 세속적 차원을 상실한다. 이 무의식에서도 이전에 사유에서 일어났던 것과 같은 일이 벌어지는 건 당연하다. 무의식에의 관심은 어쩔 수 없이, 사람들이 무의식을 정립하기 위해 끌어들인 원리들을 가치절하 하기 시작한다. 언어적 무의식은, 언어를 특정한 외적 실천으로 가치절하 하기에 언어의 영역은 침묵이[침묵 상태가] 된다.[3] 리비도는 에로스에 대한 익숙한 표상을 파괴했다. 프로이트에게는 증오와 역겨움이 둘 다 리비도의 표명이 된다. 프롤레타리아가 권력을 갖게 되자 영웅적 죽음이 최고의 삶 형태가 되었다. 현상학적 자명성, 알레테이아Aletheia는 하이데거에게서 은폐된 것의 암흑이 된다. 그 결과 무의식은 —이전에는 사유가 그랬던 것처럼— 점차 그 인식 가능 한 특성들을 상실해갔다.

---

3   초현실주의 언어 이론에 따르면, 자동 글쓰기에서 표명된다고 하는 언어적 무의식은 [모리스] 블랑쇼에게는 침묵의 언어가 된다. "그렇다, 이것은 목적이 없다, 이것은 말하고, 끝없이 말하는, 침묵 없는 언어다. 왜냐하면 그에게서는 침묵이 혼잣말을 하기 때문이다."(Maurice Blanchot, *L'éspace littéraire*, Paris: Gallimard, 1955, 239.)

우리는 이 시대에 사유와 무의식 역사의 종말을 경험하고 있음이 분명하다. 하이데거와 그의 영향하에서 이제 무의식은 더는 '실재Realen'가 아니라 부재, 타자, 개념적-접근을-계속-벗어나는 것 속에서 탐구된다. 타자, 그리고 문화를 넘어서 있는 은폐된 것에 대한 호소는 아직도 여전히 형이상학적이다. 그 호소는 문화 속에서 타자가 자신을 표명할 수 있는 가능성이 인정되느냐 아니냐와는 상관없다. 해체 또는 형이상학 전통의 해체는 가치화된 문화적 기억 너머에 대한 플라톤적 상기의 형상과 같은 형이상학적 형상으로 묘사된다.[4] 이런 상기는 플라톤에게는 가능했으나, 하이데거에게 가능한 것은 존재의 망각에 대한 상기뿐이다. 그럼에도 이러한 망각은 망각성에 대한 망각이라는 견지에서 가치화된다. 어쨌든 하이데거는 문화 외적 현실에 대한 상기를 그 자체 문화의 극복으로 이해한다. 그 현실이 포착되지 않는 숨겨진 것이라 하더라도 말이다.[5] 이를 통해 하이데거는 다시

---

4   상기에 대한 플라톤의 이론은 다음을 보라. Platon, *Menon*, 81b∼e; Platon, *Phaidon*, 72e∼77d, 73a∼e; Platon, *Phaidros*, 249b∼253c.
    데리다에 의하면, 근원에 대한 상기라는 플라톤적 형상이 그 실행의 불가능성으로 인해 문자의 발견으로 이어졌다. "따라서 글쓰기가 (내부의) 기억의 밖에 있다고 하더라도, (…) 기억은 글쓰기에 영향을 끼치고 그 안에서 침면을 건다. (…) 플라톤은, 루소와 소쉬르가 그러는 것처럼, 바로 그 필연성에 자리를 내주지만, 내밀한 것과 낯선 것 사이의 '또 다른' 관계를 읽어내지는 않으면서, 글쓰기의 외부와 사악한 침투력을 유지한다. 그 침투력은 가장 깊은 곳에 영향을 끼치고 [그곳을] 감염시킬 수 있는 힘이다."(Jacques Derrida, "La Pharmacie de Platon," *La Dissémination*, Paris: Éditions du Seuil, 1972, 125∼126.) 플라톤에게서 '토트[테우스, Theuth]의 일화'에 대해서는 다음을 보라. Platon, *Phaidros*, 274a∼277a.
5   "경험되고 사유되는 것은 알레테이아가 비춤(Lichtung)으로써 보장하는 것뿐이며, 알레테이아 자체가 아니다. [알레테이아는] 숨겨진 것으로 남는다. 이것은 우연적으로 일어나는가?

금 세속적인 것—권태·소여성·불안·결단 등 그의 모든 용어가 지시하듯이—을 문화적 전통 속으로 가지고 들어온다.

데리다에게는 차이와 텍스트성이 이전에 사유가 담당한 역할을 한다. 현존에 대한 모든 담론은, 어떤 학파의 것이든, 가치절하 되고 해체되고, 동시에 그다음에는 다시 비-현존에 대한 담론으로서 가치절상 된다.[6] 따라서 이 담론에서는 이전에는 순수하게 세속적인 것이어서 다루어지지 않던 모든 게 해체적 독해에 의해 가치화된다. 눈에 뜨이지 않던 메타포와 문법 형태 속에서 타자의 흔적을 찾는다. 여기서 타자는 세속적인 게 가치화된 것임이 드러나며, 어떤 문화적 개념에도 포섭될 수 없는 세속적인 것은 해체에 무한한 작업의 전망을 열어준다.

우리 시대 저자 다수는 무한한 욕망, 무한한 담론, 무한한 대화, 해석의 무한성, 무한한 숭고 등에 대해 이야기한다. 이 모든 무한

(…) 아니면 자기숨김(das Sichverbergen), 은폐성(die Verborgenheit), 레테(Lethe)가 알레테이아(A-Letheia)의 심장으로서 알레테이아에 포함되기에 일어나는가? (…) 그렇다고 한다면, 우리는 이 질문을 통해 철학의 종말에 즉 한 사유의 과제로의 길에 도달한 것이다."(Martin Heidegger, "Das Ende der Philosophie und die Aufgabe des Denkens," *Zur Sache des Denkens*, Tübingen: Niemeyer, 1969, 78~79.)

6   이와 같은 의미에서 해체는, 진리를 지향하면서 텍스트를 극복하는 것을 목표로 삼는 비판이 아니다. 일례로, 데리다는 루소 텍스트를 차연의 운동을 따르는 보충물의 연쇄로 읽는다. "보충물이라는 개념은 루소의 텍스트 내의 일종의 흑점이다. 가시성을 가능하게 하고 제한 짓는 비-시선(Nicht-Sicht)이다."(Jacques Derrida, Hans-Jörg Rheinberger(Übersetzer), *Grammatologie*, Frankfurt a. M.: Suhrkamp Verlag, 1974, 282.) 이러한 점에서 그 어떤 글 쓰는 자 또는 해석하는 자도 루소 자신보다 더 우월하거나 열등한 위치에 있지 않다.

성은 가치 있는 것의 가치절하와 무가치하고 일탈적인 것의 가치절상이라는 전통적 역할을 수행한다. 무한한 것 앞에서는 어떤 불평등 Ungleichheit도 존재할 수 없음이 당연하기에 말이다. 실제에서 우리는 무한한 숨겨진 것Unverborgene과 관계하는 것이 아니라 숨겨진 것과 타자에 대한 문화 내적 주문呪文 곧 데리다·들뢰즈·리오타르 혹은 보드리야르의 구체적 담론들과 관계하는 것이며, 이 담론들은 각기 세속적인 것의 상이한 영역을 가치화한다. 이 담론들이 문화적으로 효과적이고 생산적이라면 —의심할 바 없이 그러한데— 이들 담론은 혁신적 교환의 문화경제적 논리를 좇기 때문이다.

　모든 사유에는 아무런 외적 보증도 없다는 사실이 의미하는 바는, 사유는 어떤 최종적 진리를 통해서도 지양되지 않고, 그렇다고 설명·해석·토론과 탐구의 무한성에 호소하더라도 지양될 수 없는 위험에 모든 차원에서 노출되어 있다는 것이다. 사유의 사건은 늘 유한하다. 그런데 이 위험은 불가피하며 결코 부정적이기만 한 것은 아니다. 이 위험이 사유의 강렬함과 매력을 조건 짓는다. 사유는 언제든지 더는 혁신적이지 않고 지루하게 될 위험에 노출되어 있다. 긴장감 있고 혁신적인 순간 담론은 진실하다. 그때 담론은 세속적인 것, 문화 외적인 것, 타자와 관계하고 있다. 참된 사유는 사건적이며 시간과 더불어 사라진다.

　참된 담론은, 그것이 공공화되는 그다음 순간에는 더는 참되지 않게 된다. 바로 이 공공화의 순간, 담론은 그 담론 덕분에 더는 세속적이지 않고 문화적으로 가치화된 세속적인 것을 지시하기를 멈추기 때문이다. 참된 담론은 세속적인 것에 대한 지시만으로 세속적인 것의 지위와 문화적 경계에 대한 세속적인 것의 위치를 변화시킨다. 이를 통해 새롭게 된 경계의 모습을 묘사함으로써 그 경계를 다시금 변화시키는 새로운 참된 담론의 길이 열리지만 ― 이 담론은 다시금 그 다음에 올 참된 묘사의 길을 막는데 이는 재차 차후의 담론으로 이어진다― 그 어떠한 참된 묘사도 최종적인 것이 되지 못하는 것은 이 묘사가 계속 실패하기 때문이 아니라 반대로 그것이 상대적으로 자주 성공하기 때문이다. 성공한 참된 묘사는 가치화된 것과 세속적인 것 사이의 경계 흐름을 바꾸면서 그 성공을 통해 그 묘사의 진리를 빼앗는다.

일반적으로 진리는 특정한 현실을 상응하게 지칭하는 기호로 이해된다. 모든 기호는 현실을 지시하면서 동시에 그 현실을 숨기고, 그를 대체하며, 그 현실의 비-현존을 가장한다. 현실을 완전하게 드러내는 기호는 현실을 자명하고 탈脫은폐된 것으로 만드는데 그러면 이 기호는 진리의 충족으로 여겨질 수 있다. 현실을 완전히 덮고 있는 기호는 현실의 가면이자 시뮬라크라이며 총체적 환상이다. 고전적 형이상학은 진리의 완전한 폭로, 기표와 기의의 완벽한 일치를 지향했다. 비판적 성격의 포스트구조주의 이론에 의하면 기표와 기의의 초월적 일치는 환상에 불과하며, 이는 계속 서로를 지시하는 기표의 유희에서 산출되는 것이다. 어쨌든 여기에서는 가치화된 문화와 세속적인 것, 의식과 타자 사이 관계가 의미론적인 것signifikatives으로 ―그것이 기능하든 하지 않든 상관없이― 파악되고 있다.

그런데 기호학적으로 이해된 의미작용은 문화와 세속적인 것 사이에 존재하는 가치 경계의 한 이형異形일 뿐이다. 때로는 기의 즉 세속적인 것에, 때로는 기표 또는 문화에 더 높은 가치가 부여된다. 문화 콘텍스트에 등장하는 데 성공한 세속적 세계의 사물은 기의이기를 중단하고 기표가 된다. 이는 잘 알려진 기호학적 관점을 반박하는 것이다. 문화 속에서 다양한 기호체계 곧 이데올로기, 언어, 예술체계와 세계관들은 계속해서 서로 교체되지만 '세계'나 '현실'은 늘 같은 것으로 남거나 그 기호체계를 벗어난다entzieht sich는 관점 말이다. 현실은 이와는 달리 문화의 기호와 교환되면서 지속적으로 변화한다. 기호의 이중성은 다음 사실에서 유래한다. 기호는 문화적으로 가치화된 측면을 지닌다. 다시 말해 [기호는] 무엇인가를 지칭하지만, 동시에 그 자체로 세속적 사물이기에 아무것도 지칭하지 않는다. 서로 다른 시대마다 어떤 때는 기호의 한 측면이, 다른 때에는 기호의 다른 측면이 활성화된다. 포스트구조주의 이론에 의하면, 기호는 그를 통해 지칭되는 것이 빗겨나가는 경우에도 계속 기호다. 그렇지만 기의를 상실한 기표는 간단히 세속적 사물이 된다. 그것은 아무것도 지칭하지 않는다. 달리 말하면, 그것 자체가 현실이 된다.

가치 있는 문화적 대상은 의미 있고bedeutend, 중요하며, 노출된다exponiert. 그 대상이 의미 있는 이유는 그것이 단어의 기호론적 의미Bedeutung를 가지기 때문이 아니다. 곧 그 대상이 문화 외적인 무엇인가를 지칭하기 때문이 아니다. [어떤 대상이] 의미론적 의미를 갖는다고 해서, [그 대상이] 의미 있게 되지는 않는다. 오히려 그 역이다. 한 대상이 가치 있고 의미 있으면 사람들은 그 대상에 '깊은' 또는 '고급한' 의미론적 기능을 부여한다. 의미론적 의미signifikative Bedeutung는 훈장Auszeichnung이 아니다. 무언가를 지칭한다는 것은 전적으로 사소하고, 진부하며, 세속적이다. 가치 있는 것, 실지로 의미 있는 문화적 사태는 실상 아무것도 지칭하지 않는다. 그것은 자신의 독자적 가치를 지니기 때문이다. 무가치하고sinnlos, 부조리하며absurd, 의미론적 차원에서 무의미한bedeutungslos 세속적 텍스트나 사물들이 가치절상 되는 것도 이 때문이다. 이들은 사후적으로 문화의 타자, 무의식, 말할 수 없는 것을 지칭—이것은 이미 이들을 세속화Profanierung하는 것이다—할 역량이 있다고 사유된다.

무의식 이론들 내에서 문화와 세속적 공간의 상호작용은 때로 신화적 투쟁의 성격을 띤다. 마르크스는 어떻게 현실이, 그것이 [인간의] 의식 속에 이데올로기적 환상을 산출함으로써, 들추어지지 않은 채 인간에 의한 인간의 착취라는 사악한 업무를 추진하는지 묘사한다. 니체와 프로이트는 다른 재료를 가지고 다른 이론을 전개했다. 그러나 이들 역시 무의식의 가치절상이 의식을 가치절하 하고 의식을 전통문화의 불타버린 세속화된 대지로 내버려둔다는 것을 알아차리지 못한다. 하이데거는 그 자신에 의해 존재라고 지칭되는 세속적인 것과 문화 사이의 투쟁을 더욱 극적으로 묘사한다. 그는 존재의 신화를 만들어냈다. 스스로를 은폐하는 존재는 자신이 탈은폐Entbergung되는[되어야 하는] 순간에 자신을 은폐한다. 여기서 존재는 흔적을 남기면서 동시에 그를 지우며, [그를] 지움으로써 다시 흔적을 남긴다. 데리다에 의하면, 문자는 이와 유사한 —더 복잡한— 책략을 따른다. 의지, 욕망, 삶[생], 무의식, 존재, 텍스트 등은 여기서 마술적 힘과 책략적 활동을 지니는 것으로 등장한다. 이것들은 은폐된 것 안에서 인간에 대항해 작동하면서, 복잡하고, 전술적·전략적으로 술수에 능한 문화와 사유에 맞서는 투쟁을 벌인다. 그러고는 마침내 진리에 대한 추구 자체가 타자에 의해 자신[타자]의 고유한 부재를 더 잘 은폐하기 위해 남겨진 허위적 흔적임이 드러난다. 당연히, 이 투쟁의 이미지들은 정해진 궤도 위에서 고정된 목표를 향해 움직이는 단조로운 진보를 바라보는 것보다 훨씬 극적이고, 흥미로우며, 매력적이다. 이것 역시, 문화와 그 문화의 가치화된 가치들을 한편으로 하고 세속적인 것을 다른 한편으로 하는 경계에서 연유한다. 이 경계가 있기에 문화와 타자는 계속 서로 교대하면서 복잡한 위장놀이를 벌이는 것이다.

여기서 제안되는 혁신적 교환의 이론은 적어도 새로운 신화를 만들어내지 않는다는 장점을 지닌다. 문화와 문화의 타자는 매번 새롭게 구분된다. 이들 사이에는 어떤 고정된 자연적 구별도 존재하지 않는다. 매번 우리는 가치화된 문화와 세속적 공간으로 세계가 위계적으로 나뉘어 있는 것을 마주한다. 매번 우리는 이 둘 사이를 매개하고 그 단절을 극복하려고 시도한다. 이러한 매개의 시도를 통해 문화와 세속적인 것 사이의 경계는 매번 변화하지만 결코 제거되지는 않는다. 세속적인 것은 문화적 전통의 지속 속에서 사유되고 심미화된다. 우리의 사유는 매번 세속적인 것에 도달하지만, 바로 그럼으로써 사유는 리얼리티를 변화시키고 [리얼리티를] 사유가 그[리얼리티]를 사유했던 순간과는 다른 것으로 남겨놓는다. 사유가 동질적이고 중립적이었다면 문화와 현실 사이의 단절은 극복되었을 것이다. 사유가 그저 문화 프로그램이었다면, 사유는 문화만을 산출했을 것이다. 사유의 사건이 그 자체로 이질적이기에 사유는 참될 뿐 아니라 늘 억압적이고 폭력적이며, 그를 통해 가치절하 된 문화의 기호로부터 늘 새로운 세속적인 것, 새로운 타자, 새로운 현실을 산출해낸다. 여기서 문화는 이제 사유의 재료로, 나아가 이후의 혁신의 재료로 기여한다.

저자

지금까지 말한 것들은 아직 다음과 같은 중심 질문에 대한 충분한 답이 되지는 못했다. 도대체 누가 혁신을 수행하는가? 누가 혁신적 교환을 주도하는가? 라는 질문이다. 이를 수행하는 자는 물론 고전적 철학의 주체일 수는 없다. 그 주체는 'Sub-jekt'라는 이름이 말해주듯, 문화적 행위 속에 은폐되어 있으며 세속적인 것에 속하며, 그렇기에 우선 그 자신이 가치화되어야만 한다. 비슷한 이유로 자연, 무의식, 물질적인 것 등의 비개인적 힘들도 그럴 수 없다. 이들 역시 그 이전에 이루어지는 가치화를 요구하기 때문이다.

우리 시대의 사유에서 저자·저자성의 개념이 이렇게 논란이 되지 않았다면 이 질문은 상당히 평범하게 대답 될 수 있었을 것이다. 우리는 모두 사유, 창조적 형상화, 문화의 원저자Urheber로서 인간의 죽음에 대한 푸코의 문장을 기억하고 있다.[1] 하이데거에게는 한 명의 구체적인 말하는 자Sprecher가 아니라 언어 자체가 말한다. 말하는 자는 자신의 말에 특정한 의미를 부여하고 그가 '말하고자 하는 것'

---

1   「혁신과 창의성」의 각주 5[102쪽] 참조.

을 '표현하려고' 시도[2]하지만, 언어는 그의 명령에 따르지 않는다. 개인은 언어를 자기 맘대로 컨트롤할 수 없고, 단어들에 자기만의 자의적 의미들을 부여할 수도 없으며, 이와 동시에 언어의 기호학적 유희를 완전하게 묘사·파악·지배할 수도 없다. 무한한 언어는, 고전적 구조주의가 가정했던 것처럼 유한한 특정한 의미론Semantik에 의해 묘사될 수 없다. 말하는 자는 모두 언어 속에 편입되어 있다. 언어가 말하는 자에게서 표명되는 것이지 말하는 자가 언어 속에서 표명되는 것이 아니다.

포스트모던 이론에 따르면, 말하는 자가 자신이 표명하려는 자기 '생각'이나 '견해'라고 여기는 것 역시 그의 개인적 소유물이 아니다. 인간을 통해 생각하고, 말하고, 쓰는 것은 신체, 욕망, 계급의식과 인종의식이다. 개인의 사유는 언어유희의 대양 속에서 흘러간다. 그리고 집합적이고 사회적인 성격을 갖는 언어유희는 어떤 유한한 집합체

2   데리다는 일례로 언어를 표현으로 보는 후설을 비판한다. 그는 이러한 언어이해를 다음과 같이 묘사한다. "담론이 그러하다면 담론 없이, 담론 이전에 구성된 의미를 바깥에 두려고 할 것이다."(Jacques Derrida, "La forme et le vouloir-dire," *Marges de la philosophie*, Paris: Les Editions de Minuit, 1972, 194.) 나아가 데리다는 표현적인 "말하고자 함(le vouloir-dire)"이 처음부터 언어에 의해 오염되어 있음을 보여준다. 다른 곳에서 데리다는 이렇게 쓴다. "한편으로 표현주의는 결코 간단히 넘어설 수 있는 것이 아니다. 언어를 '표현'이라고 생각하는 것은 우연히 생긴 편견이 아니다. 그것은 구조적 속임수, 칸트라면 초월적 환상이라고 불렀을 그런 것이다. (…) 다른 한편, (…) 표현성은 사실 언제나 이미 넘어서 있는 것이다. 사람들은 그것을 원하기도 하지만, 원치 않기도 하고, 알기도 하지만 모르기도 한다. 이미 어떤 텍스트가 있는 한, 다른 텍스트들에 대한 텍스트적 소환의 그물망이 있는 한, 자기는 '단순하다'라고 주장하는 모든 '단어'에서 다른 단어의 흔적이 보이는 텍스트적 변형이 있는 한, 의미라고 전제되는 내부성에서는 이미 자기 자신의 바깥이 작동하고 있다."(Jacques Derrida, *Positions*, Paris: Les Éditions de Minuit, 1972, 45~46.)

에 의해서도 컨트롤되지 않는다. 지금까지의 모든 사회주의적이고 전체주의적인 프로젝트가 실패한 것도 이 때문이다. 이들 프로젝트는 그 프로젝트가 극복하려 하는 무의식적, 신체적, 에로틱한 긴장들을 실어 나르면서, 언어·문자·텍스트성의 무한한 유희 속에서 녹아 없어져버린다. 개인의 생각·견해와 판단들이 잘못될 수 있다는 것이 아니라, 그 생각·견해와 판단들이 그 개인에게 속하는 것이 아니라 끊임없이 펼쳐지는 차이의 유희의 한 부분이라는 것이며, 이것이 참과 거짓의 개념들에 의미를 부여한다. 그 어떤 것도 완전히 정확하게 반복되거나 모방될 수 없다. 이러한 의미에서 차이가 자동적으로 창조적 형상화와 모든 제스처의 혁신Innovative―이 제스처가 '주관적으로는' 전통적 전범의 반복을 지향하더라도― 을 보장하는 것이다. 하지만 바로 그렇기 때문에 어떤 것도 실질적으로 '독창적'일 수 없다. 모든 표명과 텍스트는 무한한 언어유희의 단 한순간일 뿐이기에, 언어유희로부터 분리되어 그 유희를 지배하려는 요구를 제기할 수 없다.

여기서 스케치한 우리 시대 반反개인주의 사유는, 그 이론적 논거의 강력함을 논외로 하더라도, 사람들의 자발적 찬동을 불러낸다. 이 이론의 언어 속에는 현재 문명에 근본적인 특정한 경험들이 표현되어 있기 때문이다. 그 크기, 복잡성과 특수함Spezialisiertheit으로 인해 더는 인간 의식으로 규제될 수 없는 현재 문명 내에서는 진리에 대한 개인적 요구는 우스꽝스럽고 순진해 보인다. 현재 문명 내에서는 어떤 언어도 더는 군주적monarchistisch이고 주권적인, 입법적인, 전통적인 의미에서 주석적이지 못한다. 나아가 현재 문명 속에서 이러한 인간의 패배가 동시대인들에게 특별한 저항을 불러내지도 않는다. 우리 모두는, 최종적으로 진리를 소유하고자 하는 많은 개인과 사회적 그룹의 요구를 기억하고 있으며, 이 요구가 우리를 어디로 이끌지에 대해서도 너무 잘 알고 있다. 고전철학의 주권적 개체성은 이론적 비판의 견지에서 더는 정당화되지 못하고 아무런 도덕적 공감도 불러내지 못한다. 이와 같은 상황이기에 프랑스 포스트구조주의 철학에서 가장 포괄적이고 일관적으로 표현되는 이런 동시대적 사유의 경향이 그 즉시 설득력을 발휘하는 것이다.

물론 고전철학 역시 한 개인이 자신의 개인적이고 유한한 이성만으로 절대적 진리에 도달할 수 있다고 믿지 않았다. 고전철학은 진리를 무한함—이념, 이성, 절대정신, 초월적 혹은 현상학적 주체성, 순수 논리학 등—에 정박시키고, 유한한 개인적 이성은 그 무한함에 특정한 방식의 참여Anteil를 수행하는 것이었다. 나아가 무한한 원리에 유한한 인간적 이성의 참여Teilnahme가 가능하다고, 그 참여를 인식하게 해주는 특정 기준들의 타당성도 가능하다고 여겨졌다. 유한함이 무한함에의 참여가 행해졌다고 승인되는 정도에 따라 구체적인 개별적 사유가 그 권위를 획득했다.

바로 이 지점에서 근대적 사유는 고전철학을 비판한다. 인간 실존은 철저히 유한한 것으로 받아들여지고, 인간 의식이나 이성의 무한한 차원은 권력제도의 안정화를 거드는 이데올로기적 상상이라고 설명되었다. 개인은 인간 사유의 무한한 차원에 대한 호소를 통해서만 자연과 사회를 지배할 수 있기 때문이다. 이에 반해 이데올로기 비판이 보여주려 한 것은, 모든 인간은 사회 내에서의 사회적 위치, 언어 내에서의 자리, 무의식의 구조, 욕망의 특별한 본성을 통해 철저하게 한계 지워지며, 이 때문에 어떤 무한성의 요구도 내세울 수 없다는 점이었다. 인간의 철저한 유한성, 인간 이성의 무한성에 대한 요구에 대항하는 투쟁이 근대 비판적 철학 전체의 일관된 주제였다. 이는 마르크스, [쇠렌 오뷔에] 키르케고르, 니체와 프로이트에게서 명백히 드러난다. 이는 [또한] 하이데거에게게 현대의 기계화된 사유에 맞서는 중심 논증이다. 하이데거에 따르면, 기계적 사유는 존재자와 존재 사이의 차이—유한성에 대한 가장 일반적 지칭으로 이해되는—에 대한 망각으로 우리를 이끈다.

고전 형이상학에 대한 이런 근본적 비판 논의들을 고려하면 정작 이 비판이 계속 무한한 것에 대해 말하고 있다는 사실은 기이하면서도 동시에 주목할 만하다. 무한한 욕망, 무한한 신체성, 해석, 문자, 텍스트성, 해체, 웃음과 아이러니의 무한성 말이다. 니체에게서 데리다에 이르는 이 비판적 철학을 읽다 보면, 그 철학에서 삶[생], 언어, 존재, 신체, 텍스트, 죽음이, 무한성과 진리에 대한 철학의 요구를 무한하게 비웃고 있는Lachende 자로 묘사되고, 개인 철학자는 이 무한한 비웃음의 한 심급에 불과함을 알 수 있다. 말하자면, 여기서 철학자는 이전과 마찬가지로 유한한 방식을 통해 무한한 과정에 참여하고 있다는 것이다. 여기서는 진리에 대한 무한한 탐구가 아니라 진리 요구에 대한 무한한 해체가 행해진다는 점이 다를 뿐이다. 데리다의 텍스트는 그 어떤 것도 저자 자신에 의해 쓰인 것이 아니며 따라서 아무

원저자도 없는 것이고자 한다. 데리다가 보여주려는 바는 다만, 분석되고 해체되어야 할 텍스트가 자기 자신의 메타포에 얽혀 있어 자기 자신의 요구를 장악하지 못해 차이의 무한한 유희 속에서 해체되고 있다는 것이다.[3]

말하자면, 현재 비판의 근본 형상Figur은 고전적 사유의 근본 형상과 본질적으로 다르지 않다는 것이다. 그 근본 형상이란 이 둘 모두에서 무한함에 대한 유한함의 참여다. 현재 비판자들의 작품이 한 명의 원저자에게서 연유했음을 부인하는 것은 결코 겸손에서 비롯하는 게 아니다. 이는 그 작품을 무의식이라는 무한한 힘의 개별적 표명이라고 소개하기 위해서다. 이전 시대 철학자들 역시 비슷한 목적을 위해 자신들 생각의 독자적 저자성을 부인하고, 그 저자성을 신이나 자연의 계시, 이성의 목소리, 이념의 관조 등에 귀속시켰다. 현재의 비판은, 그것들이 진리, 권위Autorität, 모든 도덕적이고 억압적인 파토스, 전통과 권력 기구에 대한 모든 요구에 대항해서 등장하며, 어떤 특정

---

3   데리다에게서는 텍스트가 스스로를 해체한다. 그럼에도 해체주의적 독해가 텍스트에 폭력을 가한다고 주장될 수 있다. "해체는 강제 조사라는 오이디푸스 드라마의 또 다른 철학적 승화다. 텍스트, 언어, 쓰기가 자기 자신의 의도적 붕괴를 감독한다. 오이디푸스의 역할을 하는 '텍스트'는 일반적인 희생적 평화를 위해 자신을 파멸시킨다. 오이디푸스의 심문적 자기-박멸이 사실상 쓰기가 행하는 것의 드라마적 버전이라고도 주장될 수 있지만 말이다. 어쨌든 데리다가 폭력에 대해 쓰며 절반쯤 제시하듯, 모든 해체는 논쟁적 요소를 지니며 '유희적'이기는 하나 심문의 그늘 아래 있다. 타자의 텍스트를 이접 메타포로 읽음으로써 탈중심화하는 것은, 타자를 논리적 자기-모순으로 나가도록 강제하는 소크라테스적 문답법을 활성화한다." Aaron Fogel, "Coerced Speech and the Oedipus Dialogue Complex," Gary S. Morson and Caryl Emerson(eds.), *Rethinking Bakhtin: Extensions and Challenges*, Evanston, Ill.: Northwestern University Press, 1989, 179~180.

한 새로운 진리도 제시하지 않는다고 —이는 이 비판에는 아무 새로운 가치도 없음을 의미하는데— 말한다. 이처럼 자신의 고유한 가치 주장을 포기하는 것은 대개의 경우 특별한 겸손함이라고 제시된다. 실천 면에서 모든 가치 요구는 피할 수 없이 비판 및 검토와 맞닥뜨리게 되어 저자를 위험에 몰아넣는다. 그런데 저자 스스로가 혁신적이고자 하지 않고 단지 삶, 텍스트, 언어, 무의식 혹은 욕망 자체가 수행하는 비판의 한 심급으로만 구실한다면, 저자는 이 모든 책임에서 방면된다. 삶 자체에 대해서는 제대로 된 비판을 행할 수 없기 때문에 말이다.

이전 시기의 '사례' 개념을 대신해 등장한 '파편적인 것Fragmentarischen'이라는 개념이 여기서 마술 같은 역할을 수행한다. 이전에는 무엇인가를 숙고하기 위해 특정한 사례가 도입되었고, 이와 같은 사례의 방법론은 그와 유사한 다른 경우로 이전되어 적용된다. 그런데 이후에, 이런 실천이 모든 개별적 경우의 특수성Besonderheit을 무시한다는 이유로 타당하게 비판되었다. 아포리즘, 단편 또는 '열린 텍스트offene Texten' 속에서 파편적으로 행해지는 오늘날의 비판 역시 어느 정도 그와 같은 정신에서 수행되는 것으로 이야기된다. 이를 통해 이전처럼, 모든 텍스트, 신체, 욕망의 본질적 폐쇄성, 유한성, 필사必死의 운명Sterblichkeit성이 부인된다. 예를 들어, 누구도 데리다가 실행하는 것 같은 해체를 이어갈 수 없다. 데리다의 해체는 너무나 찬란하고, 너무나 독창적이며, 너무나 전문적idiosynkratisch이며, 너무나 유한하고 필사의 운명에 처해 있기 때문이다. 지극히 겸손하게도 그저 텍스트 무의식의 작업을 단편적으로 보여주기만demonstrieren 한다는 해체의 텍스트는, 실제로는 명백하게 개인적인 찬란한 연출Inszenierung이다. 그것은 문화 속에서는 통상 서로 결합되지 않는 것을 결합시킨다. 이 결합은 놀랍고 유익하며 혁신적이지만, 결코 언어 무의식 혹은 텍스트 무의식 '그 자체'의 드러남Demonstration은 아니다. 이 결합은 데리다 텍스트 내부에서만 의미를 갖는다. 한 텍스트는 언제나 한 명의 구체적 해석자에 의해서만 대안적이고 '다르게' 읽히며, 그의 해석은 잠재적으로 무한히 가능한 해석에서 나오는 하나의 사례로만 여겨질 수 없다. 이 해석이 실질적으로 현실화되지 않으면 그 해석이 가능한지 아닌지를 말할 수 없다.

비판적 철학은 이성, 정신, 이념으로부터 무한성의 가치지위를 박탈함으로써 그것을 가치절하 한다. 그러면서 신체, 욕망, 텍스트에는 무한함의 지위를 부여하고 그를 가치절상 한다. 고전철학은 헤겔을 통해 가치절하 없는 가치절상이 가능하고, 세속적 세계 전체가 철학으로 관통될 수 있다고 가정했다. 오늘날 비판적 이론은 가치절상 없는 가치절하가 가능하며, 아무것도 가치화하지 않으면서 모든 것을 비웃고 해체하고 아이러니화 하는 것이 가능하다고 가정한다. 그러나 이를 실천하기는 불가능하다. 비판 이론이 그 기구들을 통해 이룬 놀라운 개선 행렬과 상업적 성공, 나아가 비판 이론에 의해 도입된 개념과 방법들의 철학적 경력만 떠올려보아도 이를 충분히 납득할 수 있다. 바흐친은 프로이트의 사례를 들어 정신분석에서 무의식의 목소리라고 제시된 것은 다만 의사나 분석가의 목소리에 다름 아님을 보여주었다.[4] 정신분석의 방법과 담론을 거절해야 한다는 것이 아니다. 다만 정신분석 이론에는 그 저자가 각인되어 있으며 그 이론이 사적 성격을 띤다는 것이다. 정신분석은 그 저자의 인공적이고künstliche 유한한 연출이지 결코 무의식 자체의 작업이 아니다.

고전철학은 모든 이론적 담론의 이러한 사적이고 순전히 인간적인 성격을 인정하려 들지 않았다. 이는 새로운 비판적 이론도 마찬가지다. 권위로 이해되는 원저자성Urheberschaft에 대한 투쟁에서 포스트구조주의적 비판주의는 언어·텍스트·신체를 사회화Vergesellschaftung한다. 이 비판주의는 말하는 자나 글 쓰는 자 개인의 사적 소유물로부터 언어·텍스트·신체를 압류한다. 이와 같은 사회화의 전략은 무엇보다 정치적 성격을 띠며, 그 기원은 고전적 사회주의 이데올로기로까지 거슬러 올라간다. 비판적 이론에 언어는 사회주의 이론에 국가나 공기처럼 비인격적unpersönlich이다. 이 둘의 결정적 오류는 여기에 있다. 곧, 언어의 사회화는 지배적인 개별 담론과 권력기구, 전제주의적이고 주권자적이며 지배자적인 이데올로기를 좌초시키지만 동시에, 권력을 갈구하는 대신, 인격적으로 사회로부터 어렵게 얻어낸 한정된 영토에서 조용하고 자유로운 삶을 갈구하는 모든 개별 담론도 좌초시킨다는 것이다. 비판적 이론은 그러한 사적 담론이 조용한ruhiges 삶을 사는 것을 원하지 않기에, 그 담론의 사적 영토를 빼앗아 그 영토를 공적 소유물로 천명하고, 자기 고유의 언어 공간을 주장하려는 개인의

---

4   Valentin N. Volosinov, *Frejdizm*, Moskva, Leningrad: Gosudarstvennoe izd, 1927, 158ff.

노력을 비웃는다. 그렇게 압류된 언어 영토는 실지로 공공적 사용으로 넘어가지 않고 비판적 이론 자체의 관할 아래 들어오며, 비판적 이론은 절대적 타자와 은폐된 것의 이름으로 그 언어 영토를 주재한다.

저자에 대한 물음은 그의 작품들을 세속적인 것, 현실, 리얼리티와의 관계 속에 위치 지우지 않으면 대답될 수 없다. 세속적인 것은 무규정적이다. 한마디로 [세속적인 것은] 외부에 있다. 우리는 세속적인 것이 유한하거나 무한하고, 카오스적이거나 텍스트처럼 구조화되어 있다고 동일한 권리를 갖고 말할 수 있다. 작품이 유한한 문화적 아카이브의 콘텍스트 속에서 고찰되면, 우리는 작품의 유한한 저자와 그의 전략에 대해, 그가 특정한 전통에 긍정적으로 순응하는지 아니면 부정적으로 순응하는지, 그가 혼합 형태를 시도하는지 아니면 다양한 전통을 새롭게 서로 연결하려고 시도하는지에 대해 의미 있게 말할 수 있다.

작품 가치에 대한 물음은 그 작품과 전통적 전범 사이의 관계를 묻는 것이지, 그 작품과 문화 외부적인 세속적인 것 사이의 관계 곧 그 작품의 진리나 의미를 묻는 것이 아니다. 가치를 근거 지우는 것은 진리가 아니다. 한 작품의 가치가 진리에 대해 갖는 그 작품의 관계를 흥미롭게 하는 것이다. 작품의 문화적 의미가 비로소 문화 외부적 기의의 지시로서 그 작품의 기표적$_{signifikante}$ 의미$_{Bedetung}$에 주목하게 하는 것이다. 다른 기표들보다 리얼리티를 더 잘 지칭한다는 특정한 기표의 능력에 대한 믿음이 기표들 사이의 불평등을 생겨나게 하는 것이 아니다. 이 불평등은 진리에 대한 모든 물음보다 선행한다. 의미작용에 대한 의심과 타자의 탈각Entzug이 위계적 경계의 제거로 이어지지 않는 것도 이 때문이다.

저자의 가치를 인정한다는 것은 저자에게 세속적인 것 내부의 특권화된 위치를, 문화 외부적 리얼리티에 대한 특권적 접근을, 문화에서의 지배적인 위치나 탁월하고 천재적인 개성을 부여한다는 게 아니다. 저자를 문화적 전통의 지속에서 포기될 수 없는 존재로 본다는 것이다. 세속적인 것이 동질적이며 그 전체가 단 한 명의 저자에 의해 재현될 수 있음은 증명할 수 없다. 그렇다고 세속적인 것이 이미 문화, 텍스트, 기호체계로 이질적이고 구조화되어 있어서 문화적인 것과 세속적인 것 사이의 매개자인 인간은 전적으로 불필요하다는 것도 증명할 수 없다. 저자는 전통의 대리인이자 동시에 혁신의 대리인이다. 저자는 문화경제적 전략 속에서의 자신의 역할을 통해 충분히 정의된다. 이 역할을 넘어서는 "인간이란 무엇인가?"라는 질문은 문화적 저자성을 이해하는 데서 중요하지 않다.

전통을 혁신적 교환으로서 지속하는 것은 어떤 고정된 등가물에 의존할 수 없다. 물론 혁신은, 위에서 지적한 대로, 우선적으로는 늘 전통의 반복이다. 스스로를 반복하는 혁신적 전략 자체는 그래서 일정 정도는 혁신적 교환의 등가물로 기능할 수 있다. 그렇다고 해서 모든 개별적 경우에서 무엇이, 어떻게 교환될 수 있고 교환되어야 하는지 결정되지는 않는다. 모든 혁신적 교환은 결단을 요구하며 결코 축소될 수 없는 위험을 함축한다. 저자는 이 위험을 담지하는 존재다. 이 때문에 문화경제는 체계로써 이해되는 시장과 동일한 것이 아니다. 문화경제 내에서 먼저 일어나는 것은 교환이고, 그러고 나서 이 교환의 등가물이 정의되고 수용되거나 거절되는 것이다.

어떤 혁신적 교환도 새로운 작품에 문화적 아카이브의 자리를 분명히 확보해주지 않는다. 혁신적 작품은 늘 동시에 두 가치 차원을 함축하기 때문이다. 세속적 공간은 비규범적인 것, 비가치화된 것, 실패, 무가치한 것, 미완성, 미표현적인 것Ausdruckslosen 등으로 이루어져 있어서, 부정적으로 규범적이고, 부정적으로 고전적이거나 부정적으로 순응된 작품은 언제든 그냥 나쁜 작품으로 평가될 수 있다. 이 작품이, 다른 차원에서는 독창적이고 타자적Anderes이며 대안적인 것으로 이해되고, 그에 따라 혁신적 교환으로 수용된다 하더라도 말이다. 그래서 뒤샹의 〈샘〉이나 말레비치의 〈검은 사각형〉은 나쁜, 아름답지 않은, 실패한 예술작품으로도 해석되면서, 동시에 독창적이고, 새롭고, 시대를 주도한 작품으로도 해석된다. 서로 다른 이 두 해석은 동등하게 허용되며, 상응하는 사물을 새로운 것으로 볼지 나쁜 것으로 볼지를 판단하는 특정한 해석에 의거한다. 이 중 어떤 해석도 무엇인가 다른 것을 통해 안전하고 확실한 것으로 보증되지 않는다. 규범에 대한 존재론적 근거 정립도, 일반적 타자성과 비규범적인 것에 대한 존재론적 근거 정립도 존재하지 않기 때문이다.

혁신적 교환의 사적 성격은 이 교환의 중심적 계기인 만큼 되도록 분명하게 정리되어야 한다. 모든 혁신적 교환은 특정 상황 속에서 행해지며 저자는 매개자Mediator로 기능한다. 문화적 전통 내부에 있는 한 자리를 얻기 위해 이 전통을 지속하려는 저자는 자신만의 개인적 전략을 선택해야 한다. 예컨대 그는 통용되는 문화적 규범을 완전히 익히고 그 규범을 긍정적으로 계승하는 법을 배울 수 있다. 하지만 그렇게 하더라도 그의 작품은 문화적 규범과는 구별된다. 모든 사람이 이 규범에 대해 자신만의 해석을 내리고 거기에서 일정 부분 세속적 해석을 하는 건 필연적이기 때문이다.[5] 이와는 달리 저자는 이 규범을 부정적으로 지속시킬 수 있다. 이 경우에도 그의 작품은 제한적으로만 독창적이 된다. 그 작품은 처음부터 전통과의 관계 속에 놓여 있기 때문이다. 그는 일관되게 혁신적 전략을 좇으면서 새로운 가치를 창조하기 위해 긍정적으로도 또 부정적으로도 전통을 지속할 수 있다. 하지만 이 경우에도 저자가 찾으려는 내적 긴장은 무엇을 통해서도 보장되지 않는다. 그러한 긴장이란 필연적으로 사건적ereignishaft이기 때문이다. 그 긴장은 문화적으로 가치 있는 것과 세속적인 것 사이의 경계가 매번 변화하는 경과에 달려 있으며, 어떤 저자도 그것을 완전하게 조망하고 제어할 수 없기 때문이다.

그렇기에 모든 문화적 전략은 불가피하게 위험에 노출되어 있다. 그 문화적 전략들에 부여되어온 문화적 가치에도 불구하고 한 작품과 그 저자를 무가치하다고 설득력 있게 설명하는 해석은 언제든 가능하기 때문이다. 온갖 문화적 노력에도 저자는 늘 상당히 세속적이

---

5   비트겐슈타인에게서 규칙과 그 규칙의 준수라는 문제와 데리다에게서 차이 사이의 비교에 대해서는 다음을 보라. Henry Staten, *Wittgenstein and Derrida*, Lincoln: University of Nebraska Press, 1984.

며, 몇몇 제한된 경우에만 그리고 조건적으로만 문화 아카이브에서의 역사적 불멸성을 요구한다. 저자로서 그는 자신이 벌이는 전통주의적 혹은 혁신적 실천과 마찬가지로 분열되어 있다. 한 저자의 성공은 능력, 지식, 어떤 사회적 특권에 의해서도, 그 어떤 권위에 의해서도, 현실, 세속적인 것, 진리에의 다가감에 의해서도 보장되지 않는다. 저자란 철저하게 문화경제적 논리에 내맡겨져 있다. 문화적 혁신이야말로 문화경제적 논리를 가장 일관되게 보여주는 것도 이 때문이다. 이 문화경제적 논리는 삶의 다른 분야에서도 감추어진 채 가차 없이, 작동하고 있다.

역사 이후의 시대, 새로움이란 무엇인가

두 체제 사이에서

보리스 그로이스는 1947년, 소비에트 관료였던 아버지의 근무지인 동베를린에서 출생했다. 그 후 소련으로 돌아가, 1965년에서 1971년까지 레닌그라드대학에서 철학과 수학을 전공하고 1976년에서 1981년까지 모스크바대학 구조주의응용언어학연구소 연구원으로 있었다. 1981년, 아직 소비에트연방이 건재하던 시절 가족과 함께 서독으로 이주한다. 1985년까지 독일 여러 대학에서 연구원으로 활동하다 1992년 뮌스터대학에서 철학박사 학위를 받았고, 1992년부터 카를스루에조형대학에서 미학, 예술사, 매체이론 담당 교수로 재직하고 있다.

통상적으로 체제 대립이 작동하던 시절 그로 인해 이주한 지식인들은 자신의 의지와는 무관하게 복잡한 이데올로기적 자장 속에 연루된다. 냉전 체제가 한창이던 1974년 소련에서 추방되어 서독으로 이주했던 알렉산드르 솔제니친 같은 이들이 대표적인데, 서방 세계에서 그는 자신의 고유한 문학 세계와 사상을 가진 작가로서보다는 공산주의 체제 비판의 살아 있는 증인으로 받아들여졌다. 체제 간 이데올로기 대립이 격해질수록 그에 대한 관심은 크게 높아지지만, 그럴수록 그가 자신만의 관점과 사고를 가진 지식인으로서 활동할 입지는 더 좁아지기 마련이다. 그가 체제의 이방인으로서 경험한 서구 세계의 문제들에 가하는 비판은 진지하게 받아들여지는 대신 문외한의 나이브한 시선이라며 상대화되기 십상이다. 이러한 방식으로 동시대 비판이라는 실천적 지식인으로서의 활동 가능성은 극히 제한되어버린다.

그런데 그로이스는 이와는 경우가 다르다. 그로이스는 1988년부터 지금까지 소비에트의 문화 예술과 포스트 소비에트 담론, 매체이론 및 현대 미술과 관련된 저서를 여럿 펴냈다. 처음에는 주로 독일어와 러시아어로, 근래에는 영어로 집필한 그의 책들은 출간되는 족족 여러 나라 언어로 번역되어 국제적 담론의 장에 적극적으로 수용되고 있다. 그로이스는 매체이론가이자 예술비평가이면서 동시에 소비에트 문화, 코뮤니즘 등과 관련된 전시들[1]을 기획하는 미술기획자로도 활발히 움직이고 있다.

---

1   그가 기획한 대표적인 전시 목록은 다음과 같다. *Fluchtpunkt Moskau* at Ludwig Forum (1994 Aachen, Germany); *Dream Factory Communism* at the Schirn Gallery(2003-2004 Frankfurt, Germany); *Privatizations* at the KW Institute of Contemporary Art(2004 Berlin, Germany); *Total Enlightenment: Conceptual Art in Moscow 1960-1990*(2008-2009 at Kunsthalle Schirn in Frankfurt, Germany, and Fondacion March in Madrid, Spain); *Medium Religion* with Peter Weibel at the Center for Art and Media Karlsruhe(2009 Karlsruhe, Germany); Andrei Monastyrski for the Russian Pavilion at the 54th Venice Biennale, 2011; *After History: Alexandre Kojève as a Photographer*, 20 May - 15 July 2012 at BAK Utrecht(NL).

체제 전환 지식인으로서 그로이스의 이와 같은 '성공'에는 여러 요인이 작동하고 있을 것이다. 그가 소비에트에서 독일(서독)로 이주한 1981년은 냉전 체제가 서서히 해체되는 시기였다. 몇 년 후 미하일 고르바초프 서기장이 선출되면서 시작된 소비에트연방의 개혁정책은 직전까지 세계 전체에 영향을 끼치던 이데올로기적 대립의 구도를 근본적으로 바꾸어놓았다. 현실 사회주의 국가 소비에트의 존속을 이론적·실천적 지지대로 삼던 서구 혁신 좌파들은 물론, 그와의 적대적 대립 관계를 강조하면서 체제 내부의 문제와 모순들을 억압해오던 서구 보수 우파들의 정치적 토대가 동시에 흔들리기 시작한 것이다. 이런 상황에서 1988년 독일에서 출간된 『총체적 예술작품 스탈린. 소비에트연방의 분열된 문화Gesamtkunstwerk Stalin. Die gespaltene Kultur in der Sowjetunion』[2]는 그로이스를 일약 소비에트 문화 전문가로 인정받게 해주었다. 여기에서 그로이스는 그때까지 서구에서는 접근하기 어려웠던 러시아 내 풍부한 자료들에 의거해, 러시아 아방가르드와 사회주의 리얼리즘에 대한 서구의 기존 통념을 뒤엎는 해석을 내놓았다.

제2차 세계대전 후 모더니즘 옹호자들은 러시아 아방가르드를

---

2   이 책은 1992년 『The Total Art of Stalinism: Avant-garde, Aesthetic Dictatorship, and Beyond』라는 제목으로 영어로 번역되었고, 국내에는 1995년 『아방가르드와 현대성: 러시아의 분열된 문화』(최문규 옮김, 문예마당)라는 제목으로 번역되었다. 이 책의 축약본이라 할 수 있는 그로이스의 논문 「아방가르드 정신으로부터 사회주의 리얼리즘의 탄생(The Birth of Socialist Realism from the Spirit of the Russian Avant-Garde)」은 『유토피아의 환영: 소비에트 문화의 이론과 실제』(한울 아카데미, 2010)에 실려 있다.

소비에트 전체주의의 희생물로 간주해왔다. 새롭고 혁신적인 모더니즘 예술적 이상을 추구하던 러시아 아방가르드의 에너지가 스탈린 숭배 프로파간다로 귀결된 사회주의 리얼리즘에 의해 억압되어 소멸되었다는 것이다. 바실리 칸딘스키나 엘 리시츠키 등 소비에트보다 유럽에서의 활동에 더 치중한 러시아 출신 예술가들의 사례는 이러한 해석을 뒷받침하는 것으로 보였다. 그러나 그로이스에 따르면 사회주의 리얼리즘과 러시아 아방가르드는 서로 대립물이 아니었다.

> "아방가르드와 사회주의 리얼리즘의 근본적인 차이는 (…) 토대에 대한 작업으로부터 상부구조에 대한 작업(스탈린에 의해 용인된 상부구조에 대한 아방가르드 작업)으로 무게중심이 이동했다는 것에 있다. 이것은 순수하게 기술적, 물질적 측면들을 단지 기획하는 것이라기보다 우선 새로운 현실의 요소로서 새로운 인간을 기획하는 것에서 표현되었다. 따라서 사회주의 리얼리즘은 (…) 그것[아방가르드—인용자]을 지속하고 발전시켰으며 어떤 의미에서는 그것의 강령을 실현했다."[3]

---

3   보리스 그로이스, 「아방가르드 정신으로부터 사회주의 리얼리즘의 탄생」, 한양대학교 아태지역연구센터 러시아·유라시아연구사업단 엮음, 『유토피아의 환영: 소비에트 문화의 이론과 실제』(한울아카데미, 2010), 131.

사회주의 리얼리즘이 러시아 아방가르드 강령의 실현이었다는 주장은 실로 많은 것을 함축한다. 이 주장은 서구인들이 러시아 아방가르드에 부여해온 무구한 예술적 실천이라는 신화를 붕괴시킴으로써 모더니즘 담론 속에서 신비화되어 있던 러시아 아방가르드를 탈신화화하면서 동시에 사회주의 리얼리즘에 대한 재평가를 요구하는 것이다. 또한 이 주장은 사회주의 리얼리즘과 불가분의 관계였던 스탈린 지배체제에 대한 재해석과도 맞물려 있다. 그로이스의 『총체적 예술작품 스탈린』은 지금까지도 사회적·정치적 악으로 묘사되고 있는 스탈린 체제를 삶과 예술의 통일이라는 러시아 아방가르드의 이상을 현실화한 정치적 동인으로 평가하고 있기 때문이다.

주목할 사실은, 그로이스가 소비에트 문화를 직접 경험 했었다는 사실이 이처럼 논란 많은 주장에 어떤 신뢰성과 힘을 부여하고 있다는 점이다. 체제 대립의 역사적 조건하에서는 서로 분리·대립되어 있던, 그 점에서 일면적일 수밖에 없던 두 입장 곧 소비에트 문화에 대한 내부자적 입장과 외부자적 시선이 그로이스에게는 동시에 갖추어져 있다고 여겨지는 것이다. 그로이스는 이후 저서에서도 이와 같은 입지를 절묘하게 견지하는데, 그중 대표적이 것이 소비에트 과거에 대한 평가다. 2010년 출간한 『공산주의 후기The Communist postscript』에서 그로이스는 소비에트적 실험을 인류 역사적 관점에서 긍정적으로 평가한다.[4] 이에 따르면, 소비에트는 코뮤니스트 인터내셔널을 통해 대

---

4   이에 대해서는 보리스 그로이스의 대담 "Postscript to the "The Communist postscript,""

변되던 보편주의적 사회 모델의 실현이자 돈과 시장 대신 언어에 의해 작동되는 사회를 건설하려던 시도였다. 이런 사회가 현실 세계에서 존속했었다는 사실은 한 사회의 존속에 자본주의 시장이 필수적이라는 주류 경제학 이데올로기의 혁파이기도 했다. 소비에트연방의 70년은, 약 1세기 동안 존속한 고대 아테네 민주주의가 민주주의의 모델이 되었던 것처럼, 새로운 유형의 사회 모델이 되기에 충분한 시간이다. 소비에트 공산주의가 붕괴된 후 러시아 내부에서는 물론 전 세계적으로 자국 중심주의와 인종적·종교적 대립이 격화되는 현재의 상황은, 소비에트가 내세우던 보편주의적 가치 지향이 사라진 시대의 문제들을 여실히 노출하는 것이다.

역사 이후의 실천

코뮤니즘에 대한 그로이스의 입장은 언뜻 보면, 세계 자본주의의 위기가 충격적으로 의식된 이후 슬라보예 지젝, 알랭 바디우 등으로 대변되는 코뮤니즘 재평가 흐름과 유사한 듯하다. 하지만 서구 좌파 지식인들과 그로이스 사이에는 결정적 차이점이 있다. 그로이스에게는 공산주의 붕괴 이후 서구 좌파들이 가지는 어떤 멜랑콜리도, 마르크스주의에 대한 어떤 채무감도 없다. 또한 그는 서구 좌파들이 자

2010. http://xz.gif.ru/numbers/digest-2005-2007/postscript-to-the/.

본주의 시장과 국가에 던지는 무기력하지만 끈질긴 의심과 회의의 시선에서도 자유롭다. 일례로 자크 랑시에르는 「비판적 사유의 재난」이라는 글에서 서구 좌파들이 겪는 "좌파의 아이러니 또는 멜랑콜리"[5]를 다음과 같이 지적한다.

> "이[좌파의 아이러니 또는 멜랑콜리―인용자]는 전복을 꿈꾸는 우리의 모든 욕망이 여전히 시장 법칙에 복종하고 있으며, 우리가 할 수 있는 일이라곤 전 지구적 시장에서 할 수 있는 새로운 게임, 즉 우리 자신의 삶을 한없이 실험하는 게임에 만족하는 것 말고는 없음을 고백하도록 [우리를―옮긴이] 압박한다. 이는 우리가 괴물[짐승―옮긴이]의 체내에 흡수됐음을 보여준다. 거기서는 우리가 짐승에 맞서 활용할 수 있을지 모르는 자율적이고 전복적인 실천 능력과 상호작용 네트워크마저 짐승의 새로운 권력, 즉 비물질적 생산의 권력에 봉사한다. 짐승은 그의 잠재적 적이 지닌 욕망과 능력을 지배한다. 짐승은 잠재적 적에게 최상품을, 그러니까 자신의 삶을 무한한 가능성의 부식토처럼 실험할 수 있는 능력을 가장 싼값에 제공함으로써 그렇게 한다. 짐승은 각자에게 각자가 소망할 수 있는 것을 제공한다. 멍청이들에게는 리얼리티 쇼를 주고, 영리한 이들에게는 자기 가치

---

5   자크 랑시에르, 양창렬 옮김, 『해방된 관객』(현실문화, 2016), 51.

를 높일 가능성을 준다. 멜랑콜리한 담론은 우리에게 이야기한다. 바로 거기에 함정이 있다고. 자본주의의 권력을 쓰러뜨리겠다고 믿었지만 거꾸로 그 권력에 이의 제기 하는 에너지를 빨아들여 [그 권력에 ─옮긴이] 원기를 회복할 수단을 제공하고 만 자들이 빠진 바로 그 함정 말이다."[6]

랑시에르가 지적한 좌파의 멜랑콜리가, 혁명에 대해 이야기해왔지만 혁명을 경험해본 적 없는 서구 좌파들, 혁명적 변화를 향한 욕망이 좌절된 이들의 증상이라면, 그로이스는 자신을 "혁명적 변화를 향한 욕망을 이미 충족한" 현인Sage[7]으로 위치 지우고 있는 듯하다. 여기서 말하는 "현인" 개념은 2012년 그로이스가 자신이 기획한 전시 〈역사 이후: 사진작가로서의 알렉상드르 코제브After History: Alexandre Kojève as a Photographer〉와 관련해 쓴 짧은 글에 등장한다.

알렉상드르 코제브Alexandre Kojève는, 그로이스와도 유사하게, 1919년 러시아혁명 직후 러시아를 떠나 독일로 이주해 철학을 공부했다. 코제브가 1933년에서 1939년까지 파리고등사범학교에서 행한 헤겔 강의는 조르주 바타유, 자크 라캉, 앙드레 브르통, 모리스 메를로-퐁티 같은 대표적 프랑스 지식인들이 수강했고, 그 강의록은 장

6   같은 곳.

7   보리스 그로이스, 김정혜 옮김, 「현인(賢人)으로서의 사진작가(The Photographer as the Sage)」, 김선정, 캐롤 잉화 루, 와싼 알 쿠다이리 기획, 보리스 그로이스 외 지음, 『큐레토리얼/담론/실천』(현실문화, 2014), 26~27.

폴 사르트르나 알베르 카뮈 같은 작가들에게도 큰 영향을 끼쳤다. 그럼에도 코제브는 짧은 논문 몇 편을 제외하고는 일생 어떤 철학적 글도 출간하지 않으면서 "유럽연합 집행기관인 유러피언 커미션European Commission에서 프랑스 대표로, 현재 유럽연합의 창시자 중 한 사람으로 참여했고, (…) 유럽경제 시스템의 중대한 축을 이루는 유러피언 커미션 관세 동의안을 통과시키는 데 기여했다."[8]

그로이스에 따르면, 코제브의 이러한 행보는 그가 주창한 "역사의 종언" 테제와 관련되어 있다. 코제브는 "최적의 사회질서에 대한 모색이 끝났음"을 받아들이고는 혁명이 아니라 혁명 이후의 정치에, 역사 이후의 사회 곧 보편적 동질 국가를 만들어나가는 현세적 실천에 매진했다는 것이다. 그로이스는 다음처럼 말한다. "우리가 역사의 종언 이후를 살고 있다는 코제브의 반론은 정치적인 현 상태를 무비판적으로 수용하는 표현으로 오해하기 쉽다. 그것은 마치 역사가 이미 끝났으며 정치적 변화는 더 이상 불가능하다는 것처럼 들리기도 한다. 그러나 코제브의 정치적 입장은 보다 행동주의적이다. 코제브가 말하는 역사의 종말은 최적의 사회질서에 대한 모색이 끝났음을 의미한다. (…) 헤겔에 대한 코제브의 해석에 따르면 최적의 사회적, 정치적 질서는 모든 인간이 동등하게 인지되는 현세적, 보편적, 동질의 국가를 통해 구현된다. 그와 같은 국가는 프랑스혁명 이후 나폴레옹에 의해 이미 제시되었고, 그로부터 백 년이 훨씬 지난 후 러시아 10월혁명

8   같은 글, 22~23.

으로 다시 한 번 시도되었다."⁹

'현인' 개념은 이런 코제브의 태도로부터 도출된 것이다. "그[코제브—인용자]는 자신의 자세를 철학자의 태도로 보지 않고 현인의 태도라고 생각했다. 철학자는 절대적인 지식에 대한 욕망, 지혜Sophia를 향한 사랑으로 감동받는다. 코제브는 절대적인 지식의 이상은 모든 인간에 대한 상호인식이라는 조건하에서만 실현될 수 있다고 보았다. 다시 말해 철학자는 보편적인 인식이 현실이 되는 국가라는 명목으로 자기희생과 혁명을 추구한다. 그와 반대로 현인은 혁명적 변화를 향한 욕망을 이미 충족한 사람이다. 혁명 이후, 역사 이후의 사회에서 그는 철학자이다. 현인은 새로운 혁명을 만들어내지 않고 이미 일어난 혁명의 프로그램을 실행한다. 다시 말하면, 현인은 혁명 이후 상태의 관리/행정의 문제를 다룬다. 현인은 공무원functionary이고, (…) 혁명 이후 국가의 사무원이다. (…) 현인은 새로운 혁명을 추구하지 않고 앞서 일어난 혁명의 성과가 상실되지 않도록 한다."¹⁰

오늘날 우리가 살고 있는 역사 이후의 시간이란 "최적의 사회질서에 대한 모색"이 이미 완수된 시대이며, 지금 중요한 것은 "앞서 일어난 혁명의 성과"를 현실 속에서 구현하는 현세적 실천이라는 그로이스의 전제는, 소비에트를 혁명의 실패로 받아들이는 서구 좌파들과 그의 태도를 구별해준다. "앞서 일어난 혁명의 성과" 중 그로이스가

---

9   같은 글, 24~25.
10   같은 글, 26~28.

가장 중요하게 여기는 것이, 근대적 혁명들을 통해 형성되고 소비에트에서 실험된 바 있는 보편적 동질 국가의 이념이다.

> "혁명이 성공하면 그 다음에는 무엇이 일어나야 하는가? 보편적인 동질 국가universal and homogeneous state가 혁명적으로 주창될 수 있겠지만 그러한 국가를 만든다는 것은 무엇을 의미하는가? 우리의 현재, 이 순간의 정치적 현실을 바라보면 우리는 아직도 보편적인 동질 국가를 살고 있지 않은 것이 분명하다. 금융시장은 글로벌화되었지만 정치는 국가중심적이고 지역적이다. 우리는 여전히 국가적 이기주의에 의해 움직이는 다양한 민족국가 속에 살아가고 있다. 그리고 이런 국가들은 전혀 동질적이지 않으며, 인종 간의 충돌과 점점 커져가는 빈부 격차로 특징지어진다. (…) 보편적인 동질 국가라는 개념은 사실 이미 형성되었고 근대적 혁명들을 통해 실현되기 시작했지만 이 같은 국가는 결코 정치적 현실이 되지 않았다."[11]

---

11   같은 글, 25~26.

새로움이라는 문제

"새로운 혁명을 만들어내지 않고 이미 일어난 혁명의 프로그램을 실행"하는 현인으로서의 태도. 그로이스의 반유토피아적 태도는 독자의 손에 들린 이 『새로움에 대하여』의 중심 개념 '새로움'에서도 감지할 수 있다. 여기서 말하는 '새로움'은 궁극적인 것, 절대적 본질, 은폐되어 있는 최종적 실재로서의 진리 개념을 전제하지 않는다. 그로이스에게 새로움은 한마디로 '이전과 다른 것'이다. '이전의 것, 낡은 것'을 대변하는 아카이브와의 상대적 비교 속에서 '새로운 것'으로 받아들여지는 것, 그것이 새로움이다. 이러한 새로움은 결코 초월적이지 않다. 지금까지의 모든 것과 총체적으로 단절하는 절대적 새로움이란 불가능하다. 근대 이전까지의 문화를 지배했던 이 절대적 새로움의 개념은 형이상학적 전제를 필요로 한다. 예를 들어, 후기 유대교 및 기독교 묵시론적 전통에서 새로움은 시간/세계 종말의 표상과 결부되어 있었다. 시간과 세계가 종말을 고하고 도래할 것은 이전까지의 세계 전체를 갱신하는, 궁극적인 새로움이었고, 이는 모든 사물의 새로운 창조에 다름 아닐 만큼의 급진적 혁신을 함축했다.

그러나 우리가 보는 세계 배후의 숨겨진 진리라는 초월적 진리의 형이상학이 더는 유효하지 않으며, 우리가 사는 세계의 바깥이나 외부를 향한 초월도, 그 외부로부터 이 세계로의 메시아적 틈입도 더는 가능하지 않다면, 이제 새로움은 늘, 언제나 '부분적'일 수밖에 없다. '새로운' 것이려면 그것과 비교되는 낡은 것, 오래된 것이 있어야 하기 때문이다. 이 점에서 그로이스는 새로운 것의 창출로서의 혁신을 "경계 횡단의 사건"으로 규정한다. 혁신은 아카이브 곧 기술적으로 조직된 문화적 기억과 세속적 공간 사이의 경계에서 이루어지는 사건으로, 문화적으로 가치 있는 것으로 인정된 아카이브와 그것의 타자로서의 세속적 공간 사이에서 일어난다. 그렇기에 새로움 또는 새로움의 발생에는 문화적 위계가 필수적 전제로 함께 작동한다. 이는 '모든 종류의 위계에 대한 거부' 같은 아나키즘적 제스처가 '새로움'으로 환영받는 경우에도 마찬가지다. 그 제스처의 '새로움'은 이전까지 가치 있는 것으로 여겨졌던 규범에 의해서만 비로소 수용되는 것이다.

새로움은 이전까지 없던 무언가를 창출하거나 감추어져 있던 무언가를 드러내는 데서가 아니라 이미 우리가 알고 있는 가치 위계가 전도되는 데서 생겨난다. "가치 있는 것으로 여겨지던 참됨 혹은 우아함이 가치절하 되고, 이전에는 무가치한 것으로 여겨지던 세속적인 것Profane, 낯선 것, 원시적인 것 혹은 속된 것Vulgäre이 가치절상"(20쪽)되는 혁신Innovation이 새로움을 만들어낸다. 그로이스는 이러한 혁신을 "특정한 가치 위계 내부의 가치들을 거래하는Handle 작업"(20쪽)으로 파악해, 그를 '경제Ökonomie'로 개념화한다. 여기서 말하는 경제는 유무형의 자원이나 에너지 등을 교환·분배하는 모든 종류의 의식적·무의식적 행위 일반을 지칭한다. 조르주 바타유의 "보편 경제Allgemeine Ökonomie", 프로이트의 "리비도적 경제libidonöse Ökonomie"에서처럼 교환되고 분배됨으로써 특정한 조직이나 제도의 질서를 형성하고 유지하는 것은 돈과 상품만이 아니다.

이 책의 중심을 차지하는 것은 한 사회의 가치 위계 내부 가치들의 교환과 거래다. 어느 시대든 한 사회에는 중요하고 기억할 만하다고 여겨져 가치화된 문화적 아카이브와 무가치하고 눈에 뜨이지 않으며 흥미롭거나 중요하지 않다고 간주된 것들로 이루어진 세속적 공간이 병존한다. 어떤 계기를 통해 이 세속적 공간에 속해 있던 것이 가치 있는 것으로 여겨지게 되면서 혁신의 과정이 시작되는데, 이로 인해 무가치하다고 여겨진 세속적 공간의 일부가 가치화되고 기존의 가치 위계에 어떤 변화가 생겨난다. 이처럼 혁신은 세속적 공간과 문화적 아카이브 사이에서 일어나는 가치 교환과 거래의 결과인 것이다. 문화 영역에서 이루어지는 혁신의 과정과 논리를 논구한 이 책의 부제가 '문화경제학'인 이유가 여기에 있다. "문화의 경제(학)Ökonomie der Kultur은 문화를 특정한 문화 외적 경제 과정들의 재현으로 묘사하려는 것이 아니라 문화적 발전의 논리 자체를 가치의 전도라는 경제적 논리로 이해하려는 시도다."(23쪽.)

문화적 발전의 논리를 경제적 논리로 이해한다는 것은 이 책의 중심 주제인 '새로움'의 문제와 관련해 중요한 함의를 갖는다. 그것은 가치의 전도를 통한 혁신, 새로움에 대한 요구가 "사회적 삶을 전체적으로 규정하는 경제적 강제의 영역에 속한다"(20쪽)는 것을 의미한다. "새로움의 생산은 문화 속에서 인정받기를 원하는 모두가 인정을 얻기 위해 따라야 하는 요구다. 그렇지 않으면 문화적 용무들과의 대결은 무의미한 일이 될 것이다. (⋯) 새로움은 외면할 수 없고 피할 수 없으며 포기할 수 없는 것이다. 새로움에서 벗어날 길은 없다. 그런 길이 있다면 그 자체가 새로움이다. 새로움의 규칙을 깰 가능성은 없다. 규칙의 파괴 자체가 바로 그 규칙이 요구하는 것이기 때문이다. 이러한 점에서 혁신Innovation에의 요구는 문화 속에서 표현되는 유일한 리얼리티다. 우리는 회피할 수 없는 것, 포기할 수 없는 것, 장악되지 않는 것Unverfügbare을 리얼리티로 이해한다. 포기할 수 없기에 혁신이 곧 리얼리티인 것이다."(16~17쪽.)

　　새로움의 규칙에의 요구, 혁신에의 요구는 문화적 리얼리티 자체로부터 나온다. 다시 말해, 새로움은 각각의 행위자가 의식적으로 거부하거나 추구함으로써 거부되거나 얻어질 수 있는 것이 아니라는 말이다. 새로움의 발생은 개별 행위자의 의식적 활동을 넘어 작동하는 경제적 법칙을 따르며, 새로움은 그 행위자의 의도나 바람에 의해 생겨나거나 없어지는 것이 아니다. 끊임없이 새로운 것을 만들려는 태도가 낡은 강박으로 여겨질 수도 있고, 모든 종류의 새로움을 거부하고 옛것에 머무르려는 태도가 새로움으로 가치화될 수도 있다. "새로움보다 옛것을 선호하는 것 그 자체가 이미 새로운 문화적 제스처를 행하고 있는 것이다. [왜냐하면 옛것 선호 자체가] 급진적으로 새로움을 창출하기 위해 지속적으로 새로움의 산출을 요구하는 문화적 규칙을 깨는 일이기 때문이다."(16쪽.)

　　성전이 아닌 세속적 공간에서의 고행을 통해 세속 공간을 가치화한 초기 기독교 수행자들, 철학 저작을 통해 "가치화된 기독교적, 민주주의적, 자유주의적 가치를 가치절하 하고, 그 시대 세속적인 것의 일부이던 귀족적, 데카당적, 주변부적 삶의 형태를 가치절상"(220쪽)한 니체, 나아가 세속적 공간의 사물과 가치 있는 문화적 전통의 경계를 재구획한 마르셀 뒤샹은 이러한 새로움의 규칙이 어떻게 작동하는가를 보여주는 사례로 등장한다. 예술작품은 말할 것도 없고 그 작품에 대한 해석, 기술적 혁신과 이론적 저작 등 우리 시대의 모든 문화적 산물은 이와 같은 문화경제적 논리 속에서 수용되면서 기존의 가치 위계를 재조직하고, 그중 일부는 문화적 아카이브에 자리 잡는다. 하지만 이 과정은 일회적이고 최종적이지 않으며, 문화적 아카이브와 세속적 공간 사이의 경계를 재조정할 이후의 혁신에 열려 있다.

작가나 예술가, 비평가나 저자 등 문화적 실천의 행위자들은 물론 일반인들에게도 그로이스가 제시하는 문화경제의 논리는 문화라는 복잡한 장에서 일어나는 현상들을 이해하는 데 도움을 줄 것이라 믿는다. 그로이스 원문의 오류들을 발견·수정하게 해주었을 뿐 아니라 난삽한 번역문을 꼼꼼하게 교정해준 좌세훈 편집자에게 이 자리를 빌려 감사의 말을 전한다.

2017년 11월

김남시

찾아보기

개념

ㄱ

가치

　가치 소비 194~195

　가치절상 167

　가치절하 167

　가치지위 47, 154, 189, 237

　가치(의) 경계 83, 94, 97, 98, 102, 108,
　　　116, 119, 139, 147, 164, 204, 207,
　　　226

　가치(의) 전도(Umwertung) 20, 23, 31,
　　　43, 57, 71, 76, 79, 93, 94, 110, 115,
　　　128, 139

　가치(의) 전도로서의 혁신 94, 98

　가치 위계 19, 44, 56, 70, 83~85, 87, 89,
　　　92, 104, 117, 120, 139, 152, 217

　두 가치 층위(가치화된 층위와 세속적
　　　층위) 104~105, 107~108, 128~
　　　129, 133, 136, 165, 179, 184, 195,
　　　221

　문화적 가치 24, 30, 44, 83, 86, 88, 92,
　　　97, 103, 105, 138, 144, 149, 151,
　　　155, 168, 172, 177, 180, 183, 192,
　　　195, 200

　문화적 가치 경계 89, 97, 204, 207

　문화적 가치 경계와 사회적 불평등 207

　문화적 가치의 가치절하 94, 162

　문화적 가치의 은행으로서 미술관 201

가치 차이(Wertdifferenz) 90~91, 93, 125,
　　195

　가치 차이에 대한 극복 93

가치화 181 ; 또한 '상업화'를 보라.

　가치화 전략 178, 214

　가치화된 (문화적) 전통 104, 109, 128,
　　　132, 136~138, 148, 154, 156, 192

　가치화된 문화 87~88, 95, 102, 111, 140,
　　　144, 147, 149, 159, 162, 164, 171,
　　　181, 190, 196. 207, 214, 225, 228

　가치화된 문화의 대리인 212~213

　가치화된 문화적 기억 87, 89, 95, 111~
　　　112, 120, 136, 163, 177, 180, 186,
　　　201, 203~204, 214, 222

　가치화된 예술의(문화적) 콘텍스트
　　　111~112, 111, 121, 127, 157, 193,
　　　210

　가치화된 오브제 110, 160

　가치화와 비교 84

　가치화와 문화 민주화 162

　고행과 가치화 191

　복제품의 가치화 87

　세속적인 것의 가치화 148~149, 154

갤러리 113, 114n, 165

경제(Ökonomie) 20, 22~23 ; 또한 '문화(의)
　　경제(학)'을 보라.

　가치 전도와 경제적 논리 23~24, 31, 56,
　　　71, 94

경제에 대한 묘사 21~22
리비도적 경제 53
문화적 가치화와 경제적/재정적/상업적 성공 180
상품 교환의 경제 23
새로움과 시장경제 50, 58
이론 형성의 경제 106
점령의 경제 23
탕진의 경제 23
폭력의 경제 23
혁신의 경제(혁신의 경제적 논리) 20, 23~24, 96, 105, 111, 180, 188, 189, 202
희생의 경제 23, 189, 195
계몽주의 11, 14n, 54, 62, 142, 219
고전주의자 13n
고전철학 15n, 233, 237~238
고행
근대 예술가의 고행적 희생 189
전통적 가치와 고행주의 188
기독교적 고행 184, 191
공산주의적 미래에 대한 희망 12, 187
구조주의 41, 73, 101, 120, 142 ; 또한 '포스트구조주의'를 보라.
고전적 구조주의 231
구조주의자 198
구축주의자(Konstruktivisten) 99
귀족적 삶의 형태 220
규범적 문화 142, 156
그리스 비극 179
근대 미술 26, 126, 135

근대 예술가 189
근대 예술의 세속화 201
근대적 사유 233
금욕(Askese) 194
급진적인 방법적 회의 40
기독교 183, 185
기독교 교회 200
기독교적 고행 184, 191, 193
기독교적 아이콘 132
기독교의 운둔 생활 183
혁신적 교환과 기독교 183
기억 36, 74n ; 또한 '망각'을 보라.
가치의 전도와 아카이브화된 기억 93
가치화된 문화적 기억 87, 89, 95, 111~112, 120, 136, 163, 177, 180, 186, 201, 203~204, 214, 222
문화적 기억 66, 71, 72, 76, 83~85, 93, 95, 95~97, 102, 120, 145, 147, 150, 154, 157, 167, 173, 181, 199, 206
사회적 기억 65~66
역사적 기억 59~60, 62, 66, 69, 71, 78, 167, 173
작가에 대한 역사적 기억 59
기의 13n, 16n, 19, 204, 226, 239 ; 또한 '기표'를 보라.
기표와 기이의 일치 225
숨겨진 기의 17n
욕망과 기의 205n
초월적 기의 17n
기표 13n, 19, 119n, 130, 204, 205n, 225 ;

또한 '기의'를 보라.

기표의 물질성 126n

기표적 의미 239

무기표적 사물 126n

욕망과 기표 205n

ㄴ

낡음 9, 13, 53, 56, 66, 186, 202 ; 또한 '새로
움', '옛것', '혁신'을 보라

낡은 가치 위계 70

낡은 문화 14, 55

낡은 문화적 전범 83

낡은 창의성 이론 195

낡음과 포스트모던 사유 10

새로움과 낡음 53, 56

남근-로고스-중심주의 13

낭만적 유토피아 41

낭만주의 12, 41

낭만주의 시 199n

낭만주의자 12n

내면성(Innerlichkeit) 113

내적 긴장 106, 108, 115, 133, 194, 242

네오 지오 → 신기하학

ㄷ

다다이스트 99, 153

담론

가치화된 무의식 담론 128

담론 자체의 역사성 69

담론 형성(담론 구성) 45n

담론과 실천 43, 77, 126

담론과 예술작품 51, 104, 106, 108, 111,
126, 152, 171

담론의 실정성 74n

이론적 담론의 독창성 61

혁신에 대한 담론 193

현존에 대한 담론 223

대량 생산 128, 178, 157, 178

익명적이고 산업적인 대량 생산품 128

표준화된 대량 생산(레디-메이드) 133

가치화된 문화의 대량 생산 162

대리인

문화경제적 논리의 역사적 대리인으로
서 저자 115

가치화된 문화의 대리인 212~213

서구의 문화 대리인 215

대중매체 140~141, 142, 145

대중문화 146n, 158, 160, 212n

대중문화와 팝-아트 159

대중문화와 키치 159~160

대중문화와 아방가르드 212n

데카당

데카당 문화 213

데카당적 삶의 형태 220, 259

데카당적 욕망 107

데카당적 하위문화 213

도서관 48, 59, 69, 83, 91, 107, 151, 177, 203,
209

독일 신표현주의 169n

독창성(독창적) 11n, 14n, 21n, 26, 52, 54, 59,
60~62, 63~64, 71, 77, 114, 125, 134,

145, 155, 173, 183, 215, 218, 232, 241

돈

　가치화된 문화에서 돈 181

　새로움과 돈 50

　혁신과 돈(혁신에 대한 시장경제적 묘

　　사) 202

　동일성 48, 55, 63, 65, 66, 69, 71, 78, 89~

　　90, 92, 132, 154, 204

　기표와 기의 사이의 동일성 13

　동일성 없는 평등성 63

　동일성의 요청 63

디오니소스적인 것 → 아폴론적인 것과 디

　오니소스적인 것

ㄹ

레디-메이드 26, 29(n), 109, 127, 130~131,

　133, 147, 168, 183, 185

　대량 생산과 레디-메이드 133

　레디-메이드에 대한 표현주의적 이론

　　113n

　레디-메이드(의) 미학 109, 116, 118, 121,

　　123n, 127, 132, 135, 161

　레디-메이드의 예술적 사용 26, 110

　레디-메이드의 테크닉 112, 117, 122

　레디-메이드의 통일성 118, 121

　성인의 삶의 레디-메이드 183

　언어적 레디-메이드 27

　복제와 레디-메이드 124

　'예술의 종말'과 레디-메이드 116, 118

　'전유주의' 세대의 레디-메이드 125

　'제1세대의 고전적 레디-메이드 125

르네상스 16, 104, 134

　옛것과 르네상스 16

　르네상스 이후의 근대 미술 26

르네상스 회화 90, 103

리비도 220~221

　리비도적 결정 인자 119

　리비도적 경제 53

　리비도적 신체 52n

　리비도적 욕망 96

　리비도적 흐름 53

　프로이트적 리비도 100

ㅁ

마르크스주의 12, 23, 41, 138, 158

망각 36, 220, 222, 234 ; 또한 '기억'을 보라.

　문화적 전통에 대한 망각 46, 71

　새로움과 망각 36, 53, 54

　역사 이론과 망각 69

모더니즘 10n, 47

모더니티 10n, 36n

모던의 종말 9, 12

모방(pastiche) 18n, 59, 64n, 84, 114n

　희생의 모방 193

　혁신의 모방 194, 206

무교양성(Unkultiviertheit) 211

문화산업 212n

문화(의) 경제(학) 23~24, 60, 97, 125, 162,

　164, 167~168 ; 또한 '경제'를 보라.

　가치전도와 문화경제적 논리 31, 71, 94,

115

교환의 문화경제학 177, 189, 224

문화경제에 대한 연구 57

사유와 문화경제적 논리 218

새로움과 문화경제적 논리 66, 76, 78~
79

저자와 문화경제적 논리 240, 243

혁신과 문화경제적 논리 94, 96, 111, 115,
118, 126, 135, 136

문화적 낙관주의 47, 116

문화적 다원주의 49

문화적 비관주의 47, 116

문화적 소수 207~208

문화적 엘리트 213

문화적 인공물(Artefakt) 148

미메시스(적) 35, 51, 56, 134

미메시스적 관계 30

미메시스적 기준 51

미메시스적 묘사 14, 26, 51

미메시스적 문화이해 51

비-미메시스의 미메시스 52

미술관 48, 59, 83, 113~114, 117, 129~130,
132, 140~141, 151, 154~155, 165, 177,
200~201

가치의 은행으로서의 미술관 201

보충물(Supplement) 14n, 75n, 205n, 223n

복제(품) 64, 75, 86~90, 95, 124~125, 146n,
160 ; 또한 '원본'을 보라.

복제와 원본 64

복제와 재생산 65

부분적 문화 209

비(非)문화 209~210

비교 44, 51, 54, 63, 65, 74~76, 86, 88, 90~
93, 104, 111, 118, 132

가치 경계에 대한 비교 94

낡음과 역사적 비교 53

독창성과 비교 55

문화적 가치와 세속적 사물 사이의 비교
87

비교의 제3지점(Tertium comparationis)
103~104, 121

새로움과 비교 41, 84, 202, 256

혁신적인 가치절상적(가치절하적) 비교
96

비-미메시스의 미메시스 52

비-진정성 17n ; 또한 '진정성'을 보라.

비-진정성과 진정성 사이 구분 21n

비판 이론 237

비표현주의적 미학 169

비차이(Nichtdifferenten) 74 ; 또한 차이를
보라.

ㅂ

반(反)고흐콤플렉스 167

반(反)전체주의적 68

병합(amalgamation) 18n

ㅅ

사건(Ereignis) 18n

사유 불가능 한 것(Undenkbare) 27

사회주의

　　사회주의적 미래에 대한 희망 12

　　사회주의적이고 전체주의적인 프로젝트

　　　　의 실패 232

　　고전적 사회주의 이데올로기 238

살롱회화 167, 168~170, 173

상부구조 23

상업예술 107, 178

상업적 성공 167

상업적 실패 168

상업적 작동(Operation) 192

상업화 18n, 51, 178~180, 196, 198 ; 또한

　　'가치화'를 보라.

새로움 9, 18, 35, 38, 47, 84, 98, 109, 124, 139,

　　140, 174, 192, 198, 212, 218 ; 또한 '낡

　　음', '옛것', '혁신'을 보라

　　근대와 새로움 12, 59

　　문화경제적 현상으로서의 새로움 66

　　새로움과 (문화적) 기억 71, 76, 85, 87

　　새로움과 가치 전도 43, 71

　　새로움과 낡음 53, 56

　　새로움과 망각 36

　　새로움과 비교 41

　　새로움과 시장 50

　　새로움과 옛것 15~16, 66, 71, 101

　　새로움과 오브제 123

　　새로움과 유토피아 9, 58

　　새로움과 유행 68

　　새로움과 인간 자유 77

　　새로움과 전통 15, 46, 56, 71, 101, 147

　　새로움과 진정성 53, 56. 170

　　새로움과 창의성 98

　　새로움과 타자 45, 63

　　새로움과 포스트모던적 유토피아 11(n)

　　새로움에 대한 요구 12, 15~17, 20, 35,

　　　　36n, 186

　　새로움에의 지향 17, 36, 47, 51, 58, 68, 71

　　새로움을 위한 새로움의 추구 16, 53, 79

　　새로움의 가능성에 대한 부인 61, 140,

　　　　147, 156

생철학 41

생태학 164

　　생태적(생태학적) 위기 145~146, 164

　　생태학적 논의 165

　　생태학적 논증 140, 173, 203

　　생태학적 담론 164

　　생태학적 재생 166

성적 소수자 49

세속적 사물 29, 86, 88, 116, 124, 135, 147,

　　156, 189, 226

　　무가치한 세속적 사물 192, 195

　　문화적 가치와 세속적 사물 85, 87, 109,

　　　　158

　　세속적 사물의 가치절상 111

　　세속적 사물의 균등화(Egalisierung) 87

세속성(Profanität) 85, 88, 106, 137, 149, 157

　　급진적 세속성 88

　　문화적 아카이브와 세속성 85

세속적 공간 84, 93, 102, 104, 106, 112, 115,

　　119, 125, 128, 134, 137, 143, 155, 161,

　　167, 183, 193, 207, 214, 239, 241

　　가치화된 문화적 기억과 세속적 공간 87,

97, 103, 109, 140, 155, 171, 177, 208

무가치한 세속적 공간 85

무한한 세속적 공간 142

새로움과 세속적 공간 84

세속적 공간의 문화적 오염 156

[문화적] 아카이브와 세속적 공간 84~85, 98

세속적 콘텍스트 127

세속적인 것 20, 29, 96, 103, 106, 115, 120, 132, 143, 151, 178, 183, 186, 191, 197, 204, 207, 217, 230, 240

세속적인 것의 가치화 149

세속적인 것의 가치절상 94~95, 111, 183, 195, 211

세속적인 것의 소멸 147

소련 38

순응 26, 130

긍정적 순응 29, 130, 136, 189, 239

부정적 순응 28~29, 127, 130, 136, 148, 172, 210, 239, 241

탈도덕적 순응 36

숭고 17n, 51, 223

시간 속에서 계시되는 진리 37~38

시뮬라크라 64n, 146, 159n, 203, 206, 225

시뮬라크라의 무한한 유희 206

시장 23, 50, 106

근대적 진정성 개념과 시장 56

문화경제적 논리와 시장의 논리 167

문화적 가치와 시장 168, 180

문화적 작품의 시장 가격 57

미메시스적 문화 개념과 시장 56

새로움과 시장 21(n), 50, 202

예술시장 18n, 57, 202, 215

혁신에 대한 시장경제적 묘사 202

신구논쟁 13n, 36n

신기하학(Neo-Geo) 178

신비주의적 색채론 135n

신비주의적 직관 132~133

신지학(神智學) 전통 99

신플라톤 전통 99

실재계(das Reale) 29n, 65n

실존주의 41, 99

쓰레기의 생태학적 재생 166

쓰레기의 세속적 잠재성 165

ㅇ

아방가르드 27, 122, 124, 129, 159n, 186~187, 202, 210, 212n

고전적 아방가르드 98~99, 121, 133, 202, 205

러시아 아방가르드 38n, 137, 210, 215

아방가르드 예술가 17n

아방가르드적 사유 28n, 187

아방가르드주의 18n

역사적 아방가르드 39n, 135, 159, 162

유럽 아방가르드 99, 159

자본과 아방가르드 18n

철학적 아방가르드의 가장 급진적 표명 15n

아방-가르디즘 10n

아우라[오라] 54, 64n, 125n, 158

아카이브 35, 84, 95, 115, 152, 158, 177, 181,
186, 203

　가치들의 아카이브화 35

　공인된(etablierten) 아카이브 49

　동일화와 아카이브 74

　문화적 가치로서의 아카이브화된 기억
　　93

　문화적 아카이브 44, 57, 66, 74, 83, 84~
　　85, 92, 95, 98, 105, 183, 207~208,
　　212, 214, 239, 241, 243

　문화적 아카이브와 세속적 공간 사이의
　　가치 경계 83

　보편적 아카이브 시스템 59, 83

　복제와 아카이브 64

　아카이브에서의 새로움 35, 45, 50, 58,
　　63, 68, 73, 77

　아카이브의 파괴 182, 186

　아카이브화 95, 97, 107, 110, 141, 138,
　　168, 171n

　아카이브화된 문화의 저자 58

　역사적 기억과 아카이브 59

　역사적 아카이브 38, 200

　재생산과 아카이브 64

　차이화와 아카이브 74

　포스트구조주의 이론과 아카이브 74n

아포리즘 236

아폴론적인 것과 디오니소스적인 것 179

아프리카 가면 125n 148~149, 151

알레테이아(Aletheia) 221, 222n

에로스 221

여성 49

역사의 종말 12, 38, 222

영지주의 99

예술의 종말 21n, 94, 116~117, 120

예술계 114n

예술작품 25, 30, 100n, 111, 112, 114n, 115,
　　131, 136~137, 147, 177

　예술작품 내에서 가치 위계의 무효화
　　104

　예술작품 재생산의 심미화 64

　예술작품과 모더니스트적 비판 52

　예술작품에 대한 가치 평가 50, 57, 107

　예술작품에 대한 해석 107

　예술작품의 근원성 100n

　예술작품의 대량 확산 158

　예술작품의 두 가치 층위 105, 108, 133,
　　177, 201

　예술작품의[예술에서의] 솔직함 170,
　　172

　예술적 실천의 반복 불가능성[재생산 불
　　가능성] 60

　혁신적 예술작품 136, 190, 201

예술적 행위(Akt) 131

예술제도론 114n

옛것(Alten) 15, 66 ; 또한 '낡음', '새로움', '혁
　　신'을 보라.

　새로움과 옛것 15~16, 35, 66, 71

　옛것에 대한 선호 259

　옛것에 대한 파괴 186

오브제 110, 112, 123, 127

　가치화된 오브제 110, 160

레디-메이드와 오브제 110

문화적 오브제 88, 147, 153, 160

미술 오브제 127

발견된 오브제 119

복제품과 오브제 87

새로움과 오브제 123

〈샘〉의 오브제 129

세속적 오브제 121, 127, 138, 149, 157

오브제의 선택 123

제의적 오브제 148

오이디푸스 비극(신화) 178~179, 235n

오이디푸스콤플렉스 60n, 179

욕망 14n, 42, 46, 54, 55, 56, 70, 100, 102,
119, 148, 153, 186, 205n, 206, 228, 232

도착적이고 데카당적인 욕망 107

리비도적 욕망 96

욕망 기계 119

욕망의 (본질적) 폐쇄성 236

욕망의 무한성(무한한 욕망) 42, 223,
234, 237

욕망의 흐름 53

원본 64 ; 또한 '복제(품)'을 보라.

복제와 원본 64, 124

원시예술 103, 135n

원저자(Urheber) 101, 230, 235

원저자성(Urheberschaft) 238

유토피아 9, 22, 37, 41, 60, 63, 72, 78, 93, 131,
180

낭만적 유토피아 41

동일성과 통일성의 유토피아 66, 71

모더니스트적 유토피아주의 11

무(無) 유토피아적 방식 143

반(反)유토피아적 68

새로움과 유토피아 58

예술의 유토피아 21N

유행과 유토피아 68

유행의 반(反)유토피아 68

타자와 독창적인 것의 유토피아 66

포스트모던적 유토피아 11, 71

포스트-유토피아적인 생태학적 논증
144

유행 36n, 49, 68, 201, 212

새로움과 유행 68, 76, 162

가치절상의 산업화와 유행 196

은폐 15, 55, 76, 78, 89, 104, 111, 126, 219,
222, 228, 232, 239

은폐된 타자(타자의 은폐성) 42, 47~48,
98

은폐된 리얼리티 77, 110, 133, 219

은폐된 것의 가시화 113

레디-메이드가 예술가의 은폐된 소망
120

이교도 문화 183

이데올로기

이데올로기로서 포스트모더니즘 48, 68

이데올로기적 동기 부여와 정당화 17

이데올로기적 위장 220

이데올로기적 환상 227, 233

익명적 무한성 166

익명적 텍스트성 91

인간저주(詛呪, anthropofugalen) 사유 153n

인상주의 167, 170

살롱회화와 인상주의 170

인용 18n, 26, 61, 101, 152, 161, 169

인종적 소수자 49

입체주의자[입체파] 148, 153

ㅈ

자동 글쓰기 221n

자본의 흐름 53

장식 18n

재생산

　예술적[이론적] 실천의 반복 불가능성

　　[재생산 불가능성] 60

　재생산 가능성 60, 65n

　재생산과 복제 65

　예술작품 재생산의 심미화 64

　혁신적 교환의 상(像) 재생산 185, 194

재생산성(Reproduktivität) 64

전범

　전통적 전범 25, 28~29, 130, 210, 232,

　　239

　전승된 전범 36

　전범적인 보편적 진리 61

　설명 전범 106

　가치화된 전범 163

　전범적 가치의 사유 217

　문화적 전범 28, 83, 104, 136, 156

전유(Appropriation) 90, 152, 154, 161, 214

전유 미학 160

전유주의 세대 125

　전유주의 세대의 레디-메이드 125

전유주의자(Appropriationist) 124

전체주의(적) 9, 22, 59, 232

　반(反)전체주의적 68

전통 25, 29~30, 35, 38, 45, 52, 54, 56, 99,

　　124, 130, 168, 170, 177, 193, 209, 235,

　　240

　가치화된 [문화적] 전통 105, 128, 131,

　　　135, 136~138, 147~148, 154,

　　　156, 192

　기독교 전통 149, 185

　문화적 전통 25, 28, 83, 104, 109, 131,

　　　136, 142, 149, 151, 159, 181, 189,

　　　213, 221, 223, 228, 240

　문화적 전통의 망각 46

　비문화와 전통 209

　새로움과 전통 10, 13, 15, 29, 46, 71

　신플라톤적 전통 99

　예술에 대한 전통적 기준 113, 115

　예술적 전통 25, 117, 121, 127, 129

　유행과 전통 70

　전통의 가치절하 186~187

　전통의 정체성 35

　전통의 타자 20

　플라톤적 전통 133

　혁신적[비혁신적] 전통 168

점령 23

　세속적 공간의 점령 191, 193

　점령의 경제 23

　혁신과 점령 194

정신병자 예술 135n

정신분석[정신분석학] 41, 119, 122, 138,

142, 237

제3세계 출신의 예술가 215

종결(clôture) 11n, 13n

주변부적 삶의 형태 220

'죽은' 문자 15n

직접성 19, 169~170

진정성 17n, 19, 51~52(n), 54~56, 63, 72, 87, 164, 170~171 ; 또한 '비-진정성'을 보라.

　　새로움과 진정성 50

　　진정성과 비-진정성 사이 구분 21n

　　혁신과 진정성 146

ㅊ

차연(différance) 14n, 15n, 223n

차이 11n, 42, 46~49, 55, 63~66, 68, 75, 154~156, 204, 205n, 219, 232, 234 ; 또한 '비차이'를 보라.

　　가치 차이[Wertdifferenz] 90, 93, 125, 195

　　개별적 차이 70, 78

　　동일성과 차이 74, 92

　　무의식적 차이 203

　　비-위계적 차이 131

　　위계적 차이 131, 155, 203

　　차이와 텍스트성 223

　　차이의 무한성[무한한 차이] 73, 89~90, 108, 206

　　차이의 무한한 유희 92, 102

차이화 55, 74, 78, 91, 203

　　동일화와 차이화 74, 79

의식적 행위에 선행하는 차이화 75

창의성 19, 98, 103, 110, 132, 147, 169, 170n

　　혁신과 창의성 98

초현실주의 12, 103, 128

　　〈모나리자〉와 초현실주의 107

초현실주의 그림 104

초현실주의자들 119, 123, 148

추상미술 12

　　〈모나리자〉와 추상미술 107

초월적 주체[주체성] 206, 218

ㅋ

코기토 에르고 숨(Cogito ergo sum) 39

콘텍스트

　　가치화된 문화적 콘텍스트 121, 157, 168

　　가치화된 예술의 콘텍스트 111~112

　　가치화된 콘텍스트 127, 193, 210

　　도서관의 콘텍스트 151

　　문화적 기억의 콘텍스트 154, 186

　　문화적 콘텍스트 43, 102, 143, 148, 153, 158, 172, 187, 193, 215, 226

　　미술관의 콘텍스트 151

　　세속적[세속적 사물들의] 콘텍스트 127, 150

　　유한한 문화적 아카이브의 콘텍스트 239

　　혁신과 콘텍스트화[재콘텍스트화] 77

키치 115, 159(n)~160, 178, 201, 202

　　키치와 일상성 199

ㅌ

타자 42~43, 50, 86, 96, 98, 143, 147, 207n,
  211, 216, 222, 239
  가치화된 문화적 기록의 타자로서 공간
    84
  급진적 타자 27
  독창적인 것과 타자적인 것 215
  문화 외적 타자 45, 58
  부재자와 타자 219
  새로움과 가치 있는 타자
  새로움과 타자 45
  유행과 타자 70
  은폐된 타자 42
  의식과 타자 225
  전통의 타자 20
  타자에 대한 문화 내적 주문(呪文) 224
  타자에 대한 호소 153
타자성 71, 130, 140, 241
  급진적 타자성(Andersartigkeit) 51
탈은폐(Entbergung) 225, 227
탈이데올기(적) 12
탕진(Verausgabung) 23, 24n
  가치화된 가치 소비와 탕진 194
  문화적 가치의 탕진 196
  탕진의 경제 23
텍스트 13n, 14n, 16n, 52n, 61, 70n, 74n, 91,
  228, 232, 235(n)~240
  문학 텍스트 199
  상호 텍스트 분석 방법 61
  상호 텍스트성 61n
  세속적 텍스트 227

열린 텍스트 236
이론적 텍스트 28, 52n
텍스트 사이의 공간 61
텍스트에 내재하는 순수한 현전 14n
텍스트성 42, 52n, 92, 102, 204, 223, 232,
  234
  상호 텍스트성 이론 191
  익명적 텍스트성 91
  텍스트성의 무한성(무한한 텍스트성)
    96n, 203, 206
  텍스트성의 무한한 유희 92
텔로스 15n
투기적 작동(Operation) 192

ㅍ

팝-아트 117, 159
패션 43n, 69n
포스트구조주의 42, 46, 73, 74n, 101, 120,
  233, 238 ; 또한 '구조주의'를 보라.
  포스트구조주의적 전략 89
  프랑스 포스트구조주의 42, 233
포스트구조주의 이론 73, 74n, 96n, 225~
  226
포스트모더니스트 논쟁 207
포스트모더니즘 48, 171
포스트모던 9~10, 16, 46, 51, 143
  포스트모던과 역사의 종말 12
  포스트모던(적) 사유 10, 15n, 19, 56
  포스트모던 이론 27, 47, 53, 63, 92, 204,
    231

포스트모던적 비판 90

포스트모던적 유토피아 11, 71

포스트모던적 전략 89

포착될 수 없는 것(Unbegreifliche) 27

폭력 23

표현주의 113n, 135(n), 231n

표현주의자들 125n, 135

프랑스 포스트구조주의 42, 233

프로이트적 리비도 100, 220

프로테스탄트적 고행자 188

프롤레타리아 138, 215, 220~221

프롤레타리아 소설 215

플라톤적 사유 133

플라톤적 상기 222

ㅎ

하위문화 83, 210~213, 215

하이퍼리얼 147

하이퍼리얼리즘(하이퍼리얼리티) 29n, 146n

해석 30, 42, 50, 63~66, 77, 78, 100n, 101(n),
    107~108, 111~113, 116, 126n, 149,
    216, 234, 237, 241

    작품 내재적 해석 127

    해석의 무한성(무한한 해석 과정) 107,
        149, 206, 223

    혁신적 교환의 해석 189, 213

해석학 41, 101n

해체 16n, 42n, 60n, 91n, 92, 140, 144,
    222~237

    해체의 종말 42n

해체주의 41

헤겔의(헤겔식의) 역사주의 41, 219

혁신(Innovation) 11n, 13n, 17, 20, 22, 24, 28,
    51, 85, 89, 93, 115, 126, 131, 135, 144,
    146, 155, 136, 177, 180, 193, 230 ; 또한
    '낡음', '새로움', '옛것'을 보라.

    가치전도로서 혁신 20, 94, 98, 110

    급진적 혁신 168, 256

    문화적 혁신 18, 23, 110, 184, 194, 243

    문화경제적 혁신 118 ; 또한 '혁신의 문
        화경제적 논리'를 보라.

    의식적 혁신 18n

    탈이데올로기적 혁신 12

    혁신과 문화적 가치 30, 161

    혁신과 문화적 전통 28, 35, 240

    혁신과 기술(자연과학) 79, 157

    혁신과 사건 18n

    혁신과 시장 51

    혁신과 창의성 98

    혁신과 콘텍스트화(재콘텍스트화) 77

    혁신의 경제(경제학) 96, 105, 189, 111,
        115, 189

    혁신의 내적 긴장 108, 113, 115, 133, 243

    혁신의 문화경제적 논리 135, 224

    혁신의 작동(Innovationsoperationen)
        144

    혁신의 대리인으로서 저자 240

    혁신적 가치절상(가치절하) 95, 167

    혁신적 공간 127, 143

    혁신적 작품(이론) 25, 26, 28, 111, 127,
        136, 101, 240

혁신적 실천 196, 243
혁신적 예술가 215
혁신적 해석 202
혁신적인 예술〔예술적 행위〕 131, 137
혁신적 제스처 94~95, 109, 116
혁신적 교환 177
혁신적 교환과 기독교 183
혁신적 교환과 저자 230
혁신적 교환으로서의 사유 217
혁신적 교환의 문화경제학 177
혁신적 교환의 해석 189
혁신 전략 83, 94, 98, 109, 127, 140, 167
현대 미술 64
현대 미술관 200
현상학 15n
현상학적 자명성 221
현상학적 주체〔주체성〕 218, 233
현상학적 태도 15n
현전 15n, 19, 91n
순수한 현전(présence) 14n
현존태의 현존(Präsenz des Präsenten) 19
현존태의 직접적 표명(Manifestation) 20
현현(顯現) 41, 136
부정적 현현 17n
비-현현 17n
환경보호(Umweltschutz) 143
희생 23, 24n, 70, 189~190, 192~195,
    200, 201, 202
문화적 전통의 희생 188, 189, 193
성스러운 희생〔희생물〕 165
세속적 희생 192, 193

종교적 희생 204
희생으로서의 희생 190
희생의 경제 23, 24n, 189, 195
힘에의 의지 96, 110

인명

86, 90, 94~95, 109~126, 127~133, 146n,153, 154, 241

드만, 폴(de Mann, Paul) 52n, 150n

디키, 조지(Dickie, George) 113, 114n, 115

ㄱ

겔렌, 아르놀트(Gehlen, Arnold) 13n, 106n, 125n

고흐, 빈센트 반(Gogh, Vincent van) 100n

그린버그, 클레멘트(Greenberg, Clement) 159n

ㄴ

뉴먼, 버넷(Newman, Barnett) 18n

니체, 프리드리히 빌헬름(Nietzsche, Friedrich Wilhelm) 19, 39, 110, 171n, 179, 190~191, 205n, 207n, 219~220, 227, 234

ㄷ

다빈치 → 레오나르도 다 빈치

단토, 아서(Danto, Arthur) 113, 115

데리다, 자크(Derrida, Jacques) 11n, 13n, 15n, 42~43, 52n, 60n, 75, 91, 97n, 100n, 102, 203, 205n, 207n, 223, 224, 227, 231n, 234~237

데카르트, 르네(Descartes, René) 39, 187, 217, 218

뒤브, 티에리 드(Duve, Thierry de) 74n, 118n

뒤샹, 마르셀(Duchamp, Marcel) 26, 74n, 75,

ㄹ

레빈, 셰리(Levine, Sherrie) 124

레오나르도 다 빈치(Leonardo da Vinci) 86, 95

루소, 장 자크(Rouseau, Jean Jacques) 52n, 75n, 156n, 222n, 223n

루이스, 윈덤(Lewis, Wyndham) 12n, 69n, 70

리오타르, 장-프랑수아(Lyotard, Jean-François) 17n, 21n, 52n, 53, 224

리히터, 한스(Richter, Hans) 111n

ㅁ

마네, 에두아르(Manet, Édouard) 135

마르크스, 카를(Mark, Karl) 39, 179, 220, 227, 234

말라르메, 스테판(Mallarmé, Stéphane) 207n

말레비치, 카지미르 세베리노비치(Malevich, Kazimir Severinovich) 40, 98, 132~133, 186, 241

메르츠, 마리오(Merz, Mario) 121

모스, 마르셀(Mauss, Marcel) 23n

몬드리안, 피터르 코르넬리스(Mondriaan, Pieter Cornelis) 40, 99

ㅂ

바르트, 롤랑(Barthes, Roland) 28n, 91, 126

바타유, 조르주(Bataille, Georges) 23n, 143n, 194~195

바흐친, 미하일(Bachtin, Michail) 137, 150n, 237

베버, 막스(Weber, Max) 188

벤야민, 발터(Benjamin, Walter) 64n, 125, 158

벨슈, 볼프강(Welsch, Wolfgang) 144n

보드리야르, 장(Baudrillard, Jean) 29n, 64n, 146, 203, 224

보들레르, 샤를 피에르(Baudelaire, Charles Pierre) 36n, 43n

보르헤스, 호르헤 루이스(Borges, Jorge Luis) 92n

보이스, 요제프(Beuys, Joseph) 121, 123n

볼탕스키, 크리스티앙(Boltanski, Christian) 121

부클로, 벤저민(Buchloh, Benjamin) 117n

뷔랑, 다니엘(Buren, Daniel) 18n

브로타에스, 마르셀(Broodthaers, Marcel) 121

블랑쇼, 모리스(Blanchot, Maurice) 221n

비들로, 마이크(Bidlo, Mike) 124, 160

비트겐슈타인, 루트비히(Wittgenstein, Ludwig) 28n, 48, 122, 142, 198, 242n

ㅅ

사드 후작(Marquis de Sade) 199

셔먼, 신디(Sherman, Cindy) 161

소츠-아트(Sots-Art) 121

손태그, 수전(Sontag, Susan) 101n

슈펭글러, 오스발트(Spengler, Oswald) 157n

시클롭스키, 빅토르(Schklowskij, Viktor) 137

ㅇ

아도르노, 테오도어 비젠그룬트(Adorno, Theodor Wiesengrund) 21n

아르토, 앙토냉(Artaud, Antonin) 100n, 207n

야우스, 한스 로베르트(Jauß, Hans Robert) 36n

워홀, 앤디(Warhol, Andy) 100n, 115, 117n, 121, 146n

ㅈ

제임슨, 프레드릭(Jameson, Fredric) 100n

ㅋ

카바코프, 일리야(Kabakow, Ilja) 165n

칸딘스키, 바실리(Kandinsky, Wassily) 14n, 17n 54, 99, 133~134

칸트, 이마누엘(Kant, Immanuel) 14n, 17n, 231n

쿠넬리스, 야니스(Kounellis, Jannis) 121

쿤스, 제프(Koons, Jeff) 121, 160

키르케고르, 쇠렌 오뷔에(Kierkegaard, Søren Aabye) 234

ㅌ

티냐노프, 유리(Tynjanow, Jurij) 137

ㅍ

포스터, 할(Foster, Hal) 10n

푸코, 미셸(Foucault, Michel) 45n, 74n, 91,
230

프로이트, 지크문트(Freud, Sigmund) 28n, 39,
60n, 100, 118n, 138, 178~179, 220~
221, 227, 234, 237

플라토노프, 안드레이(Platonow, Andrej) 187

플라톤(Platon) 38, 73n, 99, 132~133, 142,
222

필리우, 로베르(Filliou, Robert) 120

ㅎ

하이데거, 마르틴(Heidegger, Martin) 11n,
17n, 41~43, 100n, 171n, 207n, 221~
222, 227, 230, 234

하케, 한스(Haacke, Hans) 121

헤겔, 게오르크 빌헬름 프리드리히(Hegel,
Georg Wilhelm Friedrich) 40, 43, 179,
219, 237, 252, 253

호른, 레베카(Horn, Rebecca) 121

후설, 에드문트(Husserl, Edmund) 15n, 231n

작품

〈검은 사각형(Black Square)〉(말레비치) 132~
133, 186, 241

〈모나리자(Mona Lisa)〉(레오나르도 다빈치)
75, 86~90, 84~95, 103, 107, 125, 128,
153, 160

　〈모나리자〉와 초현실주의 107

　〈모나리자〉와 추상미술 107

〈샘(Fontaine)〉(뒤샹) 119~120, 127~129,
241

『아방가르드와 키치(Avant-garde and
Kitsch)』(그린버그) 159n

『예술에서의 정신적인 것에 대하여(Über das
Geistige in der Kunst)』(칸딘스키) 134

『체벤구르(Чевенгур)』(플라토노프) 187

지은이 **보리스 그로이스** Boris Groys

1947년, 소비에트 관료였던 아버지의 근무지 동베를린에서 출생했다. 그 후 소련으로 돌아가, 1965년에서 1971년까지 레닌그라드대학에서 철학과 수학을 전공하고 1976년에서 1981년까지 모스크바대학 구조주의응용언어학연구소 연구원으로 있었다. 1981년에 가족과 함께 서독으로 이주한다. 1992년 뮌스터대학에서 철학박사 학위를 받았고, 그해부터 카를스루에조형대학에서 미학·예술사·매체이론 담당 교수로 재직하고 있다. 처음에는 주로 독일어와 러시아어로, 근래에는 영어로 집필한 그의 책들은 여러 나라 언어로 번역되어 국제적 담론을 형성하고 있다. 매체이론가이자 예술비평가, 소비에트 문화 또는 코뮤니즘 관련 미술기획자이면서 철학자, 에세이스트이기도 하다. 『총체적 예술작품 스탈린. 소비에트연방의 분열된 문화(Gesamtkunstwerk Stalin. Die gespaltene Kultur in der Sowjetunion)』(1988)는 그로이스를 일약 소비에트 문화 전문가로 인정받게 해주었다. 『수집의 논리(Logik der Sammlung)』(1997), 『혐의. 매체 현상학(Unter Verdacht. Eine Phänomenologie der Medien)』(2000), 『예술의 위상학(Topologie der Kunst)』(2003), 『공산주의 후기(Das kommunistische Postskriptum)』(2005), 『반-철학 입문(Einführung in die Anti-Philosophie)』(2009), 『아트-파워(Art Power)』(2008), 『흐름 속에서(In the Flow)』(2016) 등을 펴냈다.

옮긴이 **김남시**

현재 이화여자대학교 조형예술대학 예술학 전공 조교수로 있다. 베를린 훔볼트대학 문화학과에서 박사학위를 받았다. 저서로 『본다는 것』(2013), 『광기, 예술, 글쓰기』(2016) 등이 있으며, 번역서로 발터 벤야민의 『모스크바 일기』(2015), 칼 슈미트의 『땅과 바다』(2016) 등이 있다. 문화 및 매체이론을 연구한다.

새로움에 대하여

문화경제학 시론

1판 1쇄 2017년 12월 1일
1판 3쇄 2024년 4월 1일

지은이 보리스 그로이스
옮긴이 김남시
펴낸이 김수기

펴낸곳 현실문화연구
등록 1999년 4월 23일 / 제2015-000091호
주소 서울시 은평구 불광로 128, 302호
전화 02-393-1125 / **팩스** 02-393-1128 / **전자우편** hyunsilbook@daum.net
ⓗ blog.naver.com/hyunsilbook   ⓕ hyunsilbook   ⓧ hyunsilbook

ISBN 978-89-6564-202-2 (93100)

이 도서의 국립중앙도서관 출판예정도서목록(CIP)은
서지정보유통지원시스템 홈페이지(http://seoji.nl.go.kr)와
국가자료공동목록시스템(http://www.nl.go.kr/kolisnet)에서 이용하실 수 있습니다.
(CIP제어번호:CIP2017027770)